Reinhold Reinerth
Die Göttliche Wissenschaft

Die höchsten Weisheiten im Kosmos
Eine zeitgemäße Version für den westlichen Leser

Bibliografische Information der Deutschen Nationalbibliothek
Die Deutsche Nationalbibliothek verzeichnet diese Publikation in der Deutschen Nationalbibliografie; detaillierte bibliografische Daten sind im Internet über http://dnb.d-nb.de abrufbar.

Umwelthinweis
Alle bedruckten Materialien dieses Taschenbuches sind chlorfrei und umweltschonend

Copyright © 2008 Reinhold Reinerth
„Herstellung und Verlag: Books on Demand GmbH Norderstedt"
Satz & Layout: Reinhold Reinerth
Umschlaggestaltung: Reinhold Reinerth
Korrektorat: Karl - Josef Koch

ISBN: 978-3-8370-5860-4

Danksagung

Dieses Werk widme ich meinem liebevollen
Yogi und Tempelpriester
Siva Sri Arumugam Paskarakurukkal,
meiner lieben Freundin Luba Derr
und meiner lieben Schwester Brigitte.

Ort für Reinigung, Heilung und Transformation

Hindu Shankarar Sri Kamadchi Ampal Tempel in Hamm- Uentrop

Priester Siva Sri Arumugam Paskarakurukkal
Siegenbeckstr. 4

D – 59026 Hamm Uentrop

Internet: http:// www.kamadchi-ampal.de

Öffnungszeiten: täglich 08.00 – 14.00 und
17.00 – 20.00

Gründer und Erbauer des Shankarar Sri Kamadchi Ampal Tempels ist der Hauptpriester Siva Sri Arumugam Paskarakurukkal. Sri Paskaran kam 1985 als Bürgerkriegsflüchtling von Sri Lanka nach Deutschland. Im Jahre 1989 richtete er im Keller eines Miethauses einen kleinen Andachtsraum zur Verehrung der Göttin Sri Kamadchi Ampal ein. Dreizehn Jahre später ist aus dem einst unbekannten Tempel der größte und bekannteste Hindu-Tempel Kontinentaleuropas gewachsen.

Inhalt

Warnung..................................... 9

Vorwort..11

Einleitung.....................................17

1. **Kapitel** Die menschliche Göttlichkeit ist Prophetie und Hellsehen............................23
2. **Kapitel** Unser Schicksal steht in den Sternen 38
3. **Kapitel** Das Horoskop und die Bedeutung der Fixsterne für Länder und Nationen...........59
4. **Kapitel** Das Karma und die Skandhas........73
5. **Kapitel** Die Macht der Zyklen................88
6. **Kapitel** Umwälzungen und die Neuordnung ab dem 21. Jahrhundert........................103
7. **Kapitel** „Made in Brahmanismus"- der Ursprung der Religionen........................120
8. **Kapitel** Der Sinn des Lebens und der Schöpfer......................................143
9. **Kapitel** Selbst-Verwirklichung.............153
10. **Kapitel** Die Kunst des Sterbens...........171
11. **Kapitel** Der Weg in die Freiheit..........191
12. **Kapitel** Dharmakaya und der Tod........205
13. **Kapitel** Die Wiedergeburt.................218
14. **Kapitel** Unser zweites „zu Hause" ist die Astralebene..................................243

15. Kapitel Kundalini..........................265
16. Kapitel Shaktis und andere magische Kräfte..**278**
17. Kapitel Magie..............................287
18. Kapitel Mentalebene und andere Hierarchien..309
19. Kapitel Die Lokas und andere Bewusstseinszustände.........................324
20. Kapitel Zeitlose Weisheit................341
21. Kapitel Mantras oder Gebete............362
22. Kapitel Gottes Offenbarung.............378

Nachwort..393

Literaturhinweise............................397

Eine Warnung

Es besteht ein seltsames Gesetz in der Geheimlehre, das durch Jahrtausende der Erfahrung festgestellt und erwiesen worden ist. Sobald sich jemand als ein „Probeschüler" verpflichtet und die geheime Tür der Schöpfung öffnet, werden gewisse und strenge karmische Wirkungen folgen. Von diesen ist die erste das Nachaußenwerfen von allem, was in der Natur des Menschen verborgen liegt; seinen Fehler, Gewohnheiten, Eigenschaften oder unterdrückten Begierden, seien sie nun gut, schlecht oder gleichgültig. Man beachte, dass erhöhte Kräfte nicht nur die positiven, sondern auch die negativen Eigenschaften des Charakters und Temperaments verstärken. Die Wirkung ist um so hervortretende, je ernster und aufrichtiger das Bestreben des Kandidaten ist, und je tiefer er die Wirklichkeit und Wichtigkeit seines Gelöbnisses gefühlt hat. Wenn z. B. ein Mensch eitel, sinnlich oder ehrgeizig ist, sei es aus Atavismus oder durch karmische Vererbung, so werden diese Lasten sichtlich hervorbrechen, selbst wenn er sie bisher erfolgreich verborgen und unterdrückt hat. Sie werden unwiderstehlich an die Oberfläche kommen, und er wird hundertmal schwerer zu kämpfen haben, als zuvor, bis er alle solche Neigungen in sich tötet. Wenn er andererseits gut, großmütig, keusch und enthaltsam ist, oder irgendeine bisher schlummernde und in ihm verborgene Tugend hat, so wird sich diese ebenso unwiderstehlich ihren Weg herausbahnen, wie das Übrige. So wird ein zivilisierter Mensch, der es hasst für einen Heiligen gehalten zu werden, und daher eine Maske vornimmt, nicht im Stande sein, seine wahre Natur zu verbergen, sei sie nun niedrig oder edel.

Ich möchte jeden von euch ausdrücklich warnen, wenn ihr den Weg der Reinheit und Wahrheit geht, wird der Fall eines jeden, der seinen Höheren Selbst durch Gelöbnis verpflichtet ist, in allen dunklen Winkel eures Wesens durchleuchtet und durchforscht. Ihr habt bewusst die Göttliche Gerechtigkeit des Karmas angerufen, von eurem Beweggrund Kenntnis zu nehmen, eure Handlungen zu prüfen und alles auf eure Rechnung einzutragen. Der Schritt ist so unwiderruflich wie der eines Kindes, das in die Geburt eintritt. Niemals könnt ihr euch wieder in die „Matrix der Normalsterblichen" und der Unverantwortlichkeit zurückzwängen. Wenn ihr euch bis an die äußeren Teile der Erde flieht und euch vor dem Blicken der Menschen verbergt oder Vergessenheit in dem Lärme des gesellschaftlichen Wirbels sucht, jenes Licht wird euch herausfinden und jeden Gedanken, jedes Wort und jede Tat von euch beleuchten.

Ihr dürft diese heilige und göttliche Wahrheit keinem mitteilen, dem es an Hingabe mangelt, noch auch jemanden, der schlecht von Gott redet, noch auch jemanden, der keine Lust hat zuzuhören. Niemand sollte versuchen diese heiligen Informationen einem anderen aufzudrängen. Die Göttliche Vorsehung möge mit euch sein.

Vorwort

Ich wurde in Siebenbürgen geboren und kam 1987 im Alter von sechzehn Jahren nach Deutschland, um ein neues Leben anzufangen. Das war meine erste große karmische Veränderung in meinem Leben im positiven Sinne, was für mich immer noch angenehme Erinnerungen auslöst. Das Leben kann aber auch Veränderungen negativer Art uns unvorbereitet auf den Weg geben, womit wir überfordert werden, und den Sinn des Lebens nicht mehr verstehen. Dreizehn Jahre später ist mir dies im Jahre 2000 eingetreten, indem ich plötzlich mit Ereignissen (mit Problemen) konfrontiert wurde, auf die ich keine Lösung als „Normalsterblicher" fand. Mein tägliches Leben wurde zur „Hölle" im wahrsten Sinne des Wortes, weil mich immer größere Schwierigkeiten und Depressionen fast in den Selbstmord getrieben haben. Die Ursache für diese Veränderung der neuen Lebensumstände waren neue Bekanntschaften, die mich aus Neid und Begierde durch schwarze Magie in eine andere Welt befördern wollten. Anscheinend hatte mein Karma etwas dagegen und hatte es mir durch die neuen Umstände den Weg einer großen Veränderung in meinem Leben eingeleitet. Aber alle Veränderungen und Umbrüche bringen auch eine neue Chance im Leben, um das Altgewordene abzulegen und die neue Entwicklung als Herausforderung anzunehmen. So traf ich in tiefsten Turbulenzen meines Lebens auf helfende, hohe geistige Persönlichkeiten, die ich vor dem Jahre 2000 nicht mal in meinen Träumen begegnete. Es waren allesamt Meister und Vertreter der Weisheit, die durch ihre Hilfe meine neue spirituelle Entwicklung beeinflusst haben. Aus diesem Grund widme ich dieses Buch allen meinen Helfern wie z. B. meiner lieben Schwester Brigitte, meiner lieben Freundin Luba Derr und meiner Ex-Freundin Rosi Ricalde, meinem treuen Freund Nagy Forro Mozes Robert, die alle in Zeiten der Not viel Liebe und Mut gegeben haben. Außerdem möchte ich mit diesem Buch mein Dank und meine Hochachtung an den aus Indien stammenden Herrn Dr. S. Kumar (lebt in London) ausrichten, der mit seinen magischen Kenntnissen damals im Jahre 2001 das Schlimmste bei mir verhindert hat, sowie an Sri Gurmeet Sihgh und seinem Guru Sri Sunit Kaur aus Indien, und an meinem liebevollen Priester und Yogi Siva Sri Arumugam Paskarakurukkal (Sri Paskaran), der 1985 aus Sri Lanka nach Deutschland kam. Sri Paskaran entstammt einer angesehenen Virashaiva Familie von Tempelpriestern aus der Jaffna-Region. Er besuchte eine Veda Schule in der Nähe von Kumbhakonam (Südindien); lernte in einer weiteren Priesterschule in Mailam unweit von Pondicherry, erhielt eine höhere shivaitische Einweihung zur Durchführung bestimmter Rituale, schloss sich der Tradition des Shankaracharya von Kanchipuram in Südindien an, und studierte unter einem Guru Advaita Philosophie. Sri Paskaran ist nicht nur ausgebildeter Tempelpriester für eine Vielzahl an komplexen Ritualen, er versteht sich zugleich als spiritueller Lehrer. Er ist der Gründer, Erbauer und Hauptpriester des Sri Kamadchi Ampal Tempels in Hamm. Seine Warmherzigkeit, seine Weisheit und sein Mitgefühl machen ihn zur Verkörperung der heiligen Wahrheit der Lehren. Ich habe lange gezögert, dieses höchste Wissen öffentlich zu präsentieren, aber mein Verlangen anderen Menschen zu helfen und mit seinem Segen, habe ich die notwendige Kraft und Mut bekommen, um dieses Werk als eine Stütze für die Menschheit weiterzugeben. Dieses Buch ist auch denen gewidmet, die mich auf dem spirituellen Weg inspiriert haben und die schon gestorben sind wie: Swami Sri Yogananda, Swami Sri Yukteswar, Swami Sri Mahasaya, H.P. Blavatsky, Meister Arion ein „Nirmanakaya" und noch vielen anderen. Mögen die Wünsche derer, die gestorben sind, in Erfüllung gehen, und mögen die, die noch leben, sich eines langen Lebens erfreuen; mögen ihre Lehren alle Wesen inspirieren, ihnen Mut machen und sie im Herzen berühren.

Wir leben heute in einer Zeit geistiger Umbrüche und des Wertewandels, und auch in einer Zeit voller politischen und sozialen Unruhen, der alle gesellschaftlichen Bereiche zu verändern beginnt. Ein riesenhafter, gigantischer Kampf völlig entgegengesetzter Weltanschauungen muss stattfinden, in dem Nationen, Systeme und Kontinente aufeinander prallen. Dies hängt mit kosmischen Gesetzen wie dem Einfluss der Zyklen, Rassen- und Länderkarma zusammen. Jeder Einzelne fühlt die Wehen und Krisen einer neuen Zeit, in der die Zeichen wieder einmal auf Veränderung in der notwendigen Evolution der Menschheit merkbar werden. Veränderungen aller Art wirken sich verhängnisvoll aus; der westliche Mensch steht rat- und hilflos dem Leben gegenüber, obwohl keiner um ständigen Veränderungen herumkommt.

   Die Göttliche Wahrheit in ein einziges Buch aufzunehmen und klarzulegen, ist logischerweise nicht möglich. Dennoch wird der Leser in diesem Buch auf seine mit den Universalgesetzen im Zusammenhang stehenden Fragen, die ihm vielleicht aufkommen, viele Antworten erhalten. In diesem Buch versuche ich die geheimen Gesetzmäßigkeiten so zu erläutern, dass wir die „Regie", die wahre Natur Gottes hinter der großen Weltbühne besser verstehen und dadurch im Leben mehr Sicherheit, Verständnis und ein bewusstes Leben entwickeln. Denn die Kunst zu Leben und es zu verstehen, ist ebenso wichtig wie die Kunst zu sterben. Das Buch gibt aus uralter Weisheit des Brahmanismus sowie aus hermetischer Wissenschaft, Informationen über die Daseinsformen der Bewusstseinszustände wie Leben, Tod, Zyklen, Wiedergeburt und über das Gesetz der ewigen Wandlung, des Erstehens und Vergehens. Diese alten Lehren sollen diejenigen helfen, denen zum ersten Mal die Bedeutung ihres Daseins- insbesondere ihres Menschenseins- zum Bewusstsein kommt, und hinter dem Schleier der Schöpfung die einzelne Abläufe im Universum und darüber hinaus noch die zyklischen Veränderungen verstehen wollen. Nur wenn die Unwissenheit durch das Wissen ersetz wird, kann der kleine Menschensohn ein Verständnis für das ewige kosmische Spiel entwickeln. Auch der Weg für die Erlangung der „Freiheit" aus dem ewigen Kreislauf des kosmischen Spieles in menschlicher Daseinsform wird beschrieben, indem ich Schritt für Schritt die tiefgründigsten Geheimnisse aller Zeiten erläutere. Außerdem will ich die archaischen Wahrheiten, die allen Religionen zugrunde liegen, vor einem Bedeutungsverfall bewahren und die fundamentale Einheit, der alle Religionen entsprungen sind, wenigstens teilweise aufzeigen.

In diesem Buch setzte ich beim Leser keinerlei Sachkenntnis voraus, sondern erhoffe lediglich eine innere Offenheit, neue und ungewohnte Gedankengänge vorurteilsfrei auf sich wirken zu lassen. Diese Erwartung ist schwerer zu erfüllen, als man allgemein annimmt. Zu leicht erledigen wir alle der Tendenz der Fixierung am Bekannten und des Festhaltens am Gewohnten. Alles Neue löst unbewusst erst einmal Angst aus und mobilisiert Abwehr. So werden auch viele Gedanken und Behauptungen in diesem Buch den Widerstand des Lesers provozieren. Keinem fällt es leicht, liebgewordene Meinungen und Einstellungen aufzugeben und durch neue Einsichten zu ersetzen.

Gelingt es mir möglichst mit diesem Wissen vielen wahrheitsuchenden Menschen neue Erkenntnisse und eine Erweiterung des Bewusstseins zu leisten, so ist damit der von mir angestrebte Zweck vollkommen gelungen.

Reinehold Reinerth

Einleitung

„**So habe ich es gehört**" – das heißt dieses wurde gesagt, und es wäre gut zu versuchen, es zu verstehen und so zu einer Kenntnis der wahren Tatsachen zu kommen.

Schon immer und in allen Ländern der Erde gab es den Glauben, dass Menschen unter gewissen Voraussetzungen ein göttliches Wissen erlangen können. Und als eine natürliche Folge dieses Glaubens lebt in den Herzen der Menschen die Überzeugung, dass Weise unter uns sind, die dieses Wissen besitzen. Dieses Wissen ist immer schon da gewesen, nur der einzelne muss sich zu ihm hin entwickeln, um es erkennen zu können.
Wer nicht reif genug war oder wer nicht unter der Führung eines Meisters den nötigen Reifezustand durch Ausbildung seiner Individualität erreicht hatte, für den blieben diese Weisheiten geheim. Um diese verborgene, geheimnisvolle Zukunft zu deuten, muss man einen langen, mystischen Weg hinter sich haben und sehr hohe Kenntnisse in der Kabbala, Magie, Astrologie und Urprinzipien der Wirklichkeit erworben haben. Ein Eingeweihter ist ein Auserwählter, der nach jahrelanger geistiger Entwicklung die für seine Aufgaben verlangte Reife erlangt hat.
Ein echter Eingeweihter ist kein Philosoph, der durch bloßes theoretisches Wissen die Reife erlangt hat, sondern er hat sich nach überaus strenger und ausdauernder Schulung von der Masse der

Alltagsmenschen gelöst und hat sein Wissen praktisch erworben. Hier gilt das Sprichwort, dass es viele Berufene, aber wenige Auserwählte gibt.

Dieses Werk besteht aus Weisheiten und Geheimnissen aller Zeitalter. Dank der geheimnisvollen Aussagekraft okkulter Symbolik konnten die Tatsachen einer in ihrem Umfang verwirrenden Reihe von evolutionären Schritten, mit deren Bewältigung, Aufzeichnung und Erklärung sich zahllose Generationen von initiierten Seher und Propheten beschäftigt haben, alle auf nur wenigen Blättern in geometrischen Figuren und Hieroglyphen festgehalten werden. Dies hier ist nicht das Phantasieprodukt eines einzelnen oder mehrerer Individuen. In der Tat handelt es sich um die Aufzeichnungen Tausender Generationen von Sehern. Diese Seher/Adepten hatten ihre eigene physische, mentale, psychische und geistige Konstitution zum höchsten Grad entwickelt und Perfektioniert. Jede einzelne Vision eines jeden einzelnen Seher/Adepten wurden erst akzeptiert, nachdem sie durch Jahrhunderte alte Erfahrungswerte und durch die Visionen anderer Adepten, die als unabhängige Beweisstücke gelten konnten, methodisch geprüft und beseitigt worden war.

Neuere Entdeckungen bedeutender Mathematiker und Kabbalisten beweisen, dass alle theologischen Systeme, von der früheren bis zu den neuesten, nicht nur einen gemeinsamen Ursprung in abstrakten Glaubensinhalten haben, sondern auch in einer universalen esoterischen oder „Mysterien-Sprache" verwurzelt sind. Die Gelehrten besitzen den Schlüssel zu dieser Universalsprache vergangener

Zeitalter, und sie haben ihn sogar schon mit Erfolg im Schloss der hermetisch verschlossenen Tür umgedreht, die zur Halle der Mysterien führt. Das große archaische System, seit prähistorischen Zeiten bekannt als heilige Weisheitswissenschaft, die sowohl in allen alten als auch in allen neuen Religionen enthalten ist und nachgewiesen werden kann, hatte immer und wird nach wie vor ihre eigene Universalsprache haben. Es ist die Sprache der Symbolik, und war bisher nur besonderen Kreisen zu denen vorwiegend Hohepriester und die größten Machthaber gehörten, zugänglich. Diese wussten von den wahren Lehren, hüteten sie aber mit aller Strenge. Sie kannten genau die Synthese nicht nur ihrer eigenen Religion, sondern auch aller übrigen Religionen. Dem Volke dagegen wurde jede Religion nur in Symbolen dargereicht. Erst nach vielen Jahrhunderten kamen einzelne Brocken dieses Wissen, begreiflicherweise sehr verhüllt, auch unter die Menschheit. Schon die Ur-Völker ohne Unterschied der Rasse und ohne Rücksicht darauf, welche Gegenden unseres Erdballes sie bewohnten, hatten ihre besonderen Religionen, d.h. also eine Anschauung von Gott und infolgedessen hatten sie auch eine Gottlehre. Jede Lehre von Gott war geteilt, und zwar in eine exoterische und in eine esoterische. Die exoterische Lehre war die übliche für die Volksmasse, die esoterische Lehre dagegen nur für Eingeweihte und Hohepriester. Seit jeher war es heiliges Gebot, diese hohe Wissenschaft streng geheim zu halten, um 1. die Autorität zu bewahren, 2. die Macht über die Volksmasse nicht zu verlieren und 3. um einen Missbrauch zu vermeiden. Bis heute hat sich diese Tradition erhalten und wenn auch dieses Buch dem Leser vollkommenes Wissen gibt, so kann es ihm eben nur Wissen geben, aber niemals Weisheit. Letztere muss er sich schon durch praktische ehrliche Arbeit erringen. Der Grad der Weisheit hängt wiederum von seiner Reife und seiner Entwicklung ab. Nur dem Berufenen wird mein Buch die höchste Weisheit aufschließen, so dass zwischen dem Wissenden und dem Weisen ein sehr großer Unterschied besteht und das Gebot des Schweigens trotz Veröffentlichung der höchsten Wahrheiten und Geheimnisse nicht verletzt wird. Dem nur Wissenden wird die Weisheit immer okkult bleiben, nur dem Berufenen wird sie vollends zuteil. Sämtliche orientalischen Weisheiten sind lediglich in der symbolischen Sprache festgelegt worden. Wer nicht reif genug war oder wer nicht unter der Führung eines Gurus den nötigen Reifezustand durch Ausbildung seiner Individualität erreicht hatte, für den blieben diese Weisheiten geheim. Deshalb waren sich bis heute alle wahren Schriften der Einweihung darin einig, dass ohne persönlichen Guru eine Einweihung nicht nur nicht möglich, sondern sogar gefährlich ist. Der Schüler war an die Sprache seines Meisters gewöhnt und konnte die Weisheiten wiederum nur in der symbolischen Sprache weitergeben. Auf diese Weise wurde bis zum heutigen Tage diese heilige Wissenschaft nur traditionell von einer Person auf die andere übertragen. Jegliche Erklärung eines Meisters seinem Schüler gegenüber geschah durch Eingebung von seiten des Meisters, so dass es dem Schüler ganz plötzlich klar wurde, was ihm der Meister sagen will. Diese Einleuchtung hatte im Orient eigene Benennungen, wie z.B. Abisheka, Angkhur usw. Niemals gab ein Meister einem Unvorbereiteten, also Unreifen die wahren Mysterien der Weisheit preis. Diese esoterische Sprache besteht sozusagen aus sieben „Dialekten" von denen sich jeder einzelne speziell auf eines der sieben Mysterien der Natur (wie z.B. Kabbala, Magie, Astronomie usw.) bezieht und dafür auch besonders geeignet ist. Jeder Dialekt besaß seine eigene Symbolik. So war es möglich, die Natur entweder als Ganzes zu lesen oder unter einem ihrer speziellen Aspekte zu betrachten. Der Beweis dafür ist ersichtlich in den enormen Schwierigkeiten, mit denen Orientalisten, besonders Indologen und Ägyptologen bis zum heutigen Tage konfrontiert sind, in ihren Interpretationen der allegorischen Schriften des „Aryas" und der priesterlichen Aufzeichnungen des alten Ägyptens. Man sagt Indien, nicht nur in heutigen Grenzen, sondern einschließlich aller Gebiete, (auch Sri Lanka, Nepal, Pakistan) die in alten Zeiten dazugehörten, sei das einzige Land der Welt wo es noch Adepten gibt, die alle sieben Teilsystem und den Schlüssel zum Gesamtsystem kennen. Mit der Zerstörung von Memphis begann der allmähliche Verlust dieser Schlüssel in Ägypten. Nur drei davon wurden in Chaldäa in der Zeit des Berossos noch bewahrt. Die Hebräer bewiesen in ihren Schriften nur eine gründliche Kenntnis der astronomischen, geometrischen und numerischen Symbolisierungssystem aller menschlichen und besonders der physiologischen Funktionen. Dies macht deutlich wie wenig Brauchbares übrig geblieben ist, und es kann sich kaum jemand eine Vorstellung darüber machen, wie viele unsinnige

Theorien und Praktiken in zivilisierten Sprachen herausgegeben wurden. In meinem vorliegenden Werk habe ich nur das zusammengetragen, was große Gurus oder Meister verkündet haben, um einige zu erwähnen wie z.B. Swami Sri Yogananda (1893-1952) und sein Guru Swami Sri Yukteswar (1855-1936) ein Jnanavatar, „Inkarnation der Weisheit", Swami Sri Mahasaya (1828-1895) ein Yogavatar, „ Inkarnation des Yoga" Jünger von Babaji und Guru von Sri Yukteswar, H.P. Blavatsky (1831- 1891) die Gründerin der Theosophieschen Gesellschaft, Meister „Arion" Franz Bardon (1909-1958) ein „Nirmanakaya" und einer, der größten Magier und Kabbalist der Menschheitsgeschichte.

1. Kapitel

Die menschliche Göttlichkeit ist Prophetie und Hellsehen

Psychische Fähigkeiten zu entwickeln, bedeutet zu lernen, die Sinne dieser verschiedenen Körper zu benutzen. Wenn ein Mensch nur seine physischen Sinne benutzen kann, so kann er nur Dinge dieser physischen Welt sehen und hören. Wenn er lernt, die Sinne seines Astralkörpers zu gebrauchen, so kann er außerdem die Dinge der Astralwelt und des Akasha sehen und hören. Man muss dazu nur lernen, auf zusätzliche Schwingungen zu reagieren. Wenn man sich eine Tabelle der Schwingungsfrequenzen in einem beliebigen Physikbuch ansieht, wird man feststellen, dass eine große Anzahl davon in uns kein Echo hervorruft. Eine bestimmte Anzahl spricht unsere Ohren an, und wir hören sie als Schallwellen, eine andere Gruppe macht Eindrücke auf unsere Augen, und wir nennen sie Lichtstrahlen. Aber zwischen diesen beiden Bereichen und oberhalb sowie unterhalb von beiden gibt es Tausende von anderen Frequenzbereichen, die überhaupt keinen Eindruck auf unsere physischen Sinne machen. Ein Mensch kann sich so entwickeln, dass er für alle diese Ätherwellen empfänglich wird und für noch feinere Materie als den Äther. Wir nennen einen Menschen, der das getan hat, hellsichtig oder hellhörend, weil er mehr sehen und hören kann als der unentwickelte Mensch.

Die Vorteile einer solchen Entfaltung der inneren Sicht sind beträchtlich. Dem Menschen, der sie besitzt, steht eine andere und viel weitere Welt offen, oder um genauer zu sein, er findet, dass die Welt, in der er immer gelebt hat, Ausdehnungen und Möglichkeiten aller Art hat, von denen er bisher nichts wusste. Seine Studien mögen ihn schon informiert haben, dass überall um ihn herum ein ausgedehntes und kompliziertes nicht-physisches Leben anwesend ist, Königreiche von Devas und Naturgeistern; eine riesige Zahl seiner Mitmenschen, die ihren dichten Körper im Schlaf oder Tod beiseite gelegt haben, Kräfte und Einflüsse vieler Arten, die geweckt und benutzt werden können durch jene, die sie verstehen. Aber alle diese Dinge selbst zu sehen, statt nur daran zu glauben, fähig zu sein, mit ihnen aus erster Hand in Beziehung zu treten und mit ihnen zu experimentieren - alles dies macht das Leben viel voller und interessanter. Wer so auf höheren Ebenen die Ergebnisse seiner Gedanken und Handlungen verfolgen kann, wird dadurch eine wirksamere und nützlichere Person.

Alle Information, die den Menschen von außen erreichen, kommt zu ihm durch das Mittel von Schwingungen. Schwingungen der Luft übertragen den Ohren Töne, während solche des Lichtes den Augen Bilder bringen. Wenn er Dinge und Lebewesen der astralen und mentalen Welten sieht, so kann das nur durch den Einfluss auf die Körper sein, die jeweils fähig sind, auf sie zu reagieren. Denn der Mensch kann die Astralwelt nur durch die Sinne seines Astralkörpers sehen und die Mentalwelt durch jene seines Mentalkörpers.

Jeder Anstoß oder jede Schwingung eines physischen Gegenstandes, die eine gewisse Schwingung der Luft hervorruft, deren Ton im

Stande ist, auf das Ohr einzuwirken, bewirkt zur selben Zeit einen entsprechenden Lichtblitz, der irgend eine besondere Farbe annehmen wird. Dann im Bereiche der verborgene Kräfte ist ein hörbarer Ton nichts anders als eine subjektive Farbe; und eine wahrnehmbare Farbe nichts anders als ein unhörbarer Ton. Beide gehen aus derselben potenziellen Substanz hervor, die die Physiker Äther (Raum) zu nennen pflegen. Z. B der Tonleiter in der Musik beginnt von unten nach oben, fängt mit dem „Do" an und endigt mit dem viel schrilleren „Si". Der Tonleiter und die Farben schreiten nach der Anzahl der Schwingungen von der Welt der groben Materie zu der des Geistes, wie folgt, fort:

Prinzipien	Farben	Noten	Zahlen
Chaya	violett	si	7
Höhere Manas „Geist"	indigo	la	6
Aurische Hülle	blau	sol	5
Niederes Manas „Seele"	grün	fa	4
Buddhi „Verstand"	gelb	mi	3
Prana „Lebensprinzip"	orange	re	2
Kama Rupa „Astralkörper"	rot	do	1

Die esoterische Aufzählung kann nicht mit der konventionellen exoterischen in Einklang gebracht werden. Die eine ist die Wirklichkeit, die andere wird nach trügerischem Schein klassifiziert. Im Kosmos sind die Abstufungen und Wechselbeziehungen von Farben und Tönen, und daher von Zahlen unendlich. Das wird selbst in der Physik vermutet, denn es wird behauptet, dass langsamere Schwingungen existieren als die des

Rots, die die langsamsten für uns wahrnehmbaren sind, und viel raschere Schwingungen als die des Violetts, die die rascheren sind, die unsere Sinne wahrnehmen können. Rot ist die Farbe des geoffenbarten Dualen oder Männlichen und Weiblichen. Im Menschen zeigt es sich in seiner niedersten tierischen Form. Grün und das Rot sind sozusagen vertauschbare Farben, denn Grün absorbiert das Rot, da es in seinen Schwingungen dreimal stärker ist als das letztere. Aber auf Erden in unserer physischen Welt ist der Bereich der wahrnehmbaren Schwingungen beschränkt. Unsere körperlichen Sinne können Schwingungen über und unter den siebenfachen und beschränkten Abstufungen der prismatischen Farben nicht erkennen, denn solche Schwingungen sind nicht im Stande, in uns die Empfindung von Farbe und Ton zu verursachen. Eine unendliche violette, nebelartige Form repräsentiert den Astralmenschen innerhalb eines eiförmigen bläulichen Kreises (Aura), über den in unaufhörlichen Schwingungen die prismatischen Farben sich ausbreiten. Jene Farbe ist vorherrschend, deren entsprechendes Prinzip im Allgemeinen oder in dem besonderen Augenblicke, wenn der Hellseher ihn wahrnimmt, am tätigsten ist. Aus der Intensität der Schwingungen kann ein Hellseher, wenn er mit den Entsprechungen vertraut ist, den inneren Zustand oder Charakter einer Person beurteilen. Man muss sich jedoch daran erinnern, dass die Farben, die wir mit unseren Augen sehen, nicht die wahren Farben der übersinnlichen Natur sind, sondern nur die von gewissen Schwingugsverhältnissen auf dem Mechanismus unserer physischen Organe hervorgebrachten Wirkungen, denn es gibt auf diesem Plane der Täuschung drei Grundfarben, wie von der Physik gezeigt wird, Rot, Blau und Gelb.

Farben	Wellenlängen	Anzahl der Schwingungen
	in Millionstel Millimeter,	in Millionen pro Sekunde
Äußerstes Violett	486	759
Violett	423	709
Violet-Indigo	439	783
Indigo	449	668
Indigo – Blau	459	654
Blau	479	631
Blau-Grün	492	610
Grün	512	586
Grün-Gelb	532	564
Gelb	551	544
Gelb-Orange	571	525
Orange	583	514
Orange-Rot	596	503
Rot	620	484
Äußerstes Rot	645	465

In jeder dieser Welten gibt es gröbere und feinere Materiearten, und im Allgemeinen sind die Ausstrahlungen der feineren Arten wünschenswert, während die der gröberen Arten ausgesprochen unerwünscht sind. Ein Mensch hat beide Arten von Materie in seinem Astralkörper, und er ist deshalb fähig, auf beide zu reagieren; die höheren und die niederen Schwingungen. Und es ist seine Sache zu wählen, welcher von beiden er seine Aufmerksamkeit zuwenden will. Wenn er entschieden die niederen Einflüsse ausschließt und nur die höheren aufnimmt, so mögen sie für ihn von großer Hilfe sein, sogar auf astralen und materiellen Ebenen.

Wenn die Menschen die Wirkung von Vorurteilen im Mentalkörper sehen könnten, wären sie überrascht. Die Materie dieses Körpers ist in einem dauernden rhythmischen Fluss oder sollte es sein, und verschiedene Teile davon, oder Ringe, haben mit Gedanken verschiedener Richtung zu tun. Wenn man ein Vorurteil in irgendeiner Gedankenrichtung hat, ist ein Stau in dem Ring vorhanden, der mit dieser Richtung zu tun hat, und die Materie kann an dieser Stelle nicht mehr ungehindert fließen. Die Erscheinung, die sich durch diesen Stau am Mentalkörper zeigt, ist genau wie die einer großen Warze. Wir sollen durch jeden Teil des Mentalkörpers hinaussehen können, aber die Wirkung dieser Warze muss unsere Sicht stören. Wenn wir durch diesen Teil des Mentalkörpers hinauszusehen versuchen, scheinen die Dinge verzerrt. Der einzige Weg, die Vorurteile vollständig zu besiegen, ist die Liebe. Wir müssen lernen, Liebe zu allen Menschen zu empfinden als ob sie unsere Bruderschüler wären.

Stolz ist die erste der Gefahren für den hellsichtigen Menschen und er spielt eine wichtige Rolle. Der Besitz einer Fähigkeit, die, obwohl das Erbteil der ganzen menschlichen Rasse, bisher erst sehr selten manifestiert ist, verursacht oft, dass sich der unwissende Hellsehende über seine Kameraden erhaben fühlt, vom Allmächtigen erwählt für eine Mission weltweiter Wichtigkeit, ausgestattet mit einem feinem Gespür, das nie irren kann, erwählt unter Engelsführung, der Gründer eines neuen

Glaubenssystems zu sein. Man sollte sich erinnern, dass es immer eine Menge launige und schelmische Wesen auf der anderen Seite des Vorhangs gibt, die bereit und sogar begierig sind, alle solche Wahnvorstellungen zu fördern, alle solche Gedanken zu reflektieren und zu verkörpern und jede Erzengel- oder Geistführer-Rolle auszufüllen, die sich ihnen zufällig anbieten mag.

Unglücklicherweise ist es so verheerend leicht, den Duchschnittsmenschen zu überzeugen, dass er wirklich im Grund ein sehr feiner Kerl ist und durchaus wert, der Empfänger einer besonderen Offenbarung zu sein, auch wenn es seinen Freunden zufolge durch Blindheit oder Vorurteil bisher irgendwie misslang, ihn richtig einzuschätzen. Eine andere Gefahr, vielleicht die größte von allen, da sie die Mutter aller anderen ist, ist die **Unwissenheit**.

Wenn der Hellsehende irgendetwas über die Geschichte seines Faches weiß, wenn er überhaupt die Bedingungen jener anderen Ebenen versteht, in die seine Vision eindringt, kann er natürlich nicht annehmen, dass er die einzige Person sei, die jemals so hoch begünstigt war noch kann er mit selbstzufriedener Sicherheit fühlen, dass es für ihn unmöglich sei, Fehler zu machen. Aber wenn er, wie so viele, überhaupt nichts über die Geschichte, die Bedingungen und alles andere weiß, so ist er anfällig erstens für alle Arten von Fehlern bezüglich dessen, was er sieht, und zweitens eine leichte Beute aller Sorten von hinterhältigen und trügerischen Wesenheiten der Astraleben zu werden. Er hat kein Kriterium, um das zu beurteilen, was er sieht oder zu sehen meint, keinen Test, den er auf seine Visionen oder Kommunikationen anwenden kann; und also hat er kein Gefühl für Größenverhältnisse oder Angemessenheit von Dingen, und er vergrößert eine Schulheft Maxime zu einem Stück göttlicher Weisheit, eine Plattheit höchst gewöhnlicher Art zu einer Engelsbotschaft. Außerdem wird er wegen Mangels an allgemeiner Kenntnis über wissenschaftliche Themen oft vollständig missverstehen, was seine Fähigkeiten ihn wahrzunehmen befähigen, und folglich wird er die ungeheuerlichsten Absurditäten ganz ernst verbreiten.

Die dritte Gefahr ist die der **Unreinheit**. Der Mensch, der rein ist im Denken und Leben, rein in der Absicht und frei von der Anlage des Egoismus, ist durch eben diese Tatsache vor dem Einfluss von unerwünschten Wesenheiten von anderen Ebenen geschützt. In ihm gibt es nichts, was sie ausnutzen können, er ist kein geeignetes Medium für sie. Andererseits umgeben sich einen Menschen alle guten Einflüsse natürlicherweise und beeilen sich, ihn als einen Kanal für ihr Wirken zu benutzen, und so wird eine weitere Schranke um ihn errichtet gegen alles, was gemein, niedrig und schlecht ist. Der Mensch mit unreinem Leben oder Motiv dagegen zieht unvermeidlich all das Schlechte der unsichtbaren Welt an, die uns so nahe umgibt. Er antwortet breitwillig darauf, während es den Kräften des Guten kaum möglich sein wird, irgendwelchen Eindruck auf ihn zu machen. Aber ein Hellsehender, der an all diese Gefahren denkt und sich bemüht, sie zu vermeiden, der sich die Mühe macht, die Geschichte und die Hintergründe des Hellsehens zu studieren, der darauf achtet, dass sein Herz bescheiden und seine Motive rein sind, solch ein

Mensch kann mit Sicherheit sehr viel durch diese Kräfte lernen, die er in seinem Besitz findet, und kann aus ihnen den größten Nutzen für die Arbeit, die er zu tun hat, ziehen.

Man darf nicht in irgendeinem Sinne zu einem Medium werden. Es besteht ein riesengroßer Unterschied darin, einen Ort leer zu machen oder zuzulassen, dass jemand ihn von außen betritt und besitz davon ergreift, dies ist der Unterschied zwischen dem Yogi und dem Medium. Beide stimmen darin überein, dass der Mensch ewig ist und dass sein Fortschritt keine Grenzen hat. Aber der letztere betrachtet es als gut für einen Menschen, ein Medium für gute Geister zu sein, während der erstere auf der Aufrechterhaltung seines eigenen positiven Bewusstseins unter allen Umständen besteht und behauptet, dass es nicht gibt, was passive Mediumschaft schenken kann, das nicht durch bewusstes Hellsehen zu erreichen wäre. Man kann je nach seiner Entwicklung entweder im Astrallicht oder im Akasha hellsehen.

Akasha ist das Höchste, Mächtigste, Unvorstellbare, das Ursein, der Urgrund aller Dinge und alles Erschaffenen, es ist die Ursachensphäre. Darum ist Akasha auch raum- und zeitlos. Es ist das Nichterschaffene, das Unbegreifliche, das Undefinierbare. Der Akasha ist das ewige göttliche Bewusstsein, das selbst nicht differenzieren kann, keine Eigenschaften hat und nicht handelt. Die Religionen bezeichnen es mit Gott. Es ist der Ursprung aller Ideen und Gedanken, es ist die Ursachenwelt, in der sich alles Erschaffene erhält, von den höchsten Sphären angefangen bis hinab zu den niedrigsten. Es ist Alles in Allem.

Das Astrallicht ist nichts anders als ein Rückstand, ein Überrest des Akashas. Es ist zwar unsichtbar, ist aber trotzdem sozusagen die von Akasha ausgehende phosphoreszierende Strahlung und das Medium zwischen Akasha und der Denkfähigkeit der Menschen. Ein großer Unterschied zwischen dem Astrallicht und dem Akasha darf nicht übersehen werden. Akasha ist ewig, das Astrallicht aber periodisch. Ein Eingeweihter, der sich in dieser Ebene sich auskennt, kann hier alles vorfinden, ganz gleich, ob es sich um Vergangenes, Gegenwärtiges oder Zukünftiges handelt. Die Reichweite der Auffassung hängt vom Grade seiner Vollkommenheit ab. Ich sagte schon, dass im Astrallicht das Gepräge aller sichtbaren Dinge aufspeichert und erhält. Daraus folgt, dass die Himmelsordnung eines jeden Tages sich in diesem Licht spiegelt, das als wichtigstes Lebensagens durch verschieden von der Natur hierfür bestimmte Einrichtungen das Werden und die Geburt der Ereignisse bewirkt.

Man kann auch durch Intuition (Intuition ist die höhere Stufe nach dem Gewissen) Weisheiten oder bestimmte zukünftige Ereignisse empfangen. Selbst wenn wir fähig sind, unsere Köpfe zwischen den Wolken zu behalten, ist es nötig, dass unsere Füße fest auf der Erde ruhen; und wir müssen Eindrücke, die von innen kommen, mit ausgeglichenem Urteilsvermögen behandeln, ebenso wie wir gesunden Menschenverstand auf die Erfahrungen des alltäglichen Lebens anwenden. Das ist nötig, weil es sehr leicht ist, Impulse, die vom Astralkörper kommen, irrtümlich für Intuitionen zu halten, die von Höherem Selbst kommen. Manchmal passiert es z.B., dass ein Verstorbener, der sieht, dass wir an irgendeinem besonderen Punkt interessiert sind, auf der Astralebene einen Vorschlag anbietet, und dieser könnte in das Gehirn herunterkommen und wie Intuition erscheinen. Doch tatsächlich könnte dieser Verstorbene ein sehr untauglicher Beobachter auf der Astralebene sein und deshalb ganz falsche Informationen geben. Jedes Ding auf Erden wird im Astrallicht reflektiert. Von diesen werden manchmal durch Medien Photographien erhalten. Die Medien bringen sie unbewussterweise als Formen hervor. Die Adepten oder Yogis bringen sie bewussterweise durch Kriyashakti hervor und bringen sie durch einen Prozess herab, der mit der Fokussierung von Lichtstrahlen durch ein Brennglas verglichen werden kann.

    Ein weiteres Problem beim Hellsehen sind die Phantome, es sind belebte Vorstellungsformen von Verstorbenen. Um vielen Irrtümern vorzubeugen, widme ich diesem Thema besondere Aufmerksamkeit, damit jedermann die Spreu vom Weizen scheiden kann. Legt ein Mensch seine fleischliche Hülle ab, befindet er sich sofort im vierten Aggregatzustand, was gewöhnlich als „Jenseits" (Astralebene) bezeichnet wird. Ohne Vermittlungsstoff ist es nicht möglich, dass sich ein Wesen auf unserer dreidimensionalen Sphäre betätigt, ebenso wie ein Fisch ohne Wasser nicht leben kann. Dasselbe gilt von Wesen, die bereits ins Jenseits gegangen sind. Durch Vorstellungen und Erinnerungen an den Toten, sei es Lob, Verehrung, Trauer und desgleichen, werden imaginären Bilderformen der Toten geschaffen und belebt, die oftmals wiederholt, eine ziemlich lange Lebensdauer haben. Diese Bilder, von Lebenden erzeugt, nennen wir Phantome. Diese Art von Phantomen ist es, die sich in den zahlreichen Fällen den so genannten Spiritisten, Geisterbeschwörern usw. kundtun. Auch die Spuk- und Foppgeister sind nichts anders als Phantome, die sich durch Aufmerksamkeit der Hinterbliebenen, wie es bei den Schemen der Fall ist, nähren, verdichten und erhalten. Dies lässt sich leicht dadurch feststellen, wenn an verschiedenen Orten zu gleicher Minute ein Wesen zitiert wird, das sich an allen Seiten zugleich durch so genannte Medien kundtut, was nichts anders ist, als dass sich ein Phantom des betreffenden Toten äußert, denn Phantome können zu Hunderten geschaffen werden. Es ist sehr bedauerlich, dass diese Phantome von spiritistischen Medien für wahre Verstorbene gehalten werden. Sehr viel Unfug, Trug und Selbstbetrug wird gerade im spiritistischen Wissen getrieben. Man kann beobachten, dass durch eines der Medien ein großer Führer oder Feldherr, durch ein zweites ein Künstler, dort ein Heiliger, an andere Stelle wiederum ein Pharao und sogleich wieder ein Engel mit den Medien verkehrt. Diese Phantome oder Spuke allein können sich in mediumistischen Sitzungen materialisieren, was gelegentlich geschieht, wenn es nicht der Astrale Doppelgänger des Mediums selbst ist, was erscheint. Wie kann also dieses gemeine Bündel von Leidenschaften und irdischen Lüsten, das nur durch den Organismus des Mediums wiedererweckt wird und Bewusstsein erlangt für einen hingeschiedenen Engel oder den Geist eines einstmaligen menschlichen Körpers gehalten werden? Spuke können nur von dem Mitteilungen machen, was sie unmittelbar vor sich sehen. Sie sehen Dinge in der Aura von Menschen, wie Gedanken, Träume etc. sie können aber die Zukunft von Menschen nicht voraussehen, da sie sich auf einer sehr niedrigen Schwingung befinden und die höheren Hierarchien für sie unerreichbar sind. Es ist daher nicht verwunderlich, dass gerade dieses Wissensgebiet infolge des enormen Selbstbetruges die meisten Feinde und Spötter aufzuweisen hat. Dass z.B. so ein Phantom einen derart starken Selbsterhaltungstrieb hat und direkt zum Vampir des Mediums oder des ganzen Zirkels heranwächst und auch der unmittelbaren Umgebung zum Verhängnis wird, ist begreiflich. Viele Medien und Spiritisten, die dauernd in Verbindung mit einem einzigen Wesen waren und von diesem vielfach Gebrauch machten, so dass sie gewissermaßen von dem Wesen abhängig wurden, woraus ein indirekter, passiver Pakt entstanden ist, mussten dies mit schweren gesundheitlichen Schäden am mentalen, astralen und grobstofflichen Körper bezahlen.

Es gibt mehrere Arten von Hellsehen. Die erste Art ist die angeborene Hellsehfähigkeit, die ihrem Träger entweder schon in der unsichtbaren Welt verliehen oder aus früheren Verkörperungen in die jetzige Existenz mitgegeben wurde. Diese Art des Hellsehens ist die beste, aber nur wenige Menschen können sich ihrer erfreuen, sind somit geborene Hellseher, die diese Fähigkeit ohne besonders Dazutun so stark ausgebildet haben, dass sie dieselbe sofort praktisch gebrauchen können. Eine zweite Art des Hellsehens äußert sich darin, dass sie infolge einer unwillkürlichen Elementeverschiebung im Geiste von selbst auftritt und somit als pathologische Erscheinung zu betrachten ist. Ferner können Erschütterungen in Krankheitsfällen gleichfalls Hellsehfähigkeit hervorrufen. Gewöhnlich äußert sich dies bei Menschen, die durch einen Schlaganfall, einen Nervenzusammenbruch oder sonst durch einen physischen, psychischen oder geistigen Verfall aus dem normalen Gleichgewicht gekommen sind und als Begleiterscheinung entweder deutlich oder weniger deutlich, rein oder weniger rein eine Art Hellsehens bei ihnen zutage tritt. Solche Hellseher sind sehr zu bemitleiden, selbst dann, wenn ihre hellseherischen Erfolge als phänomenal gelten würden. In diese Kategorie gehören auch diejenigen Personen, die auch etwaige mediale Veranlagung die Fähigkeit des Hellsehens, durch ein Wesen hervorgerufen, erhalten haben. Viele von den in verschiedenen Irrenanstalten eingelieferten Personen, die sich ohne verlässliche Führung mit Problemen des Spiritismus befasst haben, verdanken demselben ihren trostlosen Zustand, ganz gleich, ob die Motive zu diesem Studium ernsthaft waren oder bloß pure Neugierde und andere Beweggründe als Ansporn dienten. Eine weitere Art von heraufbeschworenem Hellsehen, die ebenfalls in diese Gruppe hineingehört, ist das gewaltsame Hervorrufen dieser Fähigkeit mit Hilfe von Rauschmittel, wie Opium, Haschisch, Soma und des gleichen. Eine weiter Art des Hellsehens ist diejenige, die durch eine Abschwächung oder vorübergehende Lähmung eines Sinnesorganes, beim Hellsehen ist es das Auge, hervorgerufen wurde. Die meisten Bücher, die das Hellsehen durch Fixieren eines Gegenstandes, eines magischen

Spiegels, einer Kristallkugel oder von Edelsteinen lehren, sind zwar gut, eignen sich aber nicht für jeden Menschen. Vom magischen Standpunkt aus ist kein einziges Hilfsmittel, sei es noch so gepriesen und genau hergestellt, geeignet, die Gabe des Hellsehens herbeizuführen. Die Hellsehfähigkeit selbst hängt nämlich 1. von der Veranlagung und 2. von der psychischen und astralen Entwicklung und Reife des betreffenden Menschen ab. Schließlich erwähne ich noch die letzte Art des Hellsehens, die infolge richtiger magischer Entwicklung als Begleiterscheinung auftritt und die durch systematische Entfaltung der Sinne, in unserem Falle des hellsehenden Auges, hervorgerufen wird.

    Das Voraussehen und Vorauswissen der Zukunft ist gerade deshalb möglich, weil das zukünftige Geschen in Wirklichkeit bereits ist und nicht, wie wir uns vorstellen, erst wird.

2. Kapitel

Unser Schicksal steht in den Sternen

In allen wahren Religionssystemen und Religionsphilosophien wie Brahmanismus, später Hinduismus, Buddhismus, Theosophie und auch in der hermetischen Wissenschaft (Magie), haben die Analogiegesetze große Bedeutung und spielen daher eine der wichtigsten Rollen. Im Universum wurde alles nach einer genauen Gesetzmäßigkeit erschaffen und es greift demnach einem präzisen Uhrwerk und das mit erstaunenswerter Genauigkeit eines ins andere.

Einer der größten Eingeweihten vor Christi war zweifellos der ägyptische Hohepriester Hermes Trismegistos. In seinem Buch der Weisheit, das unter dem Namen „Toth" bekannt ist, hinterließ er der Menschheit das höchste Wissen, das je auf unserem Planeten begriffen werden kann. Seine „Tabula –smaragdina - Hermestaffel" dient als Beweis der makro- und mikrokosmischen Analogiegesetze. Dieses Wissen, nach Trismegistos „Hermetisches Wissen" bekannt, war stets nur solchen Menschen zugänglich, die für die Einweihung die erforderliche Reife erlangt hatten. Ursprünglich bestand das Buch der Weisheit dieses hohen Eingeweihten aus 78 Tafeln, die später als die 78 Tarotkarten allgemein bekannt wurden. Obwohl man diese Tarotkarten mit der Zeit zu einem Kartenspiel herabwürdigte, blieb ihr geheimer Sinn einzelnen Auserwählten dennoch bekannt und ist es bis zum heutigen Tage. Uns interessiert an dieser Stelle vorläufig nur **das Analogiegesetz:** „Dasjenige, welches Unten ist, ist gleich demjenigen, welches Oben ist: Und dasjenige, welches Oben ist, ist gleich demjenigen, welches Unten ist, um zu vollbringen die Wunderwerke eines einzigen Dinges". Hinter dieser Annahme ist zu verstehen, dass überall in diesem Universum, oben und unten, im Himmel und auf Erden, im makrokosmischen wie im mikrokosmischen Bereich, auf allen Ebenen der Erscheinungsformen die gleichen Gesetze herrschen. Die Analogie ist der einzig mögliche Vermittler zwischen Sichtbarem und Unsichtbarem, Endlichem und Unendlichem. Die Analogie ist der Schlüssel aller Geheimnisse in der Natur und der einzige Beweggrund aller Offenbarungen. Und darum scheinen uns die Religionen und andere Dinge im Himmel wie in der ganzen Natur eingezeichnet. Das muss so sein, denn das Werk Gottes ist sein Buch, und in all seinen Schriftzügen müssen wir den Ausdruck seines Gedankens und Wesens sehen, weil wir ihn nur als den erhabensten Gedanken begreifen können. Die Analogie verleiht dem Eingeweihten alle Kräfte der Natur, sie ist die Quintessenz des Steins der Weisen, das Geheimnis des „perpetum mobile", die Quadratur des Kreises, die Wurzel des Lebensbaumes, die Erkenntnis von Gut und Böse.

    Wir können Gott nur durch seine Gesetzmäßigkeit im Universum verstehen, die Synthese seiner Gesetze in Worte kleiden und ihn als höchstes Urprinzip, das je einem Menschen begreiflich sein kann, zum Ausdruck bringen. In der absoluten

Gesetzmäßigkeit der Universalgesetze spiegeln sich alle göttlichen Ur –Ideen, wie z. B absolute Harmonie, Ordnung, Zyklen, Dynamik, usw. Gerade so, wie auf unserer grobstofflichen Welt (Erde) der feste, flüssige und gasförmige Zustand besteht, der den Stoff unserer Erde bildet, gibt es laut Analogiegesetz Aggregatzustände in feinerer Form, die unseren normalen Sinnen nicht mehr zugänglich sind, mit unserer grobstofflichen Welt aber dennoch in Verbindung stehen. Diese feineren Aggregatzustände werden in der hermetischen Wissenschaft Ebenen und Sphären genannt. In diesen feineren Ebenen wickeln sich die gleiche Vorgänge ab wie auf unserer Erde; und auch dort gilt das Gesetz der Hermestafel nämlich: dass das, was oben ist, auch das ist was unten ist. Es sind dieselben Kräfte im Spiele wie auf unserem Planeten; wie hier so auch dort machen sich dieselben Einflüsse geltend. Derjenige Mensch, der sich nur auf die Eindrücke seiner fünf groben Sinne verlässt, hat nur einen, den groben Sinnen entsprechenden Empfangsbereich, über den er nicht hinauskommt. Alles Weitere bleibt ihm unverständlich, unglaubwürdig und übersinnlich. Es gibt je nach dem Dichtigkeitsgrad unendlich viele Ebenen und Zwischen-Ebenen; sie hier alle anzuführen ist ein Ding der Unmöglichkeit. Die stufenweise Aufeinanderfolge ihres Dichtigkeitsgrades nennt man Hierarchien/Zonen. Jede dieser hierarchischen Ebenen übt auf Grund des Analogiegesetzes einen bestimmten Einfluss auch auf unsere grobstoffliche Welt aus.

In gewisser Hinsicht und in Bezug auf die planetarischen Ebenen ist darauf die Synthese der

Astrologie aufgebaut, die von den heutigen Astrologen jedoch vorwiegend für mantische Zwecke benützt wird. Diese Zonen (Hierarchien) tragen zwar astrologische Benennungen, haben aber mit den einzelnen Gestirnen des Universums direkt nichts zu tun, obwohl ein gewisser Zusammenhang mit den Gestirnen und eventuellen Konstellationen besteht, wonach die Astrologen für mantische Zwecke oder bei der Eruierung von ungünstigen Einflüssen ihre Schlüsse ziehen. Weniger bekannt ist, dass die Astrologie eigentlich nur einen Teilaspekt der Wirkungen der Ebenen, Planeten und Tierkreiszeichen angibt. Die Astrologie ist ein Messinstrument der Wirklichkeit, das mit beliebiger Genauigkeit etwas anzeigt, ohne es zu erzeugen. Auch ein Thermometer misst Temperatur, ohne zu erzeugen. Astrologie denkt grundsätzlich senkrecht, gemäß des Analogiegesetzes: wie oben so unten. Dass die Astrologie im Laufe der Jahrhunderte, zu allen Zeiten immer wieder in Verruf kam, verdankt sie jenen Pfuscher, Scharlatanen und Horoskop-Fabrikanten, die sich in oberflächlicher Weise mit „Vulgär oder Volks-Astrologie" befassten und bar jeglicher mathematischer Kenntnisse, ohne alles Wissen um die tieferen Zusammenhänge „Rezepte" und hektographierte Massen - Horoskope über die Tierkreiszeichen verfassten, die das Wirkliche und wahrhaft tiefgründige Sternenweistum zu einem verflachenden Unsinn herabwürdigten.

Da jeder Mensch unter einem bestimmten Planeten geboren ist, so wird immer ein Überwiegen der Farbe jenes Planeten in ihm stattfinden, weil jenes Prinzip in ihm herrschen wird, das seinen

Ursprung in der in Frage stehenden Hierarchie hat. Es wird auch ein gewisser Betrag der von den anderen Planeten herstammenden Farbe in seiner Aura zugegen sein, aber die des herrschenden Planeten wird die stärkste sein. Nun wird eine Person, bei der sagen wir, das Merkurprinzip vorherrschend ist, dadurch, dass sie auf das Merkurprinzip in einer anderen Person, die unter einem verschiedenen Planeten geboren ist, einwirkt, im Stande sein, sie gänzlich unter ihre Kontrolle zu bringen. Denn das stärkere Merkurprinzip in ihr wird das schwächere Merkurelement in der anderen überwältigen. Aber sie wird wenig Macht über Personen haben, die unter demselben Planeten geboren sind, wie sie selbst. Der Stern, unter welchem eine menschliche Wesenheit geboren wird, wird für immer sein Stern bleiben während des ganzen Kreislaufes der Wiederverkörperungen (Inkarnationen) in einem Manvantara (zyklische Erden-Periode). Aber dieser ist nicht sein astrologischer Stern. Der letztere hat nur Bezug auf und Zusammenhang mit der Persönlichkeit; der erstere mit der Individualität. Der Engel dieses Sternes , oder der mit ihm verbundene „Dhynai-Buddha" wird entweder der lenkende oder bloß der vorstehende Engel, sozusagen, bei jeder neuen Wiedergeburt der „Monade" sein, die ein Teil ist in seiner eigenen Wesenheit, obwohl ihr Vehikel, der Mensch, für immer mit dieser Tatsache unbekannt bleiben mag.

Die physischen Planeten können zunächst nur den physischen Körper und die rein physischen Funktionen beeinflussen. Alle mentalen, emotionellen, psychischen und geistigen Fähigkeiten werden von den esoterischen Eigenschaften aus der Stufenleiter der Ursachen beeinflusst, die von den Hierarchien der Geistern, Beherrscher der Planeten ausgehen und nicht von den Planeten selbst. Für die, denen die exoterischen astrologischen Naturen unbekannt sind, die in der Praxis den Planetenkörpern zugeschrieben werden, mag es von Nutzen sein, wenn ich dieselben in Bezug auf ihre Herrschaft über den menschlichen Körper, Farben, Metalle usw. niederschreibe:

Saturn – *Tag*: Samstag, *Metall*: Blei, *Farbe*: dunkelviolett, *Körperteile*: rechtes Ohr, Knie, Knochensysteme, Gelenke, Haut, Galle, Knochensystem, *Steine*: Onys, Chrysopras.

Jupiter – *Tag*: Donnerstag, *Metall*: Zinn, *Farbe*: blau, *Körperteile*: linkes Ohr, Schenkel, Füße, Arteriensystem, Hüften, Muskeln, sekundär Lungen, *Steine*: Saphir, Türkis, Granat.

Mars – *Tag*: Dienstag, *Metall*: Eisen, *Farbe:* purpurrot, *Körperteile*: Stirne und Nase, der Schädel, Geschlechtfunktion, Muskelsystem, Gesicht, Gehirn, Kopf, *Steine*: Diamant, Sardonyx, Topas, Amethyst.

Sonne – *Tag*: Sonntag, *Metall*: Gold, Farbe: gelb gold oder orange, *Körperteile*: rechtes Auge, Herz, Lebenszentren, Arterien, Rücken, Rückenmark, Blutumlauf, *Steine*: Rubin.

Venus – *Tag*: Freitag, *Metall*: Kupfer, Farbe: grün, *Körperteile*: Kinn und Wangen, Genick, Nieren, das

Venensystem, Harnblase, Prostata, Lymphen, *Steine*: Diamant, Beryll, heller Saphir, Achat, Karneol.

Merkur – *Tag*: Mittwoch, *Metall*: Quecksilber, *Farbe*: opalisierend – Taft, *Körperteile*: Mund, Hände, Unterleibseingeweide, Nervensystem, Bauchgegend, Leber, Milz, Verdauung, *Steine*: Jaspis, Smaragd, Bergkristal, Topas, Aquamarin.

Mond – *Tag:* Montag, *Metall*: Silber, *Farbe*: silbrig oder weiß, *Körperteile*: Brüste, linkes Auge, das Flüssigkeitssystem, Speichel, Lymphe, Magen, Schleimhäute, *Steine*: Smaragd, Chalzedon.

Die Wissenschaft der Astrologie beschäftigt sich mit der Reaktion des Menschen auf die planetarischen Einflüsse. Die Sterne selbst sind weder bewusst wohlwollend noch feindselig, sondern senden nur positive und negative Strahlen aus. In jeder Ebene wirkt das Spiel der Elemente, das elektrische und magnetische Fluid (Strahlen), das von der Göttlichen Vorsehung im Akashaprinzip gehalten und regiert wird. Sie können der Menschen weder nützlich noch schaden, sondern nur als Werkzeug des Gesetzes von Ursache und Wirkung den äußeren Ablauf der Ereignisse regeln, für die jeder Mensch aufgrund seiner ehemaligen Taten selbst verantwortlich ist. Jeder Mensch setzt durch seine Gedanken und Taten Inhalte in die Welt, die er formal durch Erleben einlösen muss. So löst der Mensch während seines Lebens ständig seine eigenen Inhalte ein. Tritt der Tod ein, so bleibt eine Menge von Inhalte dennoch ungelöst und sie ergeben eine Summe von Restposten, die ihm eine neue Wiedergeburt zu einem bestimmten Zeitpunkt ermöglichen. Der noch nicht abgeschlossene Lernzyklus ist das Lerndefizit, das der Mensch mit in die Astralebene mit hinüber nimmt und damit er den Schicksalsablauf seines nächsten Lebens bestimmt. Ein Kind wird an dem Tag und zu der Stunde geboren, wo die Zeitqualität sein Karma entspricht, da die Strahlen der Gestirne mit mathematischer Genauigkeit seinem individuellen Karma entsprechen. Sein Horoskop ist also eine herausfordernde Darstellung seiner unabänderlichen Vergangenheit und der sich wahrscheinlich daraus entwickelnden Zukunft. Die Botschaft, die im Augenblick der Geburt in leuchtender Schrift am Himmel geschrieben steht, soll nicht etwa das Schicksal und die Folgen der ehemaligen guten oder bösen Taten betonen, sondern den Menschen dazu anspornen, sich aus seiner irdischen Knechtschaft zu befreien. Was er getan hat, kann und muss wieder gutgemacht werden. Kein anderer als er selbst ist der Urheber der Ereignisse, die jetzt in seinem Leben zur Auswirkung kommen. Er kann alle Hindernisse aus dem Weg räumen, weil er sie selbst durch sein Handeln geschaffen hat und weil ihm außerdem geistige Hilfsquellen zur Verfügung stehen, die keinen planetarischen Einflüssen unterliegen. Abergläubische Furcht vor der Astrologie macht den Menschen zu einer willenlosen Marionette, die sich völlig auf eine mechanische Führung verlässt. Der Weise aber besiegt die Sterne und seine Vergangenheit, indem er sich nicht länger zur Schöpfung, sondern zum Schöpfer bekennt. Je mehr er sich seiner Einheit mit dem GEIST bewusst wird, umso weniger Macht wird die Materie über ihn haben. Die Seele ist ewig frei; sie kennt weder Tod noch Geburt und kann nicht von den Sternen beherrscht werden. Alle menschlichen Leiden entstehen durch irgendeine Übertretung der kosmischen Gesetze.

Die unaufhörlich im Weltall kreisenden elektrischen und magnetischen Strahlungen (Fluide) können einen günstigen oder ungünstigen Einfluss auf den menschlichen physischen Körper ausüben. Es gibt verschiedene Mittel, die man anwenden kann, um die nachteilige Wirkung unserer ehemaligen Taten auf ein Minimum zu beschränken und dazu gehören: Gebete, Willenskraft, Yoga-Meditation, Beratung mit Heiligen und das Tragen astrologischer Armreife. Reine Metalle, die ein astrales Licht aussenden, können die negativen planetarischen Einflüsse stark vermindern. Auch bestimmte Pflanzenverbindungen erweisen sich als nützlich. Am wirksamsten jedoch sind reine Juwelen von nicht weniger als zwei Karat. Eine wenig bekannte Tatsache ist, dass die entsprechenden Juwelen, Metalle und Pflanzenpräparate wertlos sind, wenn sie nicht das erforderliche Gewicht haben und wenn der schutzbringende Gegenstand nicht auf der bloßen Haut getragen wird.

Die Sterne sind aneinander gekettet durch die Anziehungskräfte, die jene im Gleichgewicht halten und ihre Bewegung im Raume regeln. Das Astrallicht umspannt alle Sphären und es gibt auf keinem Planeten einen Punkt, der nicht mit einem dieser unzerreißbaren Fäden verknüpft wäre. Aus dem Erkennen der Zeichen jedes einzelnen Sternes auf Menschen, Tieren und Pflanzen beruhte auch Salamons hohe Naturwissenschaft, das Wissen, das man verloren gegeben hatte, und dessen Grundsätze trotzdem wie alle anderen Geheimnisse im Symbolismus der Kabbala erhalten sind. Um die Schrift der Sterne lesen zu können, ist es zunächst notwendig, die Sterne selbst zu kennen. Die Atomspaltung hat bewiesen, das auch das Atom nichts anders ist als wiederum ein Sonnensystem im Kleinen. Der Einfluss der Gestirne wie alle kosmischen Faktoren ist überall gegenwärtig, und alle Dinge dieser Welt stehen untereinander in Wechselwirkung. Nichts in der Natur ist bedeutungslos. Das Vorhandensein oder Nichtvorhandensein eines Kieselsteines auf dem Wege kann das Geschick eines großen Mannes, ja eines mächtigen Reiches von Grund auf verändern. Wie sollte also die Stellung der Gestirne am Firmament bedeutungslos bleiben für die Geschicke eines Geschehens?

Die Zeichen, welche sich durch den Reflex und die Anziehung der Gestirne im Astrallicht einprägen, findet man also nach Ansicht der Gelehrten auf allen Körpern wieder, die sich unter Mitwirkung dieses Lichtes gebildet haben. Menschen tragen das Zeichen ihres Sternes vor allem auf der Stirn und auf den Händen, Tiere in ihrer ganzen Gestaltung und ihren besonderen Merkmalen, Pflanzen zeigen es auf ihren Blättern und ihrem Samen, Mineralien in ihrer Äderung und der Gestaltung ihrer Bruchflächen. Die jahrtausendealten Erfahrungen der Astrologie und ihre Methoden der wissenschaftlichen Vorhersagen zeigen auf, dass unser Lebensgerüst oder unser „Lebensfahrplan" in einem gewissen Maße eine „Bestimmung" darstellt. Das Horoskop ist eine Art Schicksalsuhr, deren Zeiger die Planetenumläufe anzeigt: " wann und wem die Stunde schlägt". In der Bhagavad Gita Krischna (Gott) sagt: „…ich bin die Zeit, Arjuna (sein Freund und König) und jetzt, hier auf diesem Schauplatz der Schlacht bin ich die mächtigste weltvernichtende Zeit. Ob mit dir oder ohne dich, die Krieger sind zum Kampf aufgestellt, und ob sie nun auf der rechtschaffenen oder der unredlichen Seite stehen, sie sind bereit für ihren Untergang und müssen sterben. Die Vernichtung von Feinden ist unvermeidlich. Ein einzelner Mensch kann Gottes Ratschluss unmöglich abwenden."

Das Schicksal. Im Geburtsaugenblick ist der Mensch eingebettet in die zahllosen Wechselwirkungen kosmischer Kräfte und planetarer Konstellationen als ein Stück Natur. Seinem Wesenkern, seinen Anlagen, seinem Körper wird der Stempel dieser kosmischen Schwingungen und Strömungen aufgeprägt. In diesem Maße also, wie Pflanze, Tier, auch jedes Atom und alles auf dieser Erde dem großen kosmischen Pulsieren, dem Rhythmus unseres Sonnensystems ein- und zugeordnet ist, im gleichen Maße nimmt auch der Mensch zu jeder Zeit seines Lebens teil an den Veränderungen und Ausstrahlungen der Gestirne und ist dem ewigem Sonnensystem und darüber hinaus dem ganzen Kosmos. Das gleiche gilt auch für das „Große Schicksal", man muss die Stufen der Entwicklung durchlaufen um die Evolution voranzutreiben. Das „Große Schicksal", das für die planetarische Entwicklung zuständig ist, hat mit dem einzelnen Individuum direkt nichts zu tun. Alle Menschen unterliegen aber den Auswirkungen des „Großen Schicksals". Evolution in unserem Sinne ist beabsichtigte Höherentwicklung, ein Gesetz, das im gesamten Universum wirksam ist und die gesamte Schöpfung umschließt. Der Mensch als Teil des Gesetzes, als ein Rad in diesem unvorstellbaren Uhrwerk hat diesem Gesetz der Entwicklung zu gehorchen, denn das Ganze kann sich nur entwickeln, wenn sich alle Teile in ihm entwickeln. Die Aufgabe des Menschen ist demnach Entwicklung und sonst nichts. Entwicklung geschieht jedoch nicht von selbst, sondern ist immer ein Produkt einer energetischen Auseinandersetzung, ist Produkt des Lernprozesses. Um lernen zu können, braucht man ein Problem, denn erst durch Versuch und Irrtum kommt man einer Lösung näher, erst durch die Lösung der Probleme lernt man, erst durch Lernen entwickelt man sich. Schicksal ist der Sammelbergiff für all die vielen Ereignissen, die sich dem Menschen im Laufe seines Lebens entgegenstellen, um ihn den notwendigen Stoff für seine Entwicklung zu liefern. Diese Ereignisse sind Aufgaben, die der Mensch häufig als Problem betrachtet. Diese „Probleme" sind nichts Negatives wie so viele Menschen das so empfinden, sondern eine Hilfe für die eigene Entwicklung, die der menschlichen Evolution helfen soll. Die Menschen haben zwei Möglichkeiten dieser Aufgaben anzugehen, nämlich aktiv oder passiv. Aktiv lernen heißt, jeder Aufgabe freudig entgegen zu treten und es als Aufforderung zu verstehen, zu lernen, um in

der persönlichen Entwicklung einer höheren Stufe
nach oben zu erlangen. Viele versuchen dem
Problem aus dem Wege zu gehen und es zu
verdrängen. In diesem Falle wird der Mensch über
einen unbewussten Ereigniswunsch in eine Situation
manipuliert, in der er passiv das lernt, was aktiv zu
lernen er umgangen hat. Dieses passive Lernen ist
immer mit Leid verbunden, man nennt diese
Situation als Schicksalsschlag, Krankheit oder
Unfall. Schuld ist immer der Erleidende, denn er ist
der Verursacher dieser Situation durch seine
Verweigerung die Aufgaben nicht einzulösen. Er hat
die Wahl zwischen aktivem und passivem Lernen
aber er hat keine freie Wahl wie viele es so glauben.
Denn nicht lernen lässt das Gesetz nicht zu, dies
wäre Stagnation und würde der gesamten Evolution
schaden. Der so genannte freie Wille beschränkt sich
auf eine freie Wahl, die immer zu einem
Lernprozess führt. Der freie Wille würde
verschiedene Ergebnisse zulassen, der aber würde
die Gesetzmäßigkeit des Karmas widersprechen. Die
Wahl ist hingegen ein Produkt des Polaritätsgesetzes
und gefährdet die gesetzmäßige Entwicklung nicht.
Schicksal ist alles andere als eine unberechenbare
Macht, die den Menschen durch seine Zufälligkeit
und Willkür bedroht. Schicksal ist etwas
Persönliches ist das Resultat des eigenen Handelns,
ist gesetzmäßiges Hilfsmittel der Evolution. Das
Schicksal dieses Lebens ist daher eine Resultante der
bisherigen Lebenskette, ist Ergebnis des bisher
Gelernten oder auch Nichtgelernten. Jeder
durchläuft zur Zeit gerade die Probleme, die er in
der Vergangenheit noch nicht durch bewusstes
Lernen bewältigt hat, und er wird auch in der

Zukunft noch so lange mit ein und demselben Problem konfrontiert werden, bis er es für sich gelöst hat. Der Mensch besitzt nur eine einzige Freiheit, nämlich zu glauben, er sei frei. Alles anderer geschieht gesetzmäßig. Es geschieht, und der Mensch sagt dazu: „ Ich habe getan". Was dem Menschen jedoch bleibt, ist die Wahl wie er seine Aufgaben erfüllt. Denn da die Wirklichkeit sich dem Menschen polar offenbart, bietet die Polarität dem Menschen eine Wahlmöglichkeit. Er kann wählen, wie er die Gesetzmäßigkeit erfüllt, aber erfüllen muss er sie immer. Der Entwicklung geht es um die Erfüllung der Gesetzmäßigkeit , wobei es völlig unwichtig ist, ob der einzelne für eine bestimmten Lernprozess ein oder zehntausend Jahre benötigt, denn das Zeitbewusstsein existiert nur in unserem irdischen Leben, nicht aber in der Wirklichkeit. Wirklichkeit existiert unabhängig vom Zeitablauf, die vom Menschen nur durch seine Wahrnehmung und Erleben bewusst wird. Der Mensch kann sich diese Wirklichkeit jedoch nur entlang einer Zeitkoordinate anschauen und erleben. Daraus darf er jedoch nicht schließen, dass das, was er gerade wahrnimmt und erlebt, auch erst in diesem Augenblick entsteht. Wer diesen Zusammenhang begriffen hat, begreift auch, dass diese Determinismus keineswegs zu Resignation führt, sonder im Gegenteil zur völligen Angstfreiheit und in die Freiheit. Diese Freiheit ist aber etwas ganz anders als das, was sich der frei Wähnende unter Freiheit vorstellt. Letztere setzt sich durch Verhalten, das auf dem Wahn seiner Handlungen aufgebaut ist, ständig in einen Widerspruch zum vorhandenen, aber von ihm nicht erkanntes Gesetz.

Wir sehen, erst wenn wir die Illusion der Freiheit aufgeben, eröffnet sich ein Weg, der in die Freiheit führt. Diese Freiheit ist die einzige Wirklichkeit, was der Mensch in dieser planetarischen Evolution erreichen kann und erreichen muss.

Wir müssen in unserer Menschheitsentwicklung sieben Lernstufen durchlaufen, wobei die unteren Stufen jeder Mensch durchläuft und die oberen nicht von allen erfüllt werden müssen. Die Buddhisten vertreten die Lehre, wenn man die vier Wege Buddhas nämlich 1. das Leiden, 2. das Entstehen des Leidens, 3. die Aufhebung des Leidens und 4. den Weg dort hin verfolgt, wird man vom Leiden und von der Kette der Wiedergeburt befreit. Aber derjenige, der sein Schicksal selbst lenken darf, muss schon ein gutes Stück des geistigen Weges gegangen sein und unbedingt eine gewisse Reife in seiner geistigen Entwicklung erlangt haben. Er muss, mit einem Satz, das geistige, seelische und körperliche Gleichgewicht erreicht haben, wenn er die Zügel seines Schicksals selbst in die Hände nehmen will. Da jeder hohe Eingeweihte frei von Karma ist, wird er es vermeiden, magische Kräfte für sein eigenes Wohl anzuwenden. Er darf für sich selbst normalerweise während einer physischen Inkarnation nur die Fähigkeiten anwenden, die auch den anderen Menschen zur Verfügung stehen, deshalb würde sich kein Adept oder Avatar vor seinem irdischen Leiden verdrücken. Das Leiden gehört nun mal zum Lernprozess auch wenn manche Religionen anderer Meinung sind und eine andere Philosophie vertreten, um das Leiden zu entkommen, aber alle Wesen stehen unter dem

Karmagesetz sobald sie sich auf unsere grobstoffliche Welt wiederverkörpern. Außnahmen werden auch nicht bei Adepten oder Avatars gemacht, obwohl sie schon die Schule des Lebens schon längst hinter sich haben. Avatars steigen von einer höheren Sphäre als die Astralebene hinab, d. h. wenn man sich über die Astralebene oder sogar über die übergeordnete Mentalebene hinausentwickelt, dann ist man karmalos und man hat die „Erleuchtung" oder Schwingungslosigkeit (Nirvana oder Moksha) schon erreicht. Jesus und Buddha hatten kein Karma, sie kamen von einer höheren Sphäre und waren karmalos und deswegen konnten sie die „Erleuchtung" innerhalb ihrer Inkarnation erreichen. Jesus hatte die Aufgabe wie Buddha die Menschheit neu zu reformieren und durch die Verbreitung der Wahrheit die Unwissenheit zu beseitigen. Damit hat er wissentlich sein Karma negativ belastet und bevor er wieder seine Heimreise angetreten hat, musste sein neu erzeugtes negatives Karma durch den qualvollen Tod wieder ausgeglichen werden. Buddha hatte über das große Geheimnis der Dreifältigkeit und über das Göttliche Bewusstsein nichts Desgleichen verbreitet und deswegen glauben die Buddhisten heute immer noch nicht an Höheres als Buddha selbst.

Es gibt 360 Vorsteher der Astralebene, die halten alles Walten und Wirken in steter Harmonie und dafür Sorge tragen, dass die Evolution der Menschheit nach Gottes Plan erfüllt wird. Jeder dieser Vorsteher ist eine hohe Intelligenz, ausgestattet mit allen Fähigkeiten, die ein jedes Wesen dieser Sphäre besitzt. So kann ein

Eingeweihter oder Magier von jedem Vorsteher sowohl Vergangenes, als auch Gegenwärtiges und ebenso Zukünftiges über unsere grobstoffliche Welt in Erfahrung bringen, und jeder Vorsteher kann durch das Akashaprinzip auch auf unserer Erde wirksam sein. Außerdem hat jeder Vorsteher spezifische Eigenschaften, d. h. dass er mit besonderen Aufgaben betraut ist. An dieser Stelle interessieren uns nur die Vorsteher, die unsere Entwicklung bzw. die ganze Menschheitsentwicklung inklusive die Inkarnationen aller Wesen überwachen und unsere geistigen Entwicklung walten. Die Reihenfolge richtet sich nach den Tierkreiszeichen und ihren Gradeinstellungen, sowie Einflüssen der Elemente. Bei den nächsten Intelligenzen erwähne ich vor allem nur einige Haupteigenschaften, denn wie schon gesagt, ist mit den üblichen magischen Fähigkeiten jedes Wesen und jede Intelligenz jeder Sphäre ausgestattet.

Peralit (5 Gras Zwillinge) – dieser Vorsteher ist ein großer Meister in der Kenntnis von Leben und Tod. Von ihm kann der Eingeweihte in Erfahrung bringen, zu welcher Zeit ein Kind auf dieser Erde gezeugt werden soll, damit es diese oder jene Fähigkeiten habe. Peralit lehrt den Eingeweihten, ein Kind bewusst auf magische Art zu zeugen und gibt ihm für die vorgeburtliche Erziehung des Kindes besondere Anleitungen, auf Grund welcher der Eingeweihte dem Kind noch vor seiner Geburt – also der Frucht im Mutterleibe – bestimmte Eigenschaften, Fähigkeiten und Talente einprägen kann. Von Peralit erfährt der Eingeweihte auch, was für ein Wesen sich dann aus der Astralebene in das von ihm gezeugte Kind einstellt, was für ein Schicksal und Karma es haben wird.

Ekore (28 Grad Schütze) – ist ein Lenker des Schicksals eines jeden Menschen. Ein Magier oder Eingeweihter, der diesen Vorsteher evoziert, erkennt durch sein Dazutun den genaueren Unterschied zwischen einem Schicksalseinfluss und dem freien Willen. Ekore ist ohne weiteres in der Lage, auf Wunsch des Magiers das Schicksal eines anderen Menschen auf ein anderes Gleis zu bringen.

Jonion (5 Grad Steinbock) – gilt ein geheimnisvoller Vorsteher der Astralebene. Er ist der Hüter aller Jenseitigen, die sich für eine neue Inkarnationen vorbereiten. In der unsichtbaren Welt, das ist in der Astralebene der Verstorbenen, weist er denjenigen Wesen, die sich abermals auf unserer Erde verkörpern sollen, die zu ihrer Entwicklung geeignete Stelle und Umgebung zu. Gleichzeitig gibt er ihnen ein, wie sie das Sympathieband (später noch mehr darüber im Kapitel „Die Wiedergeburt") zwischen sich und der reifenden Frucht im Mutterleib herstellen müssen.

Cemiel (11 Grad Steinbock) – geradeso wie Jonion, der fünfte Vorsteher dieses Tierkreiszeichen, ist auch Cemiel von der Göttlichen Vorsehung dazu berufen, die Wiederverkörperung oder Inkarnation eines jeden Menschen zu überwachen. Er weiß von jedem einzelnen, wie lange er sich in der unsichtbaren Welt aufhalten muss, damit er reif wird, wieder auf unserer Erde das Licht der Welt zu erblicken, um die Schule des Lebens weiterhin durchzumachen. Cemiel kann dem Magier viele Geheimnisse offenbaren, die das Leben und den Tod eines jeden Menschen betreffen. Wünscht es der Magier, so erfährt er auch den genauen Zeitpunkt seines eigenen Ablebens sowie des Ablebens anderer Menschen, ebenso den Ort und Zeitpunkt der nächsten Inkarnation.

Ugolog (25 Grad Fische) – Methoden, über welche diese Intelligenzen der Erdgürtelzone verfügt, sind nur wenigen Eingeweihten auf unserer Erde bekannt. Welchen Magier sie daher von Ugolog anvertraut werden, dem bietet sich die Möglichkeit, die Fähigkeit zu erreichen, direkt aus dem Akashaprinzip heraus das Karma eines jeden Menschen in der mentalen, astralen und grobstofflichen Welt einwandfrei zu lesen. Ein nach den Methoden dieses Vorstehers arbeitender Magier lernt alle Gedanken der Vergangenheit, Gegenwart und Zukunft eines jeden Menschen zu erschauen, seine astrale Entwicklung vom Urbeginn bis zur vollkommenen Reife, sowie das grobstoffliche Schicksal vergangener und zukünftiger Verkörperungen zu erblicken. Ugologs Methoden lassen den Magier einen berühmten Propheten (wie z. B. Nostradamus) werden, wie ihn die Geschichte nur vereinzelt aufzuweisen hat. Im Altertum wurden diese Methoden von sehr hohen Priestern nur sehr reifen Neophyten der Magie anvertraut.

Diese hoch entwickelten geistigen Wesen der Astralebene verdichten sich in die entsprechende Astralschicht und werden so zu Führern einzelner oder ganzer Gruppen und weihen die unter sich stehenden Astralwesen in die höheren Gesetze ein. In der Astralsphäre lehrt der Führer, man kann ihn als Schutzgeist nennen, seinen Schützling nicht nur die Gesetze kennen, sondern er ist ihm in seiner ganzen Entwicklung behilflich. Der Führer unterrichtet seinen Schützling über die Gesetze auf der grobstofflichen Welt und bereitet ihn auf seine neue Wiedergeburt vor. Daraus geht klar hervor, dass sich auf der grobstofflichen Welt der Mensch durch seine magische Entwicklung vervollkommen muss, um für eine höhere Welt vorbereitet zu sein. Alle Schicksalsschläge, die auf der Erde dazu führen, den Geist eines Menschen zu läutern und ihm helfen sollen, Erfahrungen zu sammeln, die er zu seiner geistigen Entwicklung braucht, bereitet die Göttliche Vorsehung je nach Reife und Entwicklung für jeden einzelnen schon in der astralen Welt vor. Wesen verkörpern sich von der astralen Welt auf unseren Planeten , um hier, abgegrenzt von Zeit und Raum, an ihrer Entwicklung weiterzuarbeiten, da die materiellen Gesetze dieser Ebene jedem einzelnen bei weitem mehr Hindernisse in den Weg stellen, als dies in der Astralsphäre der Fall ist. Die Hindernisse der materiellen Welt stärken den Geist, und er kann sich infolgedessen rascher entwickeln, als dies in der Astralebene möglich ist. Darum drängt es die Menschen in der Astralwelt, sich womöglich bald wieder auf die grobmaterielle Welt zu verkörpern, und sie nehmen selbst die schwierigsten Bedingungen an, nur um den Weg, die geistige Entwicklung, weiterverfolgen zu können. Auch Lehren und Philosophien mancher Religionen werden hier nicht helfen dem Leiden zu entgehen, denn nur so kann sich der Geist entwickeln. Die Vollkommenheit muss ein jeder Mensch erreichen, denn zu ihr führt ja eigentlich die Evolution der Menschheit.

3. Kapitel

Das Horoskop und die Bedeutung der Fixsterne für Länder und Nationen

Das ganze Spektrum dieses Gebietes zu beschreiben würde den Rahmen meines Buches sprengen und deshalb werde ich nur ganz kurz auf die wichtigsten Punkte hinsichtlich des Horoskops eingehen. Das Wort Horoskop stammt vom griechischen Hora ab, und „Horoskopium" nannte man in alten Zeiten den „Stundenspiegel" oder „Stundenweiser". Man muss berücksichtigen, dass man nicht nur Horoskope eines Menschen berechnen kann, sondern auch Staatsgründungs- Horoskope, Geschäftsgründung-Horoskope, überhaupt alles, was sich zu einer bestimmten Stunde an Wichtigem begibt, so z. B. auch den Stapellauf eines Schiffes usw. Ein wirklich wissenschaftliches Horoskop steht und fällt mit der genauen Geburtsstunde. Die heute in allen Zeitschriften und Volksbroschüren angewandte Methode der Wochen-, Monats- oder Jahreshoroskope samt ihren Prognosen beruhen einzig und allein auf dem Sonnenstand am Geburtstag eines Menschen und nicht auf der Geburtsstunde!

Nehmen wir einmal an, jemand wäre am 5. August geboren. Der Laie spricht dann von einem „Löwen-Typ", weil sich nämlich die Sonne vom 22.Juli bis 21. August im Zeichen Löwe aufhält. Was dabei herauskommt, wenn Zeitschriften Prognosen das Schicksal der Löwegeborenen berechnen, kann man sich ausmalen, da hier nicht einmal der Geburtstag (was ohnedies auch schon höchst ungewisse Deutungen ergäbe!), sondern summarisch sämtliche Menschen unterm Zeichen Löwe behandelt werden. Man nennt diese letzteren Deutungen „Sonnenstands-Horoskope", wobei also nur ein winziger Bruchteil (eben nur der Sonnenstand) eines individuellen Horoskops, berechnet wäre. Auf diesen Sonnenort sind alle Zeitschriften-Prognosen abgestimmt.

    Ein individuelles Horoskop benötigt die ganz genaue Geburtsstunde sowie den Geburtsort. Die Errechnung genauester Geburtsbilder benötigt mathematische Fachkenntnisse, umfangreiches Tabellenmaterial und außer großer Erfahrung auch noch sehr viel Zeit. Ein individuelles Horoskop wird auf den Schnittpunkt zwischen Horizont und Meridian eines Geburtsortes berechnet. Man benötigt also geographische Positionstabellen der Städte, ferner „Häusertabellen" für die verschiedenen Breitengrade und schließlich astronomische Gestirnstandsauszüge. Die Berechnungsarten sind außerdem verschieden, je nachdem, ob es sich um eine Geburt in nördlichen oder südlichen Breiten, in östlicher oder westlicher Länge, in mitteleuropäischer (MEZ), osteuropäischer oder westeuropäischer oder gar ausländischen Zonenzeiten handelt. Man beachte also die vier wichtigen Faktoren und zwar:

    1. seit 1. April 1893 wurde die Mitteleuropäische Zeit eingeführt (MEZ), die nach der Mittagszeit Greenwich (englische Sternwarte) rechnet. Wer nach dem 1. April 1893 geboren ist, muss also,

wenn sein Geburtsort östlich von Greenwich liegt, eine Stunde von seiner Ortszeit in Abzug bringen,
2. als zweitens wäre zu beachten, dass die Ephemeriden (Gestirnstandsauszüge) auf den Mittagsstand 12 Uhr berechnet werden,
3. als drittens benötigt man die geographische Lage des Geburtsortes,
4. zu beachten sind hinsichtlich der Geburtszeiten noch die so genannten „Sommerzeiten", die schon 1916-1918 und 1940-1949 eingeführt wurden. In allen diesen Fällen ist 1 Stunde abzuziehen von der Ortszeit.

Die wichtigsten Punkte eines Horoskops sind der Aszendent und der Meridian. Der am Ostpunkt des Horoskops aufsteigende Grad oder der Aszendent ist nun das individuellste Merkmal eines Horoskops. Durch die Umdrehung der Erde um ihre eigene Achse steigt alle zwei Stunden ein neues Tierkreiszeichen auf und noch genauer: In jeder vierten Minute einer Stunde steigt ein neuer Grad (der dreißig Grade) eines Zeichens auf. Zwillinge (zweieiige) mit Geburtsabstand von sieben und mehr Minuten haben schon sehr verschiedenes Schicksal. Es ist nicht gleichgültig, welches Tierkreiszeichen am Ostpunkt des Horoskops aufsteigt und damit zum Aszendenten wird, denn dieses Zeichen prägt zu einem großen Teil das persönliche Ich, die körperliche Erscheinung und die Umwelt. Man kann hier geradezu von einem „Typ" sprechen und ich muss nun an dieser Stelle wieder einen weit verbreiteten Irrtum richtig stellen: - man spricht häufig von einem „Widder-Typ" oder einem „Schützen-Geborenen" und meint dann fälschlicherweise einen Menschen, der im März oder April für Widder bzw. im Dezember für Schütze geboren wurde. In Wahrheit aber hat dieser Mensch doch nur die Sonne im Widder bzw. im Schützen. Ein Widder- oder ein Schütze- Typ aber ist nur derjenige, in dessen Horoskop eines der beiden Zeichen am Aszendent befindlich ist. Selbstverständlich wäre auch diese Feststellung nur wieder ein winziges Teilstück aus dem gesamten individuellen Horoskop, und auch der Aszendent ergäbe erst 40-65% Treffer im besten Fall. Der Aszendent symbolisiert in einem Horoskop den Menschen selbst, seine körperliche Gestalt, sein persönliches Ich und gleichzeitig auch die Umwelt, in die er hineingeboren wurde. Man kann aus dem Zeichen am Aszendent-Grad einen gewissen Rückschluss ziehen auf die Temperaments-Anlage und den Charakter eines Menschen.

Der zweitwichtigste Punkt in einem Horoskop ist nächst dem Aszendenten der kulminierende Punkt oder der obere Meridian. Er wird von der Spitze oder dem „Berufsfeld" begrenzt und bildet den oberen Teil der so genannten Vertikal-Achse eines Horoskops. Horizontal- und Vertikal-Achsen bilden somit das Achsenkreuz und lassen wertvolle Schlüsse auf Wesenskern und Handlungsweise eines Menschen zu. Verrät und der Aszendent das eigene Ich, die Persönlichkeit, den Körper und die engere Umwelt des Geborenen, so zeigt der Meridian die Individualität eines Menschen auf sowie seine soziale, berufliche Position und die Möglichkeiten seines Aufstiegs im Leben. Wiederum muss hier einschränkend gesagt werden, dass dieses Feld X seine Planetenbesetzung niemals ausschließlich gültige Aussagen macht, sondern dass auch hier wiederum das ganze Horoskop in der Zusammenschau aller Faktoren wirklich stichhaltige Prognosen ermöglicht.

Ich habe bereits von der Notwendigkeit der genauen Geburtsstunde gesprochen, um das individuelle Horoskop eines Menschen berechnen zu können. Auf diesem Geburtsaugenblick aufgebaut, ergibt sich der „kulminierende Punkt", also der „Mittagspunkt" oder der Meridian eines Horoskops. Ausgehend von diesem kulminierenden Punkt, werden also die „Häuser oder Felder- Spitzen vermittels sphärische Dreiecksberechnungen gefunden. Jahrtausende alte Erfahrung hat bewiesen, dass ein Gestirn in irgendeinem „Haus" oder Kraftfeld eines Horoskops eine ganz bestimmte Bedeutung und Wirkung auf jenes Schicksalsgebiet ausübt, das eben durch das betreffende Kraftfeld symbolisiert wird. Ein geringer Unterschied in den Zeitminuten des Geburtsaugenblicks kann schon Differenzen in der Berechnung der Horoskop-Felder auslösen. Der Grund liegt darin, dass die Felder-Einteilung vom Meridian oder vom kulminierenden Punkt des Horoskops ausgeht. Verändert sich dieser Punkt, so verändern sich automatisch auch alle Felderspitzen des Horoskops.

Die wichtigsten Horoskop- Felder liegen an den Achsen, also das I, IV, VII. und X Feld, denn diese Achsen zerlegen das Horoskop in vier Quadraten. Jedem einzelnen Quadraten entsprechen drei Felder. Da jedes Feld theoretisch dreißig Grad umfängt, ergibt sich für die zwölf Horoskop-Felder ein Umfang von einem Kreis: 360 Grad. Es kann nämlich vorkommen, dass ein Horoskop- Feld nicht 30 Grad umfasst, sondern weit weniger (z. B bloß 15 Grad), mitunter aber auch sehr viel mehr, so dass zwei Tierkreiszeichen an einem Horoskop- Feld befindlich sind (eines an der Spitze des Feldes, das nächste im Feld selbst). Dies hängt von der jeweiligen geographischen Länge und Breite des Geburtsortes ab.

Die symbolische Bedeutung der „Häuser" oder Erdraumfelder im Horoskop:	
1.	Feld – Widder: Persönlichkeit, Temperament, Körper, Umwelt
2.	Feld – Stier: Geld, Besitz, Erworbenes,
3.	Feld – Zwillinge: Mentalität, Verstand, Geschwister, Reisen,
4.	Feld – Krebs: Elternhaus, Vater, Vererbung,
5.	Feld – Löwe: Kinder, Sport, Spekulation, Erotik und Vergnügen,
6.	Feld – Jungfrau: Gesundheit, Krankheiten, Tätigkeit-Arbeit,
7.	Feld – Waage: Ehe- Ergänzung, offene Gegner, Feindschaften,
8.	Feld – Skorpion: Tod, Erbschaften, Nachlass,
9.	Feld – Schütze: Ausland, Reisen, Philosophie,
10	Feld – Steinbock: Beruf, Aufstieg, Ehre, Ruhm, soziale Position,
11.	Feld – Wassermann: Freunde, Hoffnungen, Wünsche,
12.	Feld – Fische: Widerstände, Hemmung, Feinde, Anstalten.

Der Tierkreis oder Zodiak hat eine Ausdehnung von 360 Grad. Da er zwölf Zeichen umfasst, entfalle auf jedes Zeichen 30 Grad. Die Astrologie unterteilt aber auch jedes einzelne Zeichen wiederum in drei Dekanate, also 0-10, 10-20 und 20-30 Grad. Jedem Tierkreiszeichen ist ein Planet als „Herrscher" zugeteilt. Er beherrscht auch jeweils die ersten 10 Grade eines Zeichens, während das zweite und dritte Dekanat „Mitherrscher" besitzt. Die Tabelle unten bringt diese Dekanatherrscher in übersichtlicher Form.

Tabelle der Tierkreiszeichen – Dekanate und ihrer Herrscher

Ausdehnung der Zeichen;	Herrscher;	Mitherrscher;		
		1. Dek.	2. Dek.	3. Dek.
Widder 0 - 30Gr.	Mars	Mars	Sonne	Jupiter
Stier 30 - 60Gr.	Venus	Venus	Merkur	Saturn
Zwillinge 60 – 90Gr.	Merkur	Merkur	Venus	Uranus
Krebs 90 – 120Gr.	Mond	Mond	Mars	Neptun
Löwe 120 – 150Gr.	Sonne	Sonne	Jupiter	Mars
Jungfrau 150 – 180Gr.	Merkur	Merkur	Saturn	Venus
Waage 180 – 210Gr.	Venus	Venus	Uranus	Merkur
Skorpion 210 – 240Gr.	Mars	Mars	Neptun	Mond
Schütze 240 – 270Gr.	Jupiter	Jupiter	Mars	Sonne
Steinbock 270 – 300Gr.	Saturn	Saturn	Venus	Merkur
Wasserm. 300 – 330Gr.	Uranus	Uranus	Merkur	Venus
Fische 330 – 360Gr.	Neptun	Neptun	Mond	Mars

Tabelle der Tagesplaneten nach der indischen Philosophie

	1.Viertel	2.Viertel	3.Viertel	4.Viertel
Montag	Mond	Merkur	Venus	Sonne
Dienstag	Mars	Jupiter	Saturn	Mond
Mittwoch	Merkur	Venus	Sonne	Mars
Donnerstag	Jupiter	Saturn	Mond	Merkur
Freitag	Venus	Sonne	Mars	Jupiter
Samstag	Saturn	Mond	Merkur	Venus
Sonntag	Sonne	Mars	Jupiter	Saturn

Ein wichtiger Faktor bei der Beurteilung der Länder-, Nationen- und Planeten – Schicksale spielen die Fixsterne eine wichtige Rolle. Schon die klassische Astrologie befasste sich mit Einflüssen außerhalb unseres Sonnensystems, und es gibt ein umfangreiches und ziemlich gesichertes Material vom grauen Altertum bis herauf in neuere Zeit über die Wirkung von Fixsternen erster und zweiter Ordnung. Die Wirkung der Fixsterne unterliegt einer wichtigen Einschränkung: Die Breitengrade der Planeten und Felderspitzen sollen mit den Breitengraden der Fixsterne keine allzu großen Unterschiede bilden. Der Umkreis soll nicht über 5 Grad betragen. Fixsterne, die also in der Sonnenbahn/Ekliptik stehen, haben die größte Wirkung, Fixsterne hoch über oder unter der Sonnenbahn verlieren völlig an Einfluss auf das Horoskop. Allerdings fand man in der Praxis, dass sehr starke, lichtstarke Fixsterne 1.Ordnung selbst bei hoher Breite noch stärker wirken als Fixsterne 2. Ordnung (lichtschwache) bei geringer Breite.

Einer der wirksamste Fixstern ist Algol im Sternbild des Presus. Sein Name kommt aus dem Arabischen; „ al Ghoul" und heißt der böse Geist. Außerdem, dass Algol eine hohe breite von 22 Grad besitzt, wirk er doch stark und zuverlässig in den Lebensläufen berüchtigter Persönlichkeiten. Algol befindet sich in 25 Grad Stier, Geburtstege vom 14. – 18. Mai. Ein weiterer überaus wirksamer Fixstern erster Größe ist „Regulus", den schon die Alten den „königlichen Stern" nannten. Er soll Beziehungen zu den Mächtigen, zu Königen und Berühmtheiten, Würdenträger und Herrschenden bringen. „Regulus" befindet sich in Grad 20. – 24. Grad Löwe und hat daher Konjunktion mit der Sonne aller um 20. – 24. August Geborenen. Der dritte mächtigste Fixstern ist „Spica", der Stern der Künstler (Bühne, Schriftsteller, Komponisten etc.) der großen Aufstieg und weithin sichtbaren Popularität auslöst, aber auch hohe Ehren und Ruhm verleiht, zumindest Protektionen und Auszeichnungen. „Spica „befindet sich in 23 Grad Waage und damit in Konjunktion mit der Sonne um 14. – 18. Oktober Geborenen.

Im Jahre 1953 kam der Saturn mit „Spica" in engste Konjunktion, gleichzeitig aber auch Uranus und Neptun (der erste in Quadratur, der zweite in Konjunktion) in äußerst kritische Aspektierungen. Hier kann diese dreifache Aspektierung dieses ungewöhnlich markant wirkenden Fixsterns im Weltgeschehens eine katastrophale Wirkung haben, und da sich die Zusammenkunft im Zeichen Waage vollzieht, werden vermutlich Länder oder Kontinente unterm Zeichen Waage diese Wirkung am stärksten zeigen. Länder unter der Waage sind: Österreich, Indochina, Japan, Ober-Ägypten, China, Argentinien. Außer diesen genannten Fixsternen gibt es selbtsverständlich noch eine Reihe weiterer einflussreicher ersten oder zweiten Grades, wobei besonders noch „Aldebaran" in 9 Grad Stier und Sirius in 13 Grad Krebs sowie „Antaras" in 9 Grad Schütze eine bewiesene Rolle im Horoskop spielen.

Die Planetenwesen, welche die gesamte psychische Welt, die Astralsphäre, beherrschen, sind die Vorsteher der so genannten 28 Mondstationen. Diese 28 Genien sind jedoch in Wirklichkeit die Vorsteher der Fixsterne. Die so genannten 28 Mondstationen und deren Vorstehende bzw. ausdrückende Intelligenzen sind die Namen der bekannten Fixsterne!

Ich möchte eine Tabelle der Länder und eine Tabelle der Städte nach Tierkreiszeichen zeigen, um eine gewisse Orientierung zu vermitteln. Diese Zuteilung der Länder und Städte zum Zodiak erlangt eine gewisse Bedeutung in der Mundan- oder politischen Astrologie! Für Auswanderer und Reisenden rieten die alten Astrologen, nur in solche Länder zu reisen oder dort seinen Wohnsitz aufzuschlagen, in deren Zeichen ein glücklicher und gut aspektierter Planet im Horoskop befindlich ist. Dagegen sollte man solche Länder vermeiden, in deren Zeichen ein „Übeltäter" wie Saturn, Mars oder Uranus konstelliert ist.

Tabelle der Städte nach dem Tierkreiszeichen

Widder: Berlin, Birgmingham, Braunschweig, Florenz, Krakau, Marselle, Neapel, Padua, Saragossa, Utrecht, Verona, Lindau.

Stier: Dublin, Palermo, Parma, Mantua, Rhodos, Zürich, Luzern, St. Lous, Leipzig, Metz, Hannover, Lübeck.

Zwillinge: Brügge, London, Villach, Plymouth, Versailles, San Francisco, Melbourne, Cordova, Nürnberg, Mainz, Bamberg, Kissingen, Sardinien.

Krebs: Amsterdam, Bern, Mailand, Venedig, Tunis, Algier, York, New York, Manchester, Stockholm, Istanbul, Genua, Cadix, Trier, Görlitz, Magdeburg.

Löwe: Rom, Prag, Linz, Ravena, Bristol, Porstmouth, Philadelphia, Damaskus, Chikago, Bombay, Koblenz, Ulm Baden.

Jungfrau: Straßburg, Lyon, Toulouse, Paris, Boston, Norwich, Korinth, Los Angeles, Basel, Breslau, Heidelberg, Erfurt, Riga, Jerusalem.

Waage: Graz, Wien, Antwerpen, Johannisburg, Kopenhagen, Wiesbaden, Frankfurt a. M., Freiburg, Heilbronn, Speyer, Schwäbisch Hall, Landshut.

Skorpion: Dover, Davos, Brixen, Liverpol, Messina, New-Orleans, Washington, Baltimore, Hull, Milwaukee, Halifax, New Castle, Cincinnati, Valencia, Frankfurt an der Oder, München, Danzig, Genf, Tübingen, Baden- Baden.

Schütze: Budapest, Avignion, Toledo, Narbonne, Cadix, Köln, Meißen, Rothenburg ob der Tauber, Stuttgart, Gotha.

Steinbock: Brüssel, Oxford, Pord Said, Jülich, Cleve, Mecheln, Moskau, Posen, Warschau, Augsburg, Brandenburg, Konstanz, Stettin, Ulm.

Wassermann: Salzburg, Pisa, Brighton, Trient, Berlin, Hamburg, Bremen, Ingolstadt.

Fische: Alexandrien, Sevilla, Worms, Regensburg.

Tabelle der Länder nach Tierkreiszeichen

Widder: England, Dänemark, Japan, Deutschland, Syrien, Teile Palästinas.

Stier: Schweden, Klein – Asien, Weiß-Russland, Polen, Lothringen, Iran, Irland, Cypern, Grichischer Archipel, Kaukasus.

Zwillinge: USA, Belgien, Lombardei, Unter- Ägypten, West-England, Armenien, Flandern, Wales.

Krebs: Holland, Schottland, Neu- Seeland, West- Afrika, Paraguay, Mauritius, Indien.

Löwe: Frankreich, Italien, Sizilien, Böhmen, Nord-Rumänien, Kalifornien.

Jungfrau: Kroatien, Kärnten, Niederschlesien, die Türkei, die Schweiz, Griechenland, West-Indien, Assyrien, Kreta, Irak, Kurdistan, Brasilien, Elsass.

Waage: China, Japan, Indochina, Tibet, Kaspisches Meer, Ober - Ägypten, Savoyen, Birma, Argentinien, Lettland.

Skorpion: Bayern, Algier, Marokko, Norwegen, Katalonien, Lappland.

Schütze: Arabien, Australien, Dalmatien, Ungarn, Mähren, Slavonien, Spanien, Toskanien, Provance, Madagaskar.

Steinbock: Brandenburg,, Thüringen, Hessen, Mecklenburg, Posen, Steiermark, Afghanistan, Mazedonien, Montenegro, Albanien, Bosnien, Bulgarien, Mexiko, Litauen, Island.

Wassermann: Russland, Walachei, Schweden, Westfalen, Finnland.

Fische: Portugal, Kalabrien, Galizien, Normandie, Sahara, Ceylon, Malta.

Tabelle der Jahresplaneten

Jahres-Planet				in den Jahren				
Sonne	2010	2017	2024	2031	2038	2045	2052	2059
Venus	2011	2018	2025	2032	2039	2046	2053	2060
Merkur	2012	2019	2026	2033	2040	2047	2054	2061
Mond	2013	2020	2027	2034	2041	2048	2055	2062
Saturn '07	2014	2021	2028	2035	2042	2049	2056	2063
Jupiter '08	2015	2022	2029	2036	2043	2050	2057	2064
Mars '09	2016	2023	2030	2037	2044	2051	2058	2065

Dem Jahresplaneten oder Jahresherrscher wurde lediglich in der Astrologie eine größere Bedeutung beigemessen. So z. B auch hinsichtlich der meteorologischen Jahre – Tendenzen, z. B ein Jupiter-Jahr ist heiß, fruchtbar, überwiegend trocken, Spätreife etc. Man muss bei der Feststellung des Jahres –Planeten allerdings beachten,
dass das astrologische Jahr mit dem Frühlingsanfang beginnt, also am 21.März. Geburtsdaten vor dem 21. März gehören noch zum Jahresplaneten des vorhergehenden Jahres.

Alle 2000 Jahre verschiebt sich der Frühlingspunkt um ein Zeichen und erst nach 24 000 Sonnenjahren decken sich Sternbild und Zodiak wiederum. (in diesem Falle vom Zeichen Fische/Jungfrau ins Wassermann/Löwe) Mann nennt dies die „Präzession" oder das Vorrücken des Frühlingspunktes (Widder), und diese Wanderung durch alle zwölf Zeichen nannten die Alten das große „Weltenjahr" oder ein Äon. Ein Zwölftel von einem Sonnenjahr (24 000 J.) beträgt 2000 Jahre, daher ein „Weltenmonat", und dies ist jene Zeitspanne, die der Frühlingspunkt benötigt, um ein Tierkreiszeichen zu durchwandern. Immer, wenn dieser Vorgang der „Präzission" wieder einmal fällig wird, ist auch eine neue Phase in der Menschheitsentwicklung angebrochen. Vor diesem Umbruch eines „Weltenmonats" stehen wir, wobei der „Abschluss" und der „Neubeginn" solcher Kultur- Epochen eine Übergangszeit von 300 bis 500 Jahren haben, und nicht ohne Kämpfe stattfinden werden.

4. Kapitel

Karma und die Skandhas

Ein unwandelbares Gesetz, das seinen Aspekt im Akashaprinzip hat, ist das Gesetz von Ursache und Wirkung auch als Karma bekannt. Jede Ursache löst eine entsprechende Wirkung aus. Dieses ewige und unwandelbare Gesetz gilt überall als das erhabenste und arbeitet mit mechanischer und mathematischer Genauigkeit, verfehlt nie seine Wirkung. Somit hat jede Tat eine Wirkung oder Frucht zur Folge, denn alle Taten und Gedanken warten darauf durch eine Gegenbewegung kompensiert zu werden. Exoterisch bedeutet Karma ganz einfach und buchstäblich „Tat", oder besser gesagt: „Wirkung erzeugende Ursache". Esoterisch bedeutet Karma in seinen weitreichenden moralischen Auswirkungen aber etwas ganz anders. Es ist das unfehlbare Gesetz der ausgleichenden Gerechtigkeit.

Jede Gedanke und jede Tat mag es noch so klein sein, ist eine Schwingung, alles verstärkt das ihm Entsprechende, alles gedeiht nach seiner Art. Jede Erscheinung in unserer Welt strebt danach zu wachsen, sich zu vergrößern, an Wirkung zu gewinnen. Hass zu Hass, Liebe zu Liebe. Instinktiv fühlen die Menschen, dass alles Gute nur gute Früchte bringen kann und alles Böse wiederum nur Böses zur Folge haben kann. Diesem Gesetz von Ursache und Wirkung unterliegt auch das Gesetz der Evolution. Die Funktionsweise des Karmas wäre

auch nicht unergründlich, wenn die Menschen und
Nationen in Einigkeit und Harmonie
zusammenarbeiten würden, anstatt in Uneinigkeit
und in Streit zu leben, und sich hin und wieder
gegenseitig zu zerfleischen. Unsere Ignoranz würde
mit Sicherheit verschwinden, wenn wir diese
Funktionsweise nur auf ihre richtigen Ursachen
zurückführten. Aber ein Teil der Menschheit hält die
Wege der Vorsehung für etwas Dunkles,
Kompliziertes, andere meinen in ihr das Wirken
eines blinden Determinismus zu erkennen, und
wieder andere einfach nur Zufall.
Hätten wir das rechte Wissen, oder zumindest die
Zuversicht, dass unser Nachbar uns ebenso wenig
schaden will, wie wir ihm schaden wollen, dann
würden sich das Bösen in der Welt in Luft auflösen.
Würde niemand seinen Mitmenschen verletzen,
dann hätte Karma weder Grund noch Mittel aktiv zu
werden. Es sind Streit und Widerspenstigkeit unter
den Menschen, es ist die Situation von „Kain und
Abel" zwischen ethnischen Gruppen, Nationen,
Stämmen, Gesellschaften und Individuen, ist die
Trennung in Wölfe und Lämmer, welche die Wege
der Vorsehung verursachen. Mit unseren Händen
schaffen wir täglich die zahllosen Windungen und
Komplikationen unserer Bestimmung, während uns
die Illusion hingeben, wir befänden uns auf dem
Wege von Respektabilität und Pflichterfüllung. Und
dann beklagen wir uns, dass dieser Weg so dunkel
und schwierig sei. Verwirrt stehen wir vor
selbstgeschaffenen Lebensrätseln, zu deren Lösung
wir nicht fähig sind. Aber tatsächlich gibt es in
unserem Leben keinen Zufall, keinen missratenen
Tag, kein Unglück, das nicht zurückzuführen wäre

auf unsere eigenen, in diesem oder einem früheren Leben vollbrachten Taten. Verletzt man die Gesetze der Harmonie. Karma ist nichts anders als die dynamische Auswirkung von Ursachen und Kräften, welche durch unsere Taten zur Aktivität erweckt wurden. Es ist ein Gesetz okkulter Dynamik, dass „ eine auf der spirituellen oder Astralebene freigesetzte Energiemenge weitaus umfangreichere Ergebnisse produziert als eine gleiche Menge, die im physisch-objektiven Existenzbereich freigesetzt wird." Vielleicht würde man einwenden, dass die Göttliche Vorsehung in ihrem Aspekt der Barmherzigkeit und der Göttlichen Liebe eine Ausnahme machen könnte. Die Göttliche Liebe und Barmherzigkeit mit allen Nebenaspekten wie z.B. Güte usw. geht so weit, dass sie den Menschen erkennen lässt, dass er selbst Ursache des ihn überkommenen Leides ist, welche Erkenntnis ihn sein Leid leichter tragen lässt. Vom richtigen universalen Standpunkt aus kann die Vorsehung im Aspekt der Liebe, Güte usw. nicht weiter eingreifen. Jeder erfahrene, die Universalgesetze kennende Mensch nimmt dies als Selbstverständlichkeit hin. Dies ist der Zustand, der andauern wird, bis die spirituellen Intuitionsfähigkeiten des Menschen vollständig entwickelt sind. Aber das wird erst dann passieren, wenn wir uns unserer dicken Materienschichten wirklich entledigen, und wenn wir anfangen, aus innerer Motivation zu handeln anstatt immer äußeren Impulsen nachzugehen, jenen Impulsen also, die von unserem physischen Sinnen und unserem groben, selbstsüchtigen Körper hervorgebracht werden. Bis dies geschieht, sind Einigkeit und Harmonie die einzigen Waffen gegen das Böse im Leben, also eine Brüderlichkeit im Handeln und ein aktiver Altruismus. Weil die Menschheit schon immer die Augen verschlossen hat vor der großen Wahrheit, dass der Mensch sein eigener Erlöser und sein eigener Zerstörer ist, und dass es deshalb sinnlos ist, Gott wegen scheinbarer Ungerechtigkeit zu beschuldigen, die die Menschheit beherrscht. Was Karma einem Menschen bringt, ist nie mehr als er ertragen kann und zwar leicht ertragen kann; aber das trifft nicht auf das zu, was er hinzufügt an törichtem Denken und Fühlen und Handeln.

Menschen tun oft Dinge, im Handel z.B., von denen sie wissen, dass sie falsch sind; sie glauben dadurch gewonnen zu haben, dass sie ihre Nachbarn übervorteilt haben, aber sie machen einen großen Fehler. Ganz abgesehen von dem Karmagesetz, das mit Sicherheit wirkt, hat der Mensch sein Denken darauf gerichtet, zu planen, wie er betrügen kann; und er wird die Auswirkung der ganzen Denk- und Wunschkraft zu erleiden haben, die er in diese Richtung in Bewegung gesetzt hat. Er hat eine Gewohnheit verursacht, und das nächste Mal, wenn sich eine Gelegenheit ergibt, eine hinterhältige Sache zu machen, wird es ein bisschen leichter für ihn sein, der Versuchung nachzukommen, und ein bisschen schwieriger, sich zu beherrschen und das Rechte zu tun. Wenn er den ganzen Vorgang sehen könnte und nicht bloß eine kleine Ecke davon, würde er feststellen, dass er nicht gewonnen, sondern gewaltig verloren hat.

Es ist immer unsere Pflicht einzuschreiten, wenn wir es tun können, ohne mehr zu schaden als zu nützen, in Fällen von Unrecht oder Grausamkeit wie etwa Grausamkeit gegen Tiere oder Kinder. Der weise Mensch wird, wenn er solche Sachen sieht, sich nicht von Entrüstung hinreißen lassen. Er muss auch für den Menschen empfinden, der an der Grausamkeit schuld ist. Sein Zustand ist in vielen Beziehungen bedauernswerter als der eines Opfers, und er wird seinerseits aufgrund des karmischen Gesetzes zu leiden haben. Wenn wir ihn also dazu bringen können, den Irrtum seiner Verhaltensweise einzusehen und mit seiner Grausamkeit aufzuhören, haben wir beiden Gutes getan. Wenn es unsere Pflicht ist, einzugreifen, und wir unterlassen es, teilen wir das Karma der schlechten Tat. Dasselbe trifft zu, wenn wir es zulassen, dass andere uns verletzen, ohne dass wir Widerstand leisten. Wir machen es ihnen leicht, Schlechtes zu tun; wir versuchen sie und unterstützen sie dabei, und das Karma gehört teilweise uns. Karma, das nicht getilgt ist gleicht potenzieller Energie; es kann Tausende von Jahren oder Hunderte von Leben aufgeschoben werden, aber wenn die Zeit kommt, wird es sich manifestieren. Außerdem die Herren des Karmas achten darauf, dass jeder Person die Bedingungen gegeben werden, die für ihr Wachstum geeignet sind. Sie geben einem Menschen die spezielle Arbeit, die voraussichtlich die Eigenschaften entwickelt, die er braucht. Auf einer niederen Entwicklungsstufe mag es zehntausend Plätze geben, wo ein Mensch die Bedingungen haben kann, die er für seinen Fortschritt braucht. Aber wenn ein Mensch höher entwickelt ist, muss seine Umgebung mit der größten Sorgfalt ausgewählt werden, denn jeder Einzelne muss unbedingt in die Lage versetzt werden, wo er am besten vorwärts kommen kann.

Deshalb ist es gar nicht richtig zu sagen, dass ein Mensch trotz seiner Verhältnisse erfolgreich ist; Schwierigkeiten werden in seinen Weg gelegt, damit er sie überwinden kann und damit sein Charakter und seine Kräfte wachsen können. Dabei ein wichtiger Punkt noch zu erwähnen wäre, dass Menschen sich in Gruppen entwickeln, wobei dieselben Menschen in verschiedenen Verwandschaftsbeziehungen immer und immer eng zusammenkommen. Was dem Einen in solch einer Gruppe widerfährt, wirkt sich auf die anderen sehr stark aus, sowohl zum Guten als auch zum Schlechten. Es sollte ein zusätzlicher Ansporn für die Sterbenden sein, sich klarzumachen, dass was immer sie erlangen können, von großem Nutzen für eine Anzahl Menschen sein wird, deren Schicksale auf diese Art nahe mit ihrem eigenen verbunden sind. Man wird nicht zufällig in irgendwelche Familie hineingeboren, sondern alle Familienmitglieder haben gleiche Wesenszüge und Charaktere. Ein Individuum wird nicht nur vom eigenen Karma beeinflusst, sondern auch von dem der Gemeinschaft, zu der es gehört. Man sollte sein Charakter ständig veredeln, um in eine spirituell höhergestellte Familie geboren zu werden. Es ist sehr selten, dass jemand so schreckliche Sachen macht, dass er dadurch auf eine deutlich niedrigere Lebensstufe zurückversetzt wird; aber wenn jemand Schwarze Magie ausübt, die eine Menge mächtigen Übels enthält, und sich sehr stark in dieser Richtung anstrengt, kann er die Persönlichkeit völlig vom Höheren Selbst losreißen und so schlechtes Karma erzeugen, dass sich für ihn die Notwendigkeit ergibt, zu primitiven Zuständen zurückzugehen. Jemand, der wirklich seiner Klasse unwürdig war, wird gewöhnlich in unfreundliche Umgebungen in derselben Klasse oder auch darunter zurückgeworfen, wie z. B Spuke, Dämonen oder auch Idioten. Außerdem gibt es auch Fälle, wo die Persönlichkeit während des körperlichen Lebens so in Materie verstrickt worden ist, dass sie dem Höheren Selbst nichts zu geben hat, und sie kann dann weggeschnitten werden. Solche Fälle sind sehr selten, kommt aber bei seelenlosen Menschen vor. (siehe 13.Kapitel „Die Wiedergeburt")

Mutterliebe ist ein Instinkt, derselbe im Menschenwesen und in den Tieren, und oft stärker in den Letzteren. Die Fortdauer dieser Liebe bei menschlichen Wesen, ist Folge der Vergesellschaftlichung, des Blutmagnetismus und der psychischen Verwandtschaft. Familien werden oft aus solchen gebildet, die vormals zusammen gelebt haben wie ich vorher schon erwähnt habe, oft aber auch nicht. Die dabei wirksamen Ursachen sind sehr kompliziert und müssen gegenseitig abgewogen werden. Manchmal, wenn ein Kind mit sehr schlechtem Karma geboren wird, werden Eltern von einem gefühllosen Typus gewählt, oder sie mögen sterben, bevor die karmischen Resultate eintreten. Es gibt Fälle, wo eine Mutter ihr schlechtes Karma dadurch abzubüßen hat, dass ihr Sohn viele Probleme in seinem Leben bekommt. Hier wird nicht nur der Sohn leiden und sein schlechtes Karma abtragen, sondern auch die Mutter leidet mit ihrem Sohn zusammen. Gut und böse sind relativ und werden verstärkt oder verringert je nach den Umständen, von denen der Mensch umgeben ist.

In Unwissenheit begangene Verbrechen bringen physische, aber nicht moralische Verantwortlichkeiten mit sich. Man nehme z.B. die Fälle von Idioten, Kindern, Wilden und Menschen, die es nicht besser wissen.

Angenommen z.B. ein Wegelagerer einem Herren auflauerte, ihn niederschlüge, ihn vielleicht tötete und sein Geld nähme. Unter dem Gesetz würde ihm selbst früher oder später eine solch schmerzhafte Erfahrung begegnen. Der Räuber war einer solchen Handlung fähig, weil er selbst ein grobes Wesen war, dem Feinfühligkeit und Vorstellungskaft fehlten, sonst würde er an die Gefühle seines Opfers gedacht haben oder an dessen Frau und Familie, und so ein Gedanke würde seine Hand zurückgehalten haben. Weil er grob, derb, phantasielos ist, braucht der Wegelagerer die gewaltsame Art der Erfahrung, die er anderen zufügt. Später, wenn er durch karmische Vergeltung etwas gelitten hat, wird er sich daran erinnern, wenn er gerade einen anderen schlagen will. Er wird dann anfangen, sich zu bessern, dank des Gesetzes, das immer erzieherisch ist, niemals strafend. Das Karma-Gesetz, das Menschen die Erfahrung bringt, die sie anderen gegeben haben, ist somit ein Wohltäter und letztlich ein Befreier, kein Werkzeug der Vergeltung oder Strafe.

Das Karmagesetz sagt, je enger die Vereinigung zwischen dem sterblichem Mensch und seinem himmlischen Vorbilde, desto weniger gefährlich sind die äußeren Bedingungen und folgenden Wiederverkörperungen, welchen weder Buddhas noch Christusse entgehen können. Der Mensch kann seinem herrschenden Schicksal nicht entrinnen, aber er hat die Wahl zwischen zwei Pfaden, die ihn in dieser Richtung führen, und er kann das Ziel des Elends, wenn ein solches ihm bestimmt ist, entweder in schneeweißen Gewanden des Märtyrers erreichen, oder in den beschmutzten Kleidern eines Freiwilligen auf dem bösen Wege; denn es gibt äußere und innere Bedingungen, die die Bestimmung unseres Willens auf unsere Handlungen beeinflussen und es liegt in unserer Macht, dem einen oder den anderen von beiden zu folgen. Jene, welche an Karma glauben, müssen an das Schicksal glauben, welches von der Geburt bis zum Tode ein jeder Mensch Faden um Faden um sich selbst webt, wie eine Spinne ihr Gewebe, und dieses Schicksal ist gelenkt entweder von der himmlischen Stimme des unsichtbaren Vorbildes außerhalb von uns, oder von unserem mehr vertrauten astralen oder inneren Menschen, welcher nur zu oft der böse Genius der verkörperten Wesenheit, genannt Mensch ist. Wenn der letzte Faden gesponnen und der Mensch anschließend in das Netzwerk seiner eigenen Tat verwickelt ist, dann findet er sich vollständig unter der Herrschaft seines selbst gemachten Geschickes. Dasselbe heftet ihn dann entweder wie die schwerfällige Muschel an den unbeweglichen Felsen oder er trägt ihn wie eine Feder hinweg in dem durch seine eigenen Handlungen erregten Wirbelwind, und dies ist sein Karma.

Bhagavad Gita - Freiheit vom Rad des Karmas
15. Ich möchte einige wichtige Weisheiten aus der Gitta wiedergeben, was uns die schlauen Brahmanen zurückgelassen haben.

Krishna zu seinem Jünger Arjuna:
„Karmas haften mir (dem Atman) nicht an, denn ich habe, wie schon erwähnt, mit den Früchten meiner Handlungen nichts zu tun. Jeder Mensch, der dieses Prinzip des Atman, des wahren inneren Selbst, wirklich begreift, wird gleichfalls durch die Folgen seiner eigenen Handlungen nicht gebunden.
Das ist keine neue Entdeckung. Der Befreiungssucher aus alter Zeit war sich darüber im Klaren. Sie führten all ihre weltlichen Handlungen ohne jedes Ichgefühl aus und luden so keine karmischen Folgen auf sich. Mach es genauso, Arjuna.
19. Die wahrhaft Weisen handeln, ohne auf die Früchte ihrer Handlungen hinzuarbeiten, und sind daher ohne inneren Aufruhr. **Das sprengt die Karma-Kette**. All ihre egoistischen Begierden sind im Feuer der Erkenntnis verbrannt, des klaren Bewusstseins, dass sie nicht der Körper oder der Handelnde, sondern tatsächlich der Atman, das wahre innere Selbst, sind.
20. Diese Gedanken sind neu für dich, lieber Freund, also hör genau zu. Die Weisen, die ich da beschreibe, sind immerfort zufrieden und brauchen nichts. Sie haben alle äußeren Stützen aufgegeben. Das ist wahre persönliche Freiheit. Sie handeln, aber für sie sind die Handlungen Gottes-Dienst. Selbstbefreiung vor der Begierde nach den Früchten ihrer Handlungen ist der Schlüssel zu ihrem Erfolg.
21. Indem sie nichts erwarten, sich nichts erhoffen, alles aufgeben, halten sie das Denken und Empfinden sowie die Sinne unter Kontrolle. Da sie die Begierde bezwungen haben, laden sie, auch

während sie in der Welt handeln, kein negatives Karma auf sich.
22. Diese Weisen haben die Gegensatzpaare hinter sich gelassen; sie sind dieselben im Erfolg oder Misserfolg, gleichgültig gegenüber Verlust oder Gewinn; sie geben sich nie damit ab, zu konkurrieren oder sich zu vergleichen, sind frei von Neid und nehmen alles zufrieden auf sich, was auf sie zukommt. Noch dazu werden sie nicht durch karmische Folgen gebunden, obwohl sie weltliche Handlungen ausführen.
23. Dein ganzes Karma schwindet dahin, wenn du ohne Anhaftung bist, wenn dein Denken und Empfinden in der Erkenntnis gereinigt wird, dass alles Leben eins ist, und wenn du deine Pflichten mit der Gesinnung eines Opfernden als Hingabeakt, als Gabe, erfüllst."
Die Kraft der Selbst-Erkenntnis. Nichts auf der Welt reinigt so wie spirituelle Erkenntnis (das Erkennen des Selbst). Aber das erfordert tief-greifende Untersuchungen der Natur des Wirklichen und des Nichtwirklichen, und dass man sich geistig voll und ganz darauf einlässt. Zu gegebener Zeit erfährt und erfasst man dann diese Dinge in seinem Herz. Wie ein loderndes Feuer verwandelt die Erkenntnis des wahren inneren Selbst alle drei Karmas zu Asche: das in ferner Zukunft liegende Karma, das in naher Zukunft liegende Karma und das aktuelle Karma, das ist das Karma, welches sich gegenwärtig herausbildet. Diese atmische Erkenntnis vernichtet die ersten beiden Karmas und macht die dritte Art unmittelbar bei ihrem Wirksamwerden unwirksam.

41. „Menschen, die wirklich die Göttlichkeit kennen, die die Bindung an die Früchte ihrer Arbeit aufgegeben haben, da sie diese dem Göttlichen darbringen; die das Schwert der Erkenntnis dazu benutzt haben, ihre Zweifel hinsichtlich der Wahrheit ihres Atman in Stücke zu hauen- keinerlei Fessel kann diese Menschen festhalten. Obwohl sie ständig tatkräftig handeln, kann Karma sie nicht beflecken."

Wie man vollkommen wird 60. „Ein Mensch ist nicht anders als seine Natur, Arjuna, und ist verpflichtet, ihr gemäß zu handeln. Du selbst hast die Strebungen in dir geschaffen, die dich jetzt fesseln. Das Karmagesetz ist mächtiger als dein Ego. Auch wenn du in deiner Verblendung denkst, dass du nicht kämpfen möchtest, wird deine eigene Natur dich dazu zwingen. Seiner Natur zu folgen ist die einzige Möglichkeit, sein Karma abzutragen".
Der Mensch, der denkt und arbeitet ohne persönliches Begehren, in völliger Selbstlosigkeit, erleidet keine karmischen Folgen. Die Früchte aller seiner Anstrengungen gehen in das große Reservoir spiritueller Kraft für die Hilfe der Welt ein.

Die Skandhas sind die Keime des Lebens auf allen sieben Daseinsplänen und machen die Gesamtheit des subjektiven und objektiven Menschen aus. Jede Schwingung, die wir gemacht haben, ist ein Skandha. Die Skandhas sind eng vereinigt mit den Bildern im Astrallichte, das das Medium für Eindrücke ist, und die Skandhas oder Schwingungen in Zusammenhang mit dem subjektiven oder objektiven Menschen, sind die Bindeglieder, die das reinkarnierende Ego anziehen, die Keime, die zurückgelassen werden, als es im Devachan einigen, und die von einer neuen Persönlichkeit wieder aufgelesen und erschöpft werden müssen. Die exoterischen Skandhas haben mit den physischen Atomen und Schwingungen, oder mit dem objektiven Menschen zu tun, die esoterischen mit dem inneren und subjektiven Menschen. Eine mentale Veränderung oder ein schwaches Aufleuchten geistiger Wahrheit kann in einem Menschen selbst bei seinem Tode noch eine plötzliche Änderung in der Richtung zur Wahrheit hin hervorbringen und so gute Skandhas für das nächste Leben schaffen. Die letzte Handlungen oder Gedanken eines Menschen haben eine außerordentliche Wirkung auf sein zukünftiges Leben, aber er würde noch immer für seine Missetaten zu leiden haben, und das ist die Grundlage der Vorstellung von der Buße auf dem Totenbetten. Aber die karmischen Wirkungen des vergangenen Lebens müssen folgen, denn der Mensch muss bei seiner nächsten Geburt die Skandhas oder Schwingungseindrücke auflesen, die er im Astrallicht zurückgelassen hat. Skandhas können Elementale durch unbewusste Kriyashakti hervorbringen. Jeder Elementar, der von einem Menschen ausgeworfen wird, muss früher oder später zu ihm zurückkehren, denn er ist seine eigene Schwingung. Elementale sind einfach Wirkungen, die Wirkungen hervorbringen, sie sind entkörperte Gedanken, gute und schlechte. Sie bleiben im Astrallicht kristallisiert und werden durch Verwandtschaft angezogen und wieder zum Leben galvanisiert, wenn ihr Urheber zum Erdenleben zurückkehrt. Ihr könnt sie durch entgegengesetzte

Wirkungen paralysieren. Man zieht sich Elementale zu wie eine Krankheit, und daher sind sie für uns und für andere gefährlich. Das ist der Grund, warum es gefährlich ist, andere zu beeinflussen.(z. B durch Missionieren oder Beichte abnehmen durch die Kirche, man kann sich vorstellen wie stark die Päpste und Pfarrer sich aufgeladen haben) Die Elementale, die nach euerem Tode leben, sind die, die ihr anderen einpflanzt, die übrigen bleiben latent, bis ihr reinkarniert werdet, wo sie dann in euch zum Leben erwecken. Bitte macht keine Missionierung, man kann schlechte Menschen nicht so schnell bekehren. Es ist nicht wahr, dass ein im Bösen mächtiger Mensch plötzlich bekehrt werden und ebenso mächtig für das Gute werden kann. Sein Vehikel ist zu verunreinigt, und er kann im besten Falle das Übel nur neutralisieren, indem er den schlechten karmischen Ursachen das Gleichgewicht hält, die er in Bewegung gesetzt hat, zum mindesten für diese Inkarnation. Ihr könnt kein Heringfass nehmen und es für Rosenöl verwenden, das Holz ist zu voll gesaugt mit der Lake. Wenn schlechte Antriebe und Neigungen der physischen Natur eingeprägt worden sind, so können sie nicht auf einmal umgekehrt werden. Die Moleküle des Körpers sind in eine karmische Richtung gebracht worden, und obwohl sie hinlängliche Intelligenz für die Unterscheidung von Dingen auf ihrem eigenen Plane haben, d.h. zur Vermeidung von ihnen schädlichen Dingen, so können sie doch nicht eine Änderung der Richtung verstehen, zu der der Anstoß von einem anderen Plane kommt. Wenn sie zu gewaltsam gezwungen werden, wird Krankheit, Wahnsinn oder der Tod erfolgen.

Kurz möchte ich noch die Lipikas ansprechen. Die Lipikas - bedeutet Schreiber und es sind sehr intelligente Wesen - grenzen die Welt des reinen Geistes von der Welt der Materie ab. Sie führen das karmische Protokoll des Menschen und prägen es dem Astrallicht ein. Diese auf- und absteigenden Geister sind die Heerscharen jener von uns etwas ungenau als „ himmlisch" bezeichneten Geister. In Wirklichkeit jedoch sind sie nichts Derartiges, sondern es handelt sich vielmehr um Wesenheiten der höheren Welten, die uns in der Hierarchie des Seins so unvorstellbar fern sind, dass sie uns als Götter vorkommen bzw. als Gott.

5. Kapitel

Die Macht der Zyklen

Wenn wir die Funktion des Karmagesetzes in der periodischen Erneuerung der Erde oder des Universums klarer und verständlicher machen wollen, müssen wir nun die esoterische Bedeutung untersuchen, die die karmischen Zyklen für eine Universalethik haben. Es stellt sich die Frage, ob diese mysteriösen Zeiteinteilungen, von den Hindus Yugas und Kaplas, von den Griechen Zyklen, Ring oder Kreis genannt, bedeutungsvoll für das menschliche Leben sind bzw. in direkter Beziehung zu ihm stehen. Selbst die exoterische Philosophie lehrt die ständige, in Raum und Ewigkeit stattfindende periodische und intelligente Rückkehr dieser fortwährenden Zeit-Kreise in und zu sich selbst.

Indien ist der Geburtsort der Arthmetik und Mathematik. Es ist keine Neuigkeit, dass so wie die Inder die Erde in sieben Zonen teilten, ebenso die mehr westlich gelegenen Völker, die Chaldäer, die Phönizier, und selbst die Juden, die ihre Gelehrsamkeit von den Brahmanen hatten, alle ihre geheimen und heiligen Zählungen nach 6 und 12 vornahmen, obwohl die Zahl 7 gebrauchten, so oft sich das nicht zur Behandlung eignete. So wurde von der numerischen Basis 6, der von Arya Bhatta gegebenen exoterischen Zahl, ein ausgiebiger Gebrauch gemacht. Von dem ersten geheimen Zyklus von 600 – dem Naros, der der Reihe nach in

60 000 und 60 und 6 verwandelt wurde, und mit anderen dazu geführten Nullen in andere geheime Zyklen bis herab zu den kleinsten, kann sie ein Archäologe und Mathematiker leicht in jedem Lande wiederholt und einer jeden Nation bekannt finden. Daher wurde die Kugel in 60 Grade geteilt, die mit 60 multipliziert zu 3 600, dem großen Jahre wurden. Daher auch die Stunde mit ihren 60 Minuten von je 60 Sekunden. Die asiatischen Völker zählen auch einen Zyklus von 60 Jahren, nach denen die glückliche siebente Dekade kommt, und die Christen haben ihren Zyklus von 60 Tagen, die Juden von 6 Tagen, und die Griechen von 6 Jahrhunderten- wiederum den Naros. Die Babylonier hatten ein großes Jahr von 3600, das der mit 6 multiplizierte Naros ist. Im Zyklus von 60 sind fünf Zyklen von zwölf Jahren enthalten, deren jeder einem Jahre des Planeten Jupiter gleichgestellt wird. Die Namen der fünf Zyklen oder Yugas sind: **1. Samvatsara, 2. Parivatsara, 3. Idvatsara, 4. Anuvatsara, 5. Udravatsara.** Nahe Benares finden sich von den schlauen Brahmanen noch die Überreste aller der Aufzeichnungen von Zyklen und astronomischen Instrumenten, die auf festem Stein gehauen sind.

Es gibt Zyklen der Materie und es gibt Zyklen geistiger Evolution, Menschheits-, Volks-, Länder-, Friedens-, und individuellen Zyklen. Diese Perioden oder Zyklen greifen wie Räder innerhalb von Rädern in einer Uhr. Die Planetenzyklen, Venus-, Jupiter-, Saturn-, Mond-, Mars-Zyklus etc. teilen sich in Zahlen wie 4, 8,9, 12, 19 und 30 Jahren- Zyklen ein. Um zu wissen, ob ein Jahr Gutes oder Schlimmes bringen wird, muss man die einzelnen Zyklen der jeweiligen Planeten zuordnen. Z. B die Zahl 9 ist für den Rhythmus oder des Mondes, die Zahl 30 ist für den Saturn-Zyklus – 3x in alle 30 Jahren - oder des Verhängnisses, die Zahl 12 ist für den Erfolg oder des Jupiters Zyklus usw.

„Jeder Anfang trägt das Ende in sich." Dieses Gesetz besagt, dass im Augenblick des Beginnes einer Sache bereits der gesamte Verlauf und das Ende festgelegt sind. Zum Beispiel man kann am Anfang eines Jahrhunderts in den Gestirnen ablesen, ob große technische Entwicklungen stattfinden werden. Wir hegen die Vorstellung, dass es möglich ist, in ein laufendes Geschehen einzugreifen und es zu beeinflussen. Doch jeder Beginn beinhaltet bereits sein Ende, so wie jedes Samenkorn die gesamte Pflanze beinhaltet, samt den neuen Samen. Es ist immer alles in allem. In dem Samen ist die Frucht, in der Frucht der Same. Es wird gelehrt, dass die Erscheinungen geschichtlicher Ereignisse und Taten auf dieser Erde, Veränderungen unterworfen sind, wechselhaft je nach den verschiedenen Völkern und Orten. Aber die Hauptmerkmale eines Lebens (des Menschen-, Völker-, oder eines Kontinents) stimmen überein mit der „Konstellation", unter der es geboren wurde, oder besser gesagt, mit den Charakteristika des beseelenden Prinzips bzw. der Gottheit, die über jedes individuelle Leben wacht, und es spielt keine Rolle, ob wir diese nun, wie in Asien, Dhyani-Chohan nennen, oder Erzengel, wie in der griechischen und römischen Kirche.

Wie unser Planet einmal in jedem Jahr sich um die Sonne bewegt und sich gleichzeitig einmal alle vierundzwanzig Stunden um seine eigene Achse dreht, und derart kleinere Kreise innerhalb eines größeren durchläuft, so wird das Werk der kleineren zyklischen Perioden innerhalb des großen Saros vollendet und wieder begonnen. Die Umwälzung der körperlichen Welt ist nach der alten Lehre von einer ähnlichen Umwälzung in der Welt des Verstandes begleitet, die geistige Entwicklung der Welt schreitet in Zyklen vorwärts, so wie die physische. So sehen wir in der Geschichte eine regelmäßige Abwechslung von Ebbe und Flut in den Gezeiten des menschlichen Forschrittes. Die großen Königreiche und Kaiserreiche der Welt steigen, nachdem sie den Höhepunkt ihrer Größe erreicht haben, wieder herab, in Übereinstimmung mit demselben Gesetz, nach welchem sie emporgestiegen sind, bis schließlich, nachdem sie den niedrigsten Punkt erreicht haben, die Menschheit sich wieder geltend macht und von neuem emporsteigt, wobei die Höhe des von ihr Errungenen nach diesem Gesetz des aufsteigenden Forschrittes in Zyklen, etwas höher ist als der Punkt, von dem sie vorher herabstieg. Viele befürchten, dass unsere Gesellschaft durch Überalterung große Probleme in der Zukunft bekommen wird, oder dass die Anzahl der Menschen auf der Erde in Kürze auf neun Milliarden steigen wird. Das Naturgesetz wird durch Hitzewellen und Naturkatastrophen dafür sorgen, dass das Gleichgewicht zwischen alten und jungen Menschen nicht überstrapaziert wird, das wird allerdings nicht von heute auf morgen stattfinden, sondern in Zyklen ablaufen. Das Karmagesetz beweist, dass es alles auf die harmonischste Art anordnet und dass daher das frische Einströmen oder die Ankunft neuer Monaden

(Jedes Atom wird zur sichtbaren komplexen Einheit-
einem Molekül-, und sobald die monadische Essenz
in den Bereich terrestischer Aktivität hineingezogen
worden ist und die Mineral-, Pflanzen- und
Tierreich durchlaufen hat, wird sie zum Menschen
„Esoterischer Katechismus".) aufhörte, sobald die
Menschheit ihre volle physische Entwicklung
erreicht hatten. Seit dem Mittelpunkt der Atlantier
haben sich keine frischen Monaden inkarniert.
Erinnern wir uns daran, dass ausgenommen im Falle
von jungen Kindern und von Individuen, deren
Leben durch irgend einen Zufall gewaltsam
abgeschnitten worden sind, keine geistige Wesenheit
sich reinkarnieren können, bevor eine Periode von
vielen Jahrhunderten vergangen ist, und solche
Lücken allein müssen zeigen, dass die Anzahl der
Monaden notwendigerweise endlich und begrenz ist.
Ferner muss den anderen Tieren eine vernünftige
Zeit für ihren Entwicklungsfortschritt gegeben sein.

Die moderne Kosmobiologie beschäftigt sich
nicht nur mit der Deutung persönlich - individueller
Horoskope, sondern sie gibt auch einen tiefen
Einblick in die großen Zyklen kosmischer
Kreisläufer. So wie unser Menschenleben einen
winzigen Zyklus des Mikrokosmos darstellt als
Spiegelung des „großen Menschen" oder des
Makrokosmos, so sind auch unsere irdischen
Zeitläufe nur Spiegelungen der großen kosmischen
Weltenuhr. Wir wissen von der Astronomie, dass die
Monde um ihre Planeten kreisen, dass sich die
Planeten um ihre eigene Achse drehen und mitsamt
ihren Monden um die Sonnekreisen, dass sich die

Sonne wiederum mitsamt ihren Planeten und Monden einen Stern als Pol wählt und diesen in 24 000 Erdenjahren umkreist und dass dies Himmelserscheinung die rückläufige Bewegung der Äquinoktialpunkte um die Tierkreiszeichen verursacht. Die Sonne führt aber noch einen anderen Kreislauf aus, indem sie sich um ein großes Zentrum namens „Vishnunabhi" dreht, den Sitz der schöpferischen Kraft (Brahma), des im ganzen Universum herrschenden Magnetismus. Wir wissen, dass das Jungfrauzeichen direkt gegenüber dem Fische- Zeichen liegt. Da das Herbstäquinoktium jetzt in das Jungfrauzeichen fällt, fällt das gegenüberliegende Frühlingsäquinoktium zwangsläufig in das Fische -Zeichen. Die Metaphysiker, die dem Frühlingsäquinoktium große Bedeutung beimessen, behaupten daher, dass die Welt sich jetzt im „Fische- Zeitalter" befindet. Die Äquinoktien bewegen sich rückläufig durch die Konstellationen. Wenn sie die Tierkreiszeichen Fische/Jungfrau verlassen, treten sie in die Zeichen Wassermann/Löwe ein. Nach dieser Theorie ist die Erde im Jahre 499 nach Ch. in die Tierkreiszeichen Fische/Jungfrau eingetreten und wird 2000 später, 2499 nach Christus in die Zeichen Wassermann / Löwe treten.

Nach 12 000 Jahren, wenn die Sonne während ihres Kreislaufs an jenen Punkt gelangt, der am weitesten von „Brahma", dem großen Zentrum entfernt liegt (dieses Ereignis findet statt, wenn das herbstliche Äquinoktium in das Waagezeichen eintritt), hat die geistige Tugend, einen derartigen Tiefstand erreicht, dass die Menschen nichts von dem begreifen können, was jenseits der grobstofflichen Schöpfung liegt. Bewegt sich die Sonne dann während ihres Kreislaufs erneut auf jenen Punkt zu, der dem großen Zentrum am nächsten liegt, beginnt sich auch die geistige Tugend, wieder entsprechend zu entwickeln. Diese Entwicklung vollendet sich allmählich in weiteren 12 000Jahren. Jede dieser Perioden von 12 000 Jahren bewirken sowohl äußerlich in der Welt der Materie als auch innerlich in der Welt des Intellekts und der elektrischen Kräfte einen vollständigen Wandel und wird als ein „Daiva –Yuga" bezeichnet. Beide „Daiva-Yugas bilden ein elektrisches Kräftepaar. In einem Zeitraum von 24 000 Jahren vollendet die Sonne den Kreislauf um ihren Pol, d.h. einen elektrischen Zyklus, der 12 000 Jahre in einem aufsteigenden und 12 000 Jahre in einem absteigenden Bogen verläuft. Jeder dieser Bogen zerfällt in vier Yugas (Zeitalter), die Kali, Dwapara, Treta und Satya genant werden, was der griechischen Vorstellung vom Eisernen, Bronzenen, Silbernen und Goldenen Zeitalter entspricht. Diese Yugas teilen sich in unterschiedliche Zeitdauer auf, nämlich:

1.Kali –Yuga dauert 1200 Jahre, davon sind ca. 120 Jahre Übergangszeit,
2.Dwapara –Yuga dauert 2400 Jahre, davon sind ca. 240 Jahre Übergangszeit,
3.Treta –Yuga dauert 3600 Jahre, davon sind ca. 360 Jahre Übergangszeit,
4. Satya –Yuga dauert 4800 Jahre, davon sind ca. 480 Jahre Übergangszeit,

Beginnend mit dem Jahre 11 501 vor Ch., als das herbstliche Äquinoktium in das Widderzeichen eintrat, begann sich die Sonne von dem Punkt ihres Kreislaufs, der dem großen Zentrum am nächsten liegt, auf jenen Punkt zu zubewegen, der am weitesten entfernt von ihm liegt, und dementsprechend begann sich die Kraft des menschlichen Intellekts zu verringern. Der dunkelste Zeitpunkt des Kali- Yugas im ganzen Zyklus von 24 000 Jahren war um die Zeit 500 nach Ch. Die Geschichte bestätigt die Genauigkeit dieser von den altindischen „Rishis" (Weisen) angestellten Berechnungen, denn zu jener Zeit herrschte weit und breit große Unwissenheit, und alle Völker der Erde hatten viel zu leiden. Vom Jahre 499 nach Ch. an bewegte sich die Sonne wieder auf das große Zentrum zu, und der menschliche Intelligent begann sich allmählich aufwärts zu entwickeln. Während der 1100 Jahre des aufsteigenden Kali –Yuga, das bis zum 1599 dauerte, war der menschliche Intellekt so beschränkt, dass er die elektrischen oder feinstofflichen Kräfte der Schöpfung, nicht erfassen konnte. Auch in der politischen Welt herrschte in fast keinem Lande Frieden. Um 1600 entdeckte William Gilbert das Vorhandensein magnetischer und elektrischer Kräfte in allen materiellen Substanzen. Im Jahre 1609 entdeckte Kepler wichtige Gesetze der Astronomie, und Galilei stellte das erste Teleskop her. Im Jahre 1621 erfand Drebbel aus Holland das Mikroskop und um das Jahr 1670 entdeckte Newton das Gesetz der Schwerkraft, und um 1700 machte Thomas Savery von einer Dampfmaschine Gebrauch, um Wasser zu heben. Zwanzig Jahre später entdeckte Stephen Gray die Wirkung elektrischer Kräfte auf den menschlichen Körper. In der politischen Welt begannen die Menschen sich gegenseitig zu achten, und die Kultur verfeinerte sich in vieler Hinsicht. England vereinigte sich mit Schottland und wurde zu einem mächtigen Königreich. Napoleon Bonaparte führte sein neues bürgeliches Gesetzbuch in Südeuropa ein. Amerika gewann seine Unabhängigkeit und in vielen Teilen Europas herrschte Frieden. Das 1200 Jahre dauernde Eiserne Zeitalter, eine Epoche des Materialismus, endete mit dem Jahre 1700 nach Ch., und zum selben Zeitpunkt setzte das 2400 Jahre währende Dwapara-Yuga ein, das eine erstaunliche Entwicklung auf den Gebieten der Elektrizität und Atomenergie bringen wird, es ist das Zeitalter des Radios des Flugzeuges, der Atombombe und anderer Erfindungen, mit denen man den Raum überwindet. Das 3600 Jahre währende Treta-Yuga wird 4100 nach Ch. beginnen und sich durch weit verbreitete telepathische Fähigkeiten und andere zeitsparende Entdeckungen auszeichnen. Während der 4800 Jahre des Satya-Yugas, des letzten Zeitalters des aufsteigenden Bogens, wird der menschliche Geist seine höchste Entwicklungsstufe erreichen und in völliger Übereinstimmung mit dem göttlichen Plan arbeiten. Dann beginnt mit dem absteigenden Zeitalter von 4800 Jahren (12.500 nach Ch.) der 12.000 Jahre währende absteigende Bogen, in dem die Menschheit allmählich wieder in Unwissenheit versinkt. Diese Zyklen stellen den ewigen Kreislauf der „Maya" dar, die Gesetzmäßigkeit und Relativität der Welt der Erscheinungen. Doch ein Mensch nach dem anderen wird dem Kerker der dualistischen

Schöpfung entrinnen und zum Bewusstsein seiner unauflöslichen Einheit mit dem Schöpfer gelangen. Zyklen der Spiritualität und eines vollkommenen entwickelten Geistes werden die Zyklen der Materie ablösen.

Der Gesetzmäßigkeit des parallelen Verlaufs von Geschichte und menschheitlichen Evolutionsstufen entsprechend, wird die Menschheit der Zukunft mehrheitlich aus großen Adepten bestehen. Da die Menschheit einer zyklischen Bestimmung unterworfen ist, kann keiner ihrer Teile seiner unbewusst vorhandenen Aufgabe entrinnen oder sich der Pflicht zur Zusammenarbeit mit der Natur entledigen. So wird jeder Zweig der Menschheit die ihm aufgegebene zyklische Pilgerfahrt durchlaufen. Klimatische Zustände sind schon jetzt Veränderungen unterworfen. Fortlaufend wird in jedem tropischen Jahr (ein tropisches Jahr = 24.000 Erden-Jahre) jeweils ein Menschheitszweig zurückgelassen, aber ein neuer, im aufsteigenden Zyklus höher angesiedelter tritt in Erscheinung. Dabei kommt es vor, dass so manche von der Natur weniger begünstigte Gruppen/Nationen aus der „Menschheitsfamilie" verschwinden, ohne eine Spur zu hinterlassen. So groß ist der ungeheure Einfluss der Zeit, die das Universum regiert und niemand sich entziehen kann.

Die heiligen astronomischen Zyklen sind von einem unermeßlichen Alter, und die meisten von ihnen gehören, wie festgestellt, den Berechnungen des **Nadara** und des **Asuramaya** an. Die nächsten Zyklen sind durch ganz Indien angenommenen exoterischen Zahlen, und sie stimmen ziemlich nahe mit jenen der Geheimwerke überein.

Jahre der Sterblichen

360 Tage der Sterblichen machen ein Jahr	1
Die Summe eines **Maha Yugas** ist:	4320000
71 solcher Maha Yugas bilden die Regierungszeit eines **Manu:**	306720000
Die Regierung von 14 Manus umfasst die Dauer von 994 **Maha Yugas** und sind gleich:	4294080000
Dazu sind **Sandhis**, die Zwischenzeiten den Regierungen der Einzelnen Manus, welche sich auf 6 Maha Yugas belaufen:	25920000
Die Gesamtsumme dieser Reiche und Zwischenreiche von 14 Manus ist 1000 Maha Yugas, welche einen Kalpa ausmachen, d.h. einen **Tag Brahma:**	4320000000
Da Brahma Nacht von gleicher Dauer ist, so würden ein Tag eine **Nacht Brahmas** enthalten:	8640000000
360 solcher Tage und Nächte machen ein **Jahr des Brahma**:	3110400000000
100 solcher Jahre bilden die ganze Periode des Zeitalters des Brahma in den **Maha Kalpa:**	311040000000000

Manvantara und Pralaya sind die beiden Perioden, denen die Namen „Tage und Nächte" Brahmas gegeben wurden. Manvantara bezeichnet die aktiven Perioden des Universums, Pralaya die Zeiten relativer und vollständiger Ruhe. Relativ, wenn es sich um die Zeit am Ende eines Brahma-Tages handelt, vollständig, wenn sie am Ende eines Zeitalters Brahmas beginnt. Diese in regelmäßigem Wechsel auftretenden Perioden werden auch Kaplas genannt. Es gibt kleine und große, d.h. geringere und Maha-Kaplas. Genau gesagt ist ein Maha-Kapla kein Tag, sondern ein ganzes Leben oder Zeitalter Brahmas. Von den vielen verschiedenen Arten von Pralayas werden in den alten indischen Schriften drei als besonders wichtig hervorgehoben.

Das erste wird **Naimittika** genannt, das heißt soviel wie gelegentlich oder nebensächlich und wird verursacht durch die zwischenzeitlichen Tage Brahmas. Naimittika steht für die Zerstörung der Geschöpfe, aller mit Leben und Form ausgestatteten Dinge, nicht aber der Substanz, welche in statu quo verharrt bis zur neu aufscheinenden Morgendämmerung am Ende der Nacht.

Die zweite Art wird **Prakritika** genannt, Dieser Pralaya erscheint am Ende eines Zeitalters oder Lebens Brahmas. Hier löst sich alles Existierende in das Urelement auf. Es wird neu geformt am Ende dieser längeren Nacht.

Die dritte Art **Atyantika,** hat keinen Bezug zu den Welten oder dem Universum, sondern ausschließlich zu der Individualität einzelner Menschen; es ist also individueller Pralaya oder Nirvana/Moksha. Für den, der Nirvana erreicht hat, gibt es keine Möglichkeit einer zukünftigen Existenz, gibt es keine Wiedergeburt bis zu Zeit nach dem Maha-Pralaya.

Das Bhagavata Purana (Skandha 7, iv, 35) erwähnt eine vierte Art von Pralaya, den **Nitya,** d.h. fortwährende Auflösung, und erklärt dies als die Veränderungen, die unbemerkbar und ohne Unterlass in allen im Universum vorhandenen

Dinge- vom gesamten Globus bis hin zum letzten
Atom- stattfinden; es ist Leben und Tod, Verfall und
Wachstum. Der letztendliche Pralaya bedeutet den
Tod des Kosmos. Danach ruht dessen Geist im
Nirvana, im ewigen Sein, für welches es weder Tag
noch Nacht gibt. Alle anderen Pralayas treten
periodisch auf. Regelmäßig folgen sie den
Manvantaras, so wie die Nacht dem Tag einer jeden
menschlichen und tierischen Kreatur und Pflanze
folgt. Der Shöpfungszyklus der Lebensperioden des
Kosmos kommt zu seinem Ende, denn die Energie
des manifestierten „Wortes" hat ihre Zeit des
Wachsens, des Höhepunktes und des Verfalls wie
alle zeitgebundenen Dinge- wie lange ihre Dauer
auch sei. Die Schöpfungskraft als Noumeneon ist
ewig; als phänomenale Manifestation ihrer
verschiedenen Aspekte hat sie aber einen Anfang
und muss deshalb auch ein Ende haben. In diesem
zeitlichen Intervall befindet sie sich in Perioden der
Aktivität und in Perioden der Ruhe. Und das sind die
Tage und Nächte Brahmas. Aber Brahma, das
Noumenon, ruht niemals, es ist ohne Veränderung
und es ist das einzige ewige und wirkliche
Bewusstsein.

Die Zeit ist eine unendliche mathematische Linie,
die wir durch Zahlen in Gegenwart, Zukunft und
Vergangenheit einteilen. Wenn man einmal
außerhalb des Körpers ist und nicht der Gewohnheit
des von anderen gebildeten Bewusstseins
unterworfen ist, existiert die Zeit nicht.
Zyklen und Epochen hängen vom Bewusstsein ab;
wir sind hier nicht zum ersten Male auf der Erde, die
Zyklen kehren wieder, weil wir in bewusstes Dasein

zurückkommen. Zyklen und Zeit werden vom Bewusstsein der Menschheit gemessen und nicht von der Natur. Weil wir dieselben Menschen sind, wie in vergangenen Zeitläufen, so begegnen uns diese Ereignisse.

Die Zeit besitzt nicht nur Quantität, sondern auch Qualität. Zeit hat mit Dauer nichts zu tun, sondern besagt, dass jeder Zeitpunkt oder Zeitabschnitt eine bestimmte Qualität besitzt, die nur solche Ereignisse zulassen, die dieser Qualität adäquat sind. Anders formuliert heißt dies, dass zu einem bestimmten Zeitpunkt sich nur solche Ereignisse verwirklichen können, deren qualitative Inhalte der jeweiligen Zeitqualität entsprechen. Der Unterschied zwischen Zeit und Dauer ist, dass Dauer weder Anfang noch Ende hat. Wie kann man etwas, das weder Anfang noch ein Ende hat, als Zeit bezeichnen? Dauer ist ohne Anfang und Ende, Zeit endlich. Zeit ist in der Dauer und teilbar oder besser gesagt, das eine ist etwas in der Zeit und Raum, und das andere ist außerhalb von beiden. Raum und Dauer sind ewig und können deshalb nicht als Attribute bezeichnet werden. Ein Weiser hat die Zeit so beschrieben:

„ Gegenwart ist das Kind der Vergangenheit, Zukunft das Kind der Gegenwart. Und doch o Augenblick! Weißt du nicht, dass du keine Eltern hast, keine Kinder gebären kannst, dass du immer nur dich selbst erzeugst? Ehe du auch nur beginnen kannst zu sagen- ich bin Nachkomme des vergangenen Augenblicks, Kind der Vergangenheit- bist du selbst diese Vergangenheit geworden. Ehe du die letzte Silbe sprichst, siehe! Du bist nicht mehr Gegenwart, sondern fürwahr jene Zukunft. So sind

Vergangenheit, Gegenwart und Zukunft die ewige Dreiheit in der Einheit- Mahamaya des Absoluten IST."

6. Kapitel

Umwälzungen und die Neuordnung ab dem 21. Jahrhundert

Der neue Umbruch im 21. Jahrhundert bezieht sich sowohl auf tellurische, geologische und meteorologische Veränderungen wie auch ganz besonders auf geistige Wenden der Völker, ja der ganzen Menschheit. Jene gewaltige Umbruchsperiode, die mit dem ersten Weltkrieg begann und bis zum heutigen Tag in immer hektischeren Fieberkurven die ganze Menschheit in kürzeren oder längeren Intervallen einer totalen Wende entgegentreibt, ist nicht mehr zu übersehen. Vernunft, Intellekt und Geist, die viel gerühmten Attribute des „homo sapiens" dienen in immer steigenderem Ausmaße der Massevernichtung. Bewusste Individualität weicht unbewusstem, triebhaftem und affektivem Kollektivismus. Wer indessen die Zeichen der Zeit zu deuten weiß, insbesondere die grundlegende Umwälzung im technischen Denken des letzten halben Jahrhunderts bis herauf in unsere Tage unter Berücksichtigung der ungeheueren beiden Weltkriegskatastrophen, der wird kaum mehr daran zweifeln, dass die Weltenuhr wieder einmal eine Umdrehung vollendet und dass sich eine völlig neue Epoche unter schmerzhaften Geburtswehen ankündigt. Wir leben bereits inmitten dieser Wende, und diesem kosmischen Geburtsakt gehen heftige tellurische Erschütterungen und

Menschheits – Katastrophen voraus. Es ist dem letzten Drittel des 20. Jahrhunderts vorbehalten gewesen, die eigentliche Wende einzuleiten. Im Grunde genommen sind aber alle Krisen unserer Zeit nur die vorletzten Zuckungen eines völlig vermaterialisierten Zeitgeistes, dem der kosmische Erneuerer Uranus den Todesstoß versetzt. Was wir Menschen dieser Zeit infolge unserer geistigen Gebundenheit an eben diese Epoche als abgründig, und apokalyptisch empfinden, ist dennoch nur die Krise vor der späteren Heilung. Die neue Umdrehung der Zeiger der Weltenuhr im Zeichen Wassermann/Löwe verkündet nichts weniger als einen völlig neuen Zeitgeist. Da dieser Begriff identisch ist mit unserem Weltbild, mit planetaren Umwälzungen, die ihrerseits wiederum ein völlig neues Denken auslösen müssen, so wird es verständlich, dass traditionelle, konservative Anschauungen sich nicht von heute auf morgen kampflos ergeben werden. Ein riesiger, gigantischer Kampf völlig entgegengesetzter Weltanschauungen muss stattfinden, in dem Systeme, Völker und auch Kontinente aufeinanderprallen. Dass in diesem mörderischen Kampf der Ideen, Geister Weltanschauung kein Kompromiss mehr zustande kommen kann, weiß jeder, der die früheren historischen Kulturumbrüche studierte. Sie hängen zusammen mit kosmischen Gesetzen sowie mit dem Einfluss der Zyklen und mit Rassen- und Länderkarma. Selbst auf ganz bestimmten Sektoren, wie beispielsweise im Gebiet der Meteorologie ist nicht zu leugnen, dass seit Jahren immer heftiger auftretende Störungen der Großwetteranlagen, der Naturkatastrophen, die Taifune, Vereisungen,

Schnee- und Hitze-Katastrophen , Überschwemmungen und Vulkanausbrüche zu verzeichnen sind. Dies ist nichts anders als die Folgeerscheinungen kosmisch bedingter Ursachen, planetarer Dynamik. Derselbe Dynamik entspricht auf irdischem Plan die Verwirrung der Geister, der Kampf aller gegen alle, jener Massenwahn und jenes Gehetztsein des modernen, technisch orientierten Menschen, der seine Seele verloren hat und nun rettungslos ins Labyrinth der Materie verstrickt ist. Um diese Verwirrung wieder zu lösen, sind wahrhaft plutonische Kräfte am Werk, denn jede Neuentwicklung führt zunächst wie ein Pendel durch den tiefsten Punkt. Bevor das Pendel der Entwicklung nach oben zielt, muss es durch das Chaos hindurch, und so zeigt sich uns Menschen des anfangenden 21.Jahrhunderts Pluto noch als Planet des Kollektivismus, des Massenwahns, der Massenveranstaltungen, Massenvergnügungen und des Massentötens. Die Menschheit muss durch das Inferno der Selbstzerstörung und des Massendenkens hindurch, bis sie zu neuer und gewandelter Erkenntnis gelangt. Da nun eine echte Kulturwende nicht ohne geistige Erneuerung vor sich gehen kann, ist diese Geisteswende das große Ziel im Zeichen des Wassermann/Löwe. Aber sie wird nicht kommen, bevor das Alte, Erstarrte gestorben ist. Dieser in mancherlei Hinsicht gewaltsame Vorgang der Umwälzung geht in unsere Zeit vorwiegend über den Weg der Technik, denn noch spricht die Menschheit des angefangenen 21. Jahrhunderts nur auf die materiellsten Reize an. Zwischen den konservativen Mächten, die an der Aufrechterhaltung der alten Ordnung und ihrer

Systeme und Gesetze interessiert sind, und den Kündern einer völlig neuen Welt und Geistesanschauung wird es einen erbitterten Kampf geben, und da sich innerhalb dieser konträren Lager die Geister scheiden müssen, werden die Konflikte der kommenden Jahrzehnte zu Menschheitskonflikten in kontinentalen Ausmaßen heranreifen!

    Nach Kenntnissen und mathematischen Berechnungen befähigen die weisen Männer des Ostens (in Indien) vorauszusagen, z.B. dass England und Italien am Vorabende dieser oder jener Katastrophe steht, dass Frankreich sich einem solchen Punkt in seinem Zyklus nähert, und dass Europa im Allgemeinen von einer verheerenden Umwälzung bedroht ist, oder vielmehr am Vorabende derselben steht, zu welcher sein eigener Zyklus von Rassenkarma es geführt hat. Dieser chaotischen Auflösung des Alten wird und muss im 21.Jahrhundert, dem Jahrhundert des anlaufenden neuen Zeitalters, die Neuordnung folgen. Mit der Atombombe naht die Zerstörung bereits an ein frühes Ziel der Zivilisationsvernichtung, und die Gefahren für die Menschheit werden immer größer, wenn tote Technik und lebendige innere Geisteshaltung miteinander nicht mehr Schritt halten können. Diese Divergenz zwischen dem technischen Golem und dem geistigen „Homunculus" wird zum Problem der gesamten Menschheit dieses neuen Zeitalters. Leider die wenigen „zielstrebigen Hirne" sind schon längst am Werk, eben jenen Ast abzusägen, auf dem die irrende Menschheit heute noch zusammengekraut sitzt.

Wer mit Astronomie und Mathematik vertraut ist, sollte seine geschichtlichen Kenntnisse vom Aufstieg und Fall der Völker und Reiche mit den bekannten astronomischen Zyklen in Zusammenhang bringen – besonders mit dem siderische Jahr, das 24 000 unserer Sonnenjahre entspricht. Der Aufstieg und der Fall der Völker ist ein natürlicher Prozess in der Evolution der Völker, bei jener Völker dieser Welt, die uns als die älteste Menschheit der Welt wie die Hindu - Aryas, die ältesten Perser, die Chaldäer und Phönizier bekannt sind. Die großen verheerenden Umwälzungen der Völker in Europa werden schon in diesem Jahrhundert ab 2011-2014 (Europa und auch in den USA, Asien...) und 2061-2065 (Ungarn, Österreich, Italien...†) stattfinden und bis 2461-2555 andauern.

Alles im Universum besteht aus Energie, und Energie in Bewegung ist Schwingung oder einfacher ausgedrückt, die Atome vibrieren und entstehen Kreiselbewegungen. Unerwartete Naturkatastrophen, die große Verwüstungen und Verluste an Menschenleben zur Folge haben, sind keiner höheren Gewalt zuzuschreiben. Solche Katastrophen sind das Ergebnis menschlicher Gedanken und Handlungen. Jedes Mal, wenn der Schwingungsausgleich zwischen Gut und Böse in der Welt durch die Anhäufung verderbenbringender Schwingungen ein Ergebnis des falschen Denkens und Handelns der Menschen gestört wird, kann man Verwüstungen sehen, wie wir sie kürzlich erlebt haben. Die Gedanken und Gefühlsschwingungen Tausender von Menschen, die während der Kämpfe im Vietnamkrieg, Koreakrieg oder jetzt im Nahen

Osten, in Irak oder Afghanistan getötet wurden, haben atmosphärische Veränderungen verursacht und sind für die heutigen Überschwemmungen und anderen Katastrophen in der Welt verantwortlich. Die Geburt eines Kindes hat schon Auswirkungen auf unserem Planeten. Ein Krieg löst üble Schwingungen aus, wirft die ganze Natur aus ihrem harmonischen Gleichgewicht und verursacht auf diese Weise Naturkatastrophen. Diese Schwingungen werden ganze Nationen ins Elend stürzen. In Nostradamus - Versen - „Michel de Notredame, der sich der Sitte der Zeit entsprechend „Nostradamus" nannte - finden wir interessante Hinweise mit Zeitangabe auf die Verschmelzung der beiden Erdkappen. Im Centurie X, Vers 70 für das Jahr 2070 sagt uns voraus:

„ Das Öl, das aus dem Gegenstand kommt, wird solche Ausmaße erreichen. So sehr und so brennend, dass es zum Grab der Zeit des Schnees wird. Auf dem Kiesfeld gebraucht man es, davon wird kommen die Abnahme. Wenn der Primas unterliegt kommt die Zeit der Landvermessung". Die Polkappen schmelzen in diesem Jahr ab und viele Länder, die knapp über oder unter dem Meeresspiegel liegen, werden gezwungen neues Land zu besiedeln, um zu überleben. Ein Jahr später schreibt Nostradamus: „ Die Erde und die Luft werden gefroren sein auch das große Wasser. Weil man beginnen wird den göttlichen Krieg zu spielen…." Infolge des Abschmelzens der Polkappen wird die Abkühlung der Erdatmosphäre eintreten.

Solange die Menschen ihr falsches Denken und nicht ändern, werden wir weiter Kriege und Naturkatastrophen auf der Erde haben. Kriege entstehen nicht durch schicksalhaften göttlichen Eingriff, sondern durch weit verbreitete materielle Selbstsucht. Verbannt man allen Egoismus aus dem persönlichen und öffentlichen Leben, aus Industrie und Politik- und es wird keine Kriege mehr geben. Wenn das materielle Bewusstsein des Menschen vorherrscht, sendet es feine negative Strahlen aus. Häufen sich diese an, stören sie das elektrische Gleichgewicht in der Natur, so dass es zu Erdbeben, Überschwemmungen und anderen Katastrophen kommt. Nicht Gott ist verantwortlich dafür. Der Mensch muss seine Gedanken beherrschen lernen, ehe er die Natur unter seine Herrschaft bringen kann. Rama ein „Avatar", war einer der großen hinduistischen Kaiser; er regierte über das Reich von Ayodhya, dessen Bewohner alle ein rechtschaffenes Leben führten. Es heißt, dass es während der goldenen Ära Ramas keine Unfälle, keinen frühzeitigen Tod und keine Naturkatastrophen gab, welche die vollkommene Harmonie von Ayodhya beeinträchtigten. In einer selbstsüchtigen Familie, wo jeder dem anderen etwas wegnimmt, herrscht Unfrieden. So ist es auch mit den Nationen. Nur wenn wir richtig leben, werden wir Frieden auf unserem Planeten haben.

In den Nostradamus Prophezeiungen findet man weitere interessante Verse bezüglich auf das Altern. „Centurie X, Vers 97" für das Jahr 2097 sagt:

„Dreifach nachgemessen worden ist alles - das Alter gefangengenommen. Zeit wird gut zu Schlecht – das Sanfte zum Beleidigen". Die Ursache des Alterns ist bekannt und der Alterungsprozess kann erstmal angehalten werden. In den Offenbarungen des Johannes findet man die Bestätigung: „Und in den Tagen werden die Menschen den Tod suchen und ihn nicht finden; werden begehren zu sterben, und der Tod wird vor ihnen fliehen". Hundert Jahre danach, wo das Problem wirklich zum menschlichen Problem Nummer eins geworden ist, wird ein Gegenmittel erfunden, das gestoppten Alterungsprozess des Körpers wieder in Gang setzt. „Erfunden wird das Sterbeöl zerbrochen die Zuständigkeit". „Die Körper ohne Seele und das Nichtseiende werden geopfert. Am Tag des Todes versetzt in die Geburt". Der medizinische Fortschritt macht das Sterben unmöglich, bei Steuerungsausfall einzelner Körperfunktionen durch das Gehirn springen Module ein, die unter die Kopfhaut eingepflanzt sind. „Steine mit Können versteckt unter der Behaarung. Durch Sterben von nutzlosen Abschnitten werden sie munter".

Im Jahre 2423 werden die letzten Geheimnisse der Chemie gelüftet sein. Zum Beispiel durch Anwendung bestimmter chemisch-pharmazeutischer Präparate können die schadhaften Zähne, ohne dass sie mit der Zange herausgezogen zu werden brauchen, von selbst herausfallen zu lassen, worauf den Menschen in überraschenden kurzer Zeit neue kräftige Zähne herauswachsen. Der Mensch wird also Herr über den Wuchs seines Gebisses. Ein Grauwerden der Haare oder ein

Haarausfall wird dann nur noch der Vergangenheit angehören. Auch die Farbe der Haare wird sich ein jeder Mensch selbst bestimmen können, ohne irgendwelche Haarfärbemittel anwenden zu müssen.

Im Jahre 2374 werden die Menschen in der Lage sein nur mit Hilfe eines kleinen Apparates von einer Stelle aus senden und gleichzeitig empfangen können. Man braucht den Apparat nur auf eine beliebige Stelle der Erde einzustellen und kann sofort alles sehen, was sich dort abspielt. Die betreffenden Personen, die man beobachten will, brauchen gar keinen Sender und Empfänger zu haben; und was noch mehr in Erstaunen versetzt, sie haben gar keine Ahnung davon, dass sie beobachtet werden. Die grobmaterielle Welt ist aus dem Akashaprinzip, das der uns bekannte Äther, entstanden; sie wird auch durch das Akashaprinzip geregelt und erhalten. Deshalb ist erklärlich, dass es eine Übertragung des elektrischen oder magnetischen Fluids ist, auf der alle Erfindungen basieren, die mit einer Fernübertragung durch den Äther zu tun haben, wie z. B. Radio, TV, Handy, GPS und alle weiteren Erfindungen, die noch in der Zukunft mittels des elektrischen und magnetischen Fluids im Äther erzielt werden. Aber das Grundprinzip und die Gesetze waren, sind und bleiben immer dieselben. Vorläufig würden solche Erfindungen von den Menschen nur missbraucht werden, und deswegen muss sich die Menschheit geistig und seelisch mehr entwickeln. Mit dem Fortschreiten der Zeit wird immer mehr Äther in der Luft sein. Wenn der Äther die Luft erfüllt, dann werden Kinder ohne Väter geboren werden. In

Virginia (USA) befindet sich ein Apfelbaum von besonderer Art. Er blüht nicht, aber trägt beerenartige Früchte ohne irgendwelchen Samen. Das wird sich allmählich auf die Tiere und dann auf die Menschen ausdehnen. Weibern werden Kinder ohne Schwängerung gebären, und in der siebenten Menschenrasse (Runde) werden Menschen erscheinen, die sich selbst reproduzieren können. In der Siebenten Rasse der Vierten Runde werden die Menschen jedes Jahr die Haut wechseln und werden keine Zehen- und Fingernägel haben. Die Menschen werden mehr psychisch werden, als physisch. Schließlich werden in der Siebenten Runde Buddhas ohne Sünden geboren werden. Die Vierte Runde ist die längste im Kali - Yuga gewesen, dann kam die Fünfte, danach kommt die Sechste, und die Siebente Runde wird sehr kurz sein. Heute ist die Fünfte unserer Sieben menschlichen Evolutionsperioden über den ganzen Erdball verteilt und befindet sich immer noch im Prozess der Weiterentwicklung. Jede der Sieben „Wurzelrasse oder Evolutionsperioden ist unterteilt in sieben Abzweigungen oder Stufen, und auf ihrem Entfaltungsweg durchläuft die Monade sie alle. In unserer Zeit, so wird weiterhin erklärt, nimmt in Amerika und Australasien eine neue Abzweigung oder Stufe innerhalb der Fünften „Wurzelrasse" ihren Anfang, womit im Lauf der Zeit ein neuer Menschentyp, ein neuer geistiger Horizont und eine neue spirituelle Sensibilität entwickeln werden. In der ihr bestimmten Zeit wird dann auch unsere Fünfte „Wurzelrasse ihre Evolution beendet haben, und weitere Entwicklungsstufen der Menschheit werden folgen: die Sechste und die Siebte „Wurzelrasse". Wir können uns kaum vorstellen, welche Kontinente und welche Eigenschaften sie besitzen werden. Zusammengenommen sind die Sieben „Wurzelrassen" mit all ihren Varianten das evolutionäre Ziel unseres Planeten. Und in einer unvorstellbar weit entfernten Zukunft, wenn all diese „Wurzelrassen ihre Evolutionsperioden vollendet haben, wird die Menschheitswelle von diesem Bereich auf andere Welten übergehen, Welten, von denen wir nur eine ganz dunkle, ungenaue Vorstellung haben können. Wir Erdenbewohner haben einst unsere Pilgerfahrt in anderen Welten und anderen längst vergessenen Existenzbereichen begonnen, und im Laufe der Zeit werden wir diesen Planeten, ja sogar diese Wirklichkeitsebene wieder verlassen und uns anderen Daseinsebenen zuwenden, deren Fülle und Glückseligkeit unsere Vorstellungskraft übersteigt.

Die Amerikaner Nordamerikas, noch vor 300 Jahren größtenteils reine Angelsachsen, sind durch das intensive Zusammenleben verschiedener Völker und durch Mischehen bereits ein eigenes Volk und beinahe ein Menschheitszweig „sui generis" geworden, nicht nur geistig sondern auch physisch. So wurden die Amerikaner in nur drei Jahrhunderten ein „primärer" Menschheitszweig, ehe sie nun zu einem eigenen werden, der sich von allen anderen jetzt existierenden Menschheitstypen unterscheiden wird. Sie sind, kurz gesagt, der Keim des neuen Menschheitszweigs. In ein paar hundert Jahren werden sie die Wegbereiter des mit neuen Eigenschaften ausgestatteten Menschheitszweig sein, der dem derzeitigen europäischen

Menschheitszweig folgen muss. Diese
Umwälzungen werden Teil der ersten Serie von
Katastrophen sein, die eines Tages sowohl Europa
und in der Folge den gesamten „Arya -
Menschheitszweig" (mit Auswirkungen auf beiden
Amerikas), als auch den größten Teil der Länder
zerstören werden, die an den Grenzen unseres
Kontinents und seiner Insel liegen. Nun, jedenfalls
sind die Prophezeiungen und Darstellungen der
geheimen Bücher klar und eindeutig, dass die
Evolution insgesamt, also Ereignisse ebenso wie die
Menschheit und alles andere in der Natur, zyklisch
fortschreitet.

Der Zusammenhang zwischen der Lehre von den
aufeinander folgenden Katastrophen und den
wiederholten Verschlechterungen im moralischen
Charakter des Menschengeschlechts ist natürlicher,
als man zuerst denken möchte. Denn in einem rohen
Gesellschaftszustand werden alle großen Unheile
von den Menschen als Strafen Gottes für die
Veruchtheit des Menschen betrachtet. Dass Welten
und auch Rassen periodisch abwechseln durch Feuer
(Vulkane und Erdbeben) und Wasser vernichtet, und
periodisch wieder erneuert werden, ist eine Lehre, so
alt wie der Mensch. Manu, Hermes, die Chaldäer,
das ganze Altertum glaubten daran. Zweimal bereits
hat sich die Oberfläche der Kugel durch Feuer, und
zweimal durch Wasser verändert, seitdem der
Mensch auf ihr erschienen ist. Wie das Land Ruhe
und Erneuerung braucht, neue Kräfte und eine
Veränderung für seinen Boden, ebenso das Wasser.
Daraus entsteht eine periodische Neuverteilung von
Land und Wasser und Veränderung des Klimas,

alles dies wird durch geologische Umwälzung verursacht und schließlich führt das zur Veränderung der Erdachse. Es gibt eine säkulare Änderung in der Neigung der Erdachse, und ihre bestimmte Zeit ist in einem der großen geheimen Zyklen aufgezeichnet. Die Geheimlehre lehrt, dass unsere Kugel (Erde) sieben periodischen und vollständigen Veränderungen unterworfen ist, welche gleichen Schrittes mit den Rassen vor sich gehen. Sie lehrt, dass während dieser Runde sieben irdischen „Paralayas" stattfinden müssen, welche durch die Änderung in der Neigung der Erdachse verursacht sind. Es ist ein Gesetz, welcher zu seiner bestimmten Zeit wirkt, und durchaus nicht blind, wie die Wissenschaft glauben möchte, sondern in strenger Übereinstimmung und Harmonie mit dem karmischen Gesetz. Die Wissenschaft gesteht ihre Unkenntnis der Ursache, welche die Klimaschwankungen und auch die Veränderungen in der Achsenrichtung bewirken auf welche diese Klimawechsel immer folgen.
So haben seit „Vavasata Manus Menschheit" auf dieser Erde erschien, bereits vier solche Achsenstörungen stattgefunden. Die alten Kontinente wurden von den Ozeanen verschlungen, andere Länder tauchten auf, und gewaltige Bergketten erhoben sich, wo zuvor keine gewesen waren. Die Oberfläche der Kugel wurde jedes Mal vollständig verändert und das Überleben der tauglichsten Nationen und Rassen wurde durch rechzeitige Hilfe gesichert; und die Untauglichen wurden abgetan, indem sie von der Erde weggefegt wurden. Eine solche Ausscheidung und Verschiebung geschieht nicht zwischen Abend und

Morgen, wie man meinen möchte, sondern erfordert verschiedene Jahrtausende, bevor das neue Haus in Ordnung gebracht ist. Die Bewegung der physischen Erde wird, der alten Lehre nach, von einer gleichen Bewegung in der Welt des Intellekts begleitet, und die geistige Entwicklung der Welt schreitet wie die physische in Zyklen vorwärts.

Die Evolution ist sinnvoll; ihr Zweck ist die Entwicklung von Formen, die immer sensibler auf ihre Umwelt reagieren, von Verstandeskräften, die sich ihrer Umgebung bewusster werden und eines spirituell bewegten Bewusstseins, welches die grundsätzliche Einheit allen Lebens erkennt. Jede Rasse spielt eine besondere Rolle in der Geschichte und Evolution der Menschheit, denn kein Wesen, weder Engel noch Mensch erreicht Befreiung (Nirvana / Moksha), den Zustand absoluter Reinheit, ohne vorher Äonen von Leid erfahren und die Erkenntnis des Bösen sowie des Guten gewonnen zu haben, denn sonst würde letzteres unerklärlich bleiben.

Die Zyklen der Menschheitsgeschichte befinden sich in einer unendlichen Fortbewegung, deshalb ist es falsch, irgendein Land, irgendein Volk oder irgendeine Kultur als das absolute Meisterwerk unserer Spezies zu verherrlichen. Sie alle sind vergänglich und an ihre Stelle werden neue Wellen menschlicher Entwicklung treten. Unterschiede zwischen den „Rassen" sind Unterschiede der jeweiligen historischen Funktion und haben nichts mit tatsächlicher Überlegenheit oder Minderwertigkeit zu tun! Keine Rasse oder Kultur ist besser als irgendeine andere, denn alle sind Teile eines fortwährenden, endlosen Prozesses. Die Menschheit gleicht einem ganzen, einheitlichen und lebendigen Organismus, würde man gewaltsam einzelne Kulturen oder Rassen entfernen, so wäre die Harmonie und das Gleichgewicht des Ganzen gestört. Wenn die Menschen das verstanden haben, werden sie erkennen, dass jeder Teil einmalig und jeder Teil gleich wichtig – egal ob Böse oder Gut und unersetzlich ist. Wie die wahren Religionen in der Zukunft zusammenschmelzen, um die absolute Wahrheit zu vertreten, so wird die Menschheit und das Universum selbst, sich in einem Zusammenspiel von Vielheit und Einheit auf ein Ganzes hin entwickeln, das nicht nur größer als jeder seiner Teile ist, sondern das größer ist wegen und dank seiner Teile.

Wenn wir die hinduistischen Ideen der Kosmonogie untersuchen stellen wir fest, dass:
1. das Universum nicht eine willkürliche Schöpfung ist, sondern eine Evolution aus preexistenter Materie;
2. dass es nur eine aus einer endlosen Reihe von Universen ist;
3. dass die Ewigkeit auf große Zyklen hindeutet, in deren jede zwölf Transformationen unserer Welt vonstatten gehen, deren jede der Zerstörung durch Feuer abwechselnd mit der durch Wasser folgt, so dass, wenn eine kleinere Periode beginnt, die Erde so verändert ist, selbst geologisch, dass sie im Besonderem wirklich eine neue Welt ist.

4. dass von diesen zwölf Transformationen bei jeder der ersten sechs die Erde gröber wird und jedes Ding auf ihr – den Menschen mit einbezogen – stofflicher als in der vorhergehenden, während nach jeder der verbleibenden sechs das Gegenteil wahr ist, da beide Erde und Mensch, bei jedem irdische Wechsel immer feiner und geistiger werden;
5. dass, wenn der Gipfel des Zyklus erreicht ist, eine gradweise Zerstreuung greift und jede lebende und objektive Form zerstört wird. Aber wenn dieser Punkt erreicht ist, ist die Menschheit bereit, subjektiv sowohl als auch objektiv weiter zu leben und nicht nur die Menschheit allein, sondern auch Tiere, Pflanzen und Steine.

In den Hindulehren heißt es: „Nach und nach erblasst das Licht, die Hitze vermindert sich, die unbewohnbareren Stellen der Erde vermehren sich, die Luft wird seltener und seltener, die Wasserquellen trocknen aus, die großen Flüsse sehen ihre Wogen verdunstet, der Ozean zeigt seinen sandigen Grund und Pflanzen sterben. Menschen und Tiere nehmen an Größe täglich ab, Leben und Bewegung verlieren ihre Kraft, die Planeten können nur schwer im Raume gravitieren; sie verlöschen einer nach dem anderen, wie eine Lampe, die die Hand des Chokra (Diener) vergaß, wieder zu füllen. Sourya (die Sonne) flackert und geht aus, Materie verfällt in Auflösung (Pralaya), und Brahma übergeht in Dyäus, den ungeoffenbarten Gott; und da seine Arbeit vollendet ist, verfällt er in Schlaf.

Wiederum ist ein Tag (Brahma Tag = 4320.000.000 Jahre) vorbei, die Nacht bricht an und dauert fort bis zur nächsten Morgendämmerung." Während der ungeheuere Periode fortschreitender Schöpfung, die 4320.000.000 Jahre umfasst, formen Äther, Luft, Wasser und Feuer (Hitze) Beständig Materie unter dem nie endenden Impulse des Geistes oder des ungeoffenbarten Gottes, der die ganze Schöpfung erfüllt; denn Er ist in allem, und alles ist in Ihm.

7. Kapitel

„Made in Brahmanismus"- der Ursprung der Religionen

Dieses Kapitel verfolgt den Zweck, so klar wie möglich zu beweisen, dass alle Religionen im Wesentlichen miteinander übereinstimmen; dass zwischen den von verschiedenen Glaubensrichtungen vertretenen Wahrheiten kein wirklicher Unterschied besteht; dass es nur eine Ordnung gibt, durch sich sowohl die äußere als auch die innere Welt entwickelt hat. Die zwischen den einzelnen Religionen bestehende Uneinigkeit und die Unwissenheit der Menschen machen es nahezu unmöglich, den Schleier zu lüften und dieser großen Wahrheit ins Antlitz zu setzen.

Die einzelnen Konfessionen liegen in Fehde miteinander, und aufgrund der allgemeinen Unwissenheit der Menschen vertieft sich diese Kluft zwischen ihnen immer mehr. Nur wenige, besonders begabte Menschen können sich über den Einfluss ihrer überlieferten Konfession erheben und die völlige Übereinstimmung zwischen den von allen großen Religionen verkündeten Wahrheiten erkennen. Dieses Kapitel soll auf die Ursprünge der Religionen hinweisen und dazu beitragen, sie näher einander zu bringen.

Wer sich nur einigermaßen mit Religionssystemen beschäftigt, ist mit zahlreichen Religionssystemen relativer Art bekannt geworden. Alle unterliegen ein- und demselben Gesetz der Vergänglichkeit,

ohne Rücksicht darauf, ob die Dauer des einen oder anderen Religionssystems hunderte oder tausende von Jahren zählt. Die Zeitdauer des Bestehens einer Religion richtet sich stets nach ihren Gründern und Lehrern. Je mehr universale Wahrheiten eine Religion beinhaltet, umso länger ist ihr Bestand. Dagegen ist ihre Zeitdauer umso kürzer, je einseitiger, fanatischer, diktatorischer und autoritativer die Grundbegriffe sind.
Religionssysteme, welche nur einen Aspekt des Gesetzes anerkennen und alle anderen Aspekte vernachlässigen, diese sogar bekämpfen, können nur eine begrenzte Dauer haben, selbst wenn die Zeit des Verfalls erst nach Hunderten und Tausenden Jahren kommen sollte. Nur jenes Religionssystem, welches die „absoluten Universalgesetze" in seiner Lehre berücksichtigt, hat dauernden Bestand.
Jede Religion hat ihr Karma, sowie jedes Individuum. Nichts, überhaupt nichts hat dauerhaften Charakter.

Buddha sagte:
„ Was geboren ist, wird sterben,
was zusammengetragen wurde, wird zerstreut,
was sich angehäuft hat, wird erschöpft,
was aufgebaut wurde, wird zusammenberechen,
und was hoch war, wird niedrig werden."

Ein Beweis für die Herkunft und Ursprung aller Religionen sind die Legenden der drei Erlöser, und damit ist ein Vergleich unumgänglich. Ich möchte in diesem Kapitel die Mythen der Bibel mit jenen der heiligen Bücher anderer Nationen vergleichen, um zu sehen was Original und was Kopie ist.

Krishna - Hinduismus
1. **Epoche:** Ungewiss. Die europäische Wissenschaft fürchtet sich dieselbe zu bestimmen, aber die brahmanische Berechnung stellen sie auf 7000 Jahre her fest.
2. **Krishna** stammt aus einer königlichen Familie ab, ist aber von Hirten aufgezogen worden; wird der Hirtengott genannt. Seine Geburt und göttliche Ankunft wird vor Kansa geheim gehalten.
3. **Eine Inkarnation Vishnus,** der zweite Person der Trimutri (Dreieinigkeit). Krishna wurde zu „Mathura" verehrt, an dem Flusse Jumma.
4. **Krishna wird verfolgt von Kansa,** dem Tyrannen von Madura, entkommt aber auf wunderbare Weise. In der Hoffnung das Kind zu vernichten, hat der König Tausende Kinder männlichen Geschlechts hinschlachten lassen.
5. **Krishnas Mutter war Devaki (ein göttliches Wesen)** oder Devanagui, eine unbefleckte Jungfrau (hat aber bereits vor Krishna 8 Söhne das Licht der Welt geschenkt.)
6. **Krishna ist** mit Schönheit, Allwissenheit und Allmacht von Geburt aus begabt; tut Wunder heilt Lahme und Blinde und treibt Dämonen aus. Wäscht die Füße der Brahmanen und steigt in die tiefsten Regionen (Hölle) hinab, befreit die Toten und kehrt zum Paradiese des Vishnus - Vaicontha zurück. Krishna war der Gott Vishnu selbst in menschlicher Gestalt.
7. **Krishna** schafft Knaben aus Kälbern und er zertritt das Haupt der Schlange.
8. **Krishna ist Unitarier,** er verfolgt den Klerus, beschuldigt ihn des Ehrgeizes, der Heuchelei direkt

ins Gesicht, gibt die großen Geheimnisse des Heiligtums preis, die Einheit Gottes und die Unsterblichkeit unseres Geistes. Die Überlieferung sagt, er wäre ihrer Rache zum Opfer gefallen, er steigt zu „Swarga" empor und wird „Nirguna". Sein Lieblingsjünger „Arjuna" verließ ihn bis zu letzt nie und er starb am Kreuz (an einem Baum) mit einem Pfeil daran festgenagelt.

Gautama Buddha - Buddhismus
1. Epoche: Nach der europäischen Wissenschaft und den cylonischen (Sri Lanka) Berechnungen 2600 Jahre vor der Geburt Christi.
2. Gautama ist der Sohn eines Königs. Seine ersten Jünger sind Hirten und Bettler.
3. Nach einigen eine Inkarnation Vishnus, nach anderen eine Inkarnation eines der Buddhas ja sogar „Adi Buddhas", des Gottes der höchsten Weisheit.
4. Buddhistische Legenden sind frei von diesem Plagiarismus, aber die katholische Legende, die aus ihm St. Josphat macht, zeigt seinen Vater König von Kapilavatsu, wie er unschuldige Christkinder schlachtet! (siehe „Goldene Legende")
5. Buddhas Mutter war Maya oder Mayadeva und mit ihrem Gatten verheiratet. (jedoch eine unbefleckte Jungfrau)
6. Buddha ist mit ähnlichen Kräften und Eigenschaften begabt und vollbringt ähnliche Wunder. Verbringt sein Leben mit Bettelmönchen. Für Gautama wird beansprucht, dass er von allen „Avatars" (göttliche Inkarnation) unterschieden war, da er den ganzen Geist Buddhas in sich hatte, während alle anderen nur einen Teil der Gottheit in sich hatte.

7. Buddha zertritt das Haupt der Schlange, d. h. er beseitigt die Schlangenverehrung als Fetischismus, aber gleicht Jesus, er macht die Schlange zum Emblem der göttlichen Weisheit.

8. Buddha vernichtet die Götzendienerei, er gibt das Geheimnis der Einheit Gottes und „Nirvanas" preis, dessen wahre Bedeutung früher nur den Priestern bekannt war. Verfolgt und aus dem Lande getrieben, entkommt er dem Tod dadurch, dass er um sich mehrere Hunderttausend von Gläubigen seiner Buddhaschaft sammelt. Er stirbt schließlich umgeben von einer Gesellschaft von Jüngern, von denen Ananda (bedeutet Glückseligkeit) sein geliebter Jünger und Geschwisterkind war. Gautama wurde nie gekreuzigt, er wird aber in vielen Tempeln so dargestellt, wo er unter einem kreuzförmigen Baum sitzt, welcher der „Baum des Lebens" ist.

„Alles Zusammengesetzte ist vergänglich" waren die letzten Worte, die den Lippen des sterbenden Gautama entschlüpften, als er sich unter dem Sat-Baum für den Eintritt ins Nirvana vorbereitete.

„Geist ist die einzige, elementare und primordiale Einheit, und jeder seiner Strahlen ist unsterblich, unendlich und unzerstörbar. Hüte Dich vor den Illusionen der Materie".

Jesus von Nazareth – Christentum
1. Epoche: Wird angenommen, dass vor 2000 Jahren stattfand, seine Geburt und königliche Herkunft wurde vor Herodos dem Tyrannen verheimlicht.

2. Jesus stammt aus der königlichen Familie Davids ab. (Es gibt auch eine zweite Version, wo sein Vater

oder sein „Stiefvater" ein Zimmermann war?) Er wird bei seiner Geburt von Hirten verehrt und der „Gute Hirte" genannt. (siehe nach Johannes Ev.)
3. Eine Inkarnation des heiligen Geistes, damals die zweite Person der Dreieinigkeit, jetzt die dritte. Denn die Dreieinigkeit wurde erst 325 nach seiner Geburt erfunden. Er ging nach Matarea in Ägypten und brachte dort seine ersten Wunder hervor. (siehe Evangelium der Kindheit Jesu)
4. Jesus wird von Herodes, König von Judäa verfolgt, aber er entkommt nach Ägypten unter der Führung eines Engels. Um seine Ermordung zu sichern, befahl Herodos ein Massaker unschuldiger Kinder von 40 000, die erschlagen wurden.
5. Jesus Mutter war Mariam oder Miriam, verheiratet mit ihrem Ehegatten und doch eine unbefleckte Jungfrau, sie hatte aber mehrere Kinder außer Jesus. (siehe Matthäus XIII. 55, 56, aber Renan der Geschichtsschreiber im 1.Jahrhundert erwähnt Jesus Brüder; Philo der ältere Bruder Jesus, Hillel, Schamai und Gamaliel)
6. Jesus ist ähnlich begabt (siehe Evangelien und das apokryphe Testament) verbringt sein Leben mit Sündern und Straßenhändlern, treibt gleicherweise Dämonen aus. Der einzige bemerkenswerte Unterschied zwischen den Dreien ist, dass Jesus beschuldigt wird die Teufel durch die Macht „ Belzeblus" ausgetrieben zu haben, was bei den anderen nicht der Fall war. Jesus wäscht die Füße seiner Jünger, stirbt, steigt zur Hölle hinab und wieder empor zum Himmel, nachdem er die Toten befreit hat.
7. Von Jesus wird gesagt, dass er das Haupt der Schlange zertrat, auf Grund der Original-

Offenbarung in der Genesis. Er verwandelt auch Knaben in Böckchen und diese in Knaben (siehe Evangelium der Kindheit Jesu)

8. Jesus empört sich gegen das alte jüdische Gesetz, klagt gegen die Schriftgelehrten und Parisäer und die Synagoge der Heuchelei und dogmatischer Intoleranz, bricht den Sabbat und beleidigt das Gesetz. Er wird von den Juden angeklagt die Geheimnisse des Allerheiligsten preisgegeben zu haben und wird auf einem Kreuz dem Tod überliefert. Aus einer kleinen Hand von Jüngern, die er bekehrt hat, wird durch einen verraten, einer verleugnet ihn und die anderen verlassen ihn zuletzt, ausgenommen Johannes, sein geliebter Jünger. Jesus steigt zum Paradiese auf.

Jesus war der Gründer der Sekte der neuen „Nazars" und wie das Wort deutlich besagt, ein Anhänger der buddhistischen Lehren. Sein Beweggrund war augenscheinlich gleich den Gautama Buddha, die Menschheit durch Gründung einer religiösen Reform zu beglücken, die eine Religion der reinen Ethik geben sollte, der wahren Wissenschaft von Gott und Natur, die bisher allein in den Händen der esoterischen Sekten und ihrer Adepten geblieben ist. **Jesus, Krishna und Buddha, alle drei Erlöser starben entweder an oder unter Bäumen und wurden mit Kreuzen in Verbindung gebracht, die für die dreifältigen Mächte der Schöpfung sinnbildlich sind.**

Hinduismus (Brahmanismus) – Dreieinigkeit oder dreifältigen Mächte:

1.Nara (oder Para) 2.Agni, 3.Brahma, der Vater
1.Nari (Mariama) 2.Vaya, 3.Vishnu, die Mutter
1.Viradj (Brahma) 2.Surya, 3.Shiva, der Sohn

Das Nazaränische System – Dreieinigkeit:

1.Ferho 2.Mano, 3.Abatur, der Vater
1.Chaos 2.Spiritus, 3.Netubto, die Mutter
1.Fetahil 2.Lehdaio 3.Jordan, der Sohn

Die erste ist die verborgene oder nicht geoffenbarte Dreiheit, eine reine Abstraktion, die zweite ist die tätige, die in den Schöpfungsresultaten offenbarte, die aus der ersteren ihren geistigen Prototyp hervorgeht, und die Dritte ist das entstellte Bild der beiden anderen, kristallisiert in der Form menschlicher Dogmen, die gemäß des materialistischen Einbildungsvermögens variieren. Die Menschen sind nur Repräsentanten der Ideen und man muss sich nicht wundern, wenn die Wahrheit von den eingefleischten Irrtümern mit Verachtung oder selbst Zorn zurückgestoßen wird.

Die frühe christliche Kirche hatte die Lehre von der Wiedergeburt und Inkarnation akzeptiert. Diese wurde von den Gnostikern und zahlreichen Kirchenvätern, darunter Klemens von Alexandrien, dem berühmten Origines (beide aus dem 3 Jahrhundert) und dem heiligen Hieronymus (5Jahrhundert) erläutert. Im Jahre 553 nach Ch. wurde sie im zweiten Konzil zu Konstantinopel zum ersten Male für einen Irrglauben erklärt. Zu jener Zeit glaubten viele Christen, dass die Lehre von der Wiedergeburt dem Menschen eine zu lange Zeit- und Raumspanne gewähre und ihn deshalb nicht genügend antreibe, sich jetzt schon um Erlösung zu bemühen. Doch die Unerdrückung der Wahrheit führte zu einer Reihe erschreckender Irrtümer. Denn Millionen Menschen haben ihre „einmalige Lebenszeit" nicht ausgenutzt, um Gott zu suchen, sondern um diese Welt, die sie auf so einzigartige Weise gewonnen hatten und bald auf ewig verlieren würden, in vollen Zügen zu genießen. In Wirklichkeit aber muss sich der Mensch so lange auf Erden wiederverkörpern, bis er wieder zum Bewusstsein seiner Gotteskindschaft erwacht.

Wie kann man sich eine göttliche Gerechtigkeit ohne Wiedergeburt erklären, wenn sich gewisse Seelen überhaupt nicht Ausdruck verschaffen können, weil sie im Körper eines totgeborenen Babys eingeschlossen sind oder weil sie nicht älter als sechs Jahre werden? Die Antwort ist darin zu suchen, dass diese Erde eine große Schule ist und dass die göttliche Gerechtigkeit durch das Gesetz der Wiedergeburt wirkt, das jeden Menschen immer wieder hierher zurückbringt, bis alle Lektionen, die ihm das Leben erteilt, gelernt hat.

Ich möchte als nächstes aufzeigen, ob Mysterien der Christen schon vor der Zeit Christus gaben und in welcher Form man sie finden kann.

- das Kreuzzeichen –

Lange bevor das Kreuzzeichen als christliches Symbol galt, war es ein geheimes Zeichen der Erkennung unter den „Neofhyten" und Adepten. E. Levi sagt: „ Das Zeichen des Kreuzes, das von den Christen angenommen worden ist, gehört nicht ausschließlich ihnen. Es ist kabbalistisch und stellt die Oppositionen und das vierfache Gleichgewicht der Elemente dar".

- das Kruzifix-

Das Kruzifix war ein Marterinstrument und äußerst gewöhnlich bei den Römern, während es unter den semitischen Nationen nie bekannt war. Es wurde der Schandpfahl genannt. Erst später wurde es als ein christliches Symbol angenommen, aber während der ersten zwei Dekaden sahen die Apostel mit Abscheu darauf. Es ist sicher nicht das christliche Kreuz, das Johannes im Auge hatte, da er vom „Spiegel des lebendigen Gottes" sprach, sondern das mystische Tau und das Tetragrammaton.

- die Glocken –

In dem buddhistischem System werden die Götter des „Deva Loka" während der religiösen Dienste immer eingeladen und aufgerufen, auf die Altäre durch das Geläute der Glocken herabzusteigen, die in den Pagoden aufgehängt sind. Die Glocken der heiligen Tafel „Shiva" im "Kuhama" werden im „Kailasa" beschrieben, und jede buddhistische „Vihara" und jede Lamaserie hat ihre Glocken. Wir sehen also, dass die Glocken, die von den Christen verwendet werden, direkt von den Buddhisten, Tibetanern und Chinesen übernommen wurden.

- die Perle -, Rosenkränze-
Sie haben denselben Ursprung und sind von den buddhistischen Mönchen vor mehr als 2300 Jahren verwendet worden. Die „Linghams" in den Hindutempeln werden an gewissen Tagen mit großen Beeren von einem Baum, der dem „Mahadeva geheiligt ist, verziert, die zu Rosenkränzen aneinandergereiht sind.

- die Nonne –
Der Titel Nonne ist ein ägyptisches Wort und hat mit diesem dieselbe Bedeutung. Die Christen nehmen nicht mal die Mühe das Wort „Nonne" zu übersetzen.

- der Heiligenschein -
Er wurde von den antediluvianischen Künstlern Babylons gebraucht, wenn sie einen sterblichen Kopf zu ehren oder zu vergöttern wünschten. Auf einem Berühmten Bild „Moore's Hindu Pantheon" benannt Krishna, gestillt durch „Devaki", wird die Hindujungfrau dargestellt, wie sie sich über einem säugenden Krishna beugt. Der lange Schleier und der goldene Heiligenschein um den Kopf der Jungrau, als auch um den Kopf de kleinen Hinduerlösers wirken überraschend.

- die Embleme -
Die frühesten christliche Embleme bevor man je versuchte die körperliche Erscheinung Jesu darzustellen, war das Lamm, der gute Hirte und der Fisch. Der König Messias wird sehr oft als „DAG" oder der Fisch bezeichnet. Dies ist eine Erbschaft der Chaldäer und bezieht sich auf den babylonischen

„Mannfisch", der der Instruktion und Ausleger des Volkes war, dem er erschien. Deshalb adoptierten es die Christen, da sie darauf so scharf waren, ihren Christus mit dem Messias des Altentestaments zu identifizieren. (Joshua bedeutet Jesus, Sohn des Fischgottes)

- Gemälde über Christus –

Gemälde über Christus waren erst nach Konstantins Zeit möglich, als das jüdische Element unter den Anhängern der neuen Religion beinahe ausgemerzt worden war. Die Juden, Apostel und Jünger, denen die Zoroastrier und Parsen hatten eine heilige Scheu vor jeder Art von Abbild, sie hätten als eine schändliche Erniedrigung ihren Meister in einem Gestalt angesehen. Das einzige autorisierte Bildnis zurzeit Tertullians war eine allegorische Darstellung des guten Hirten, und das nicht als Porträt, sondern die Gestalt eines Menschen mit einem Schakalenkopf.

- die Geschichte von Adam und Eva –

Die „Adam- und Eva- Geschichte" der Hindus wird in dem uralten „Purana", der „Srimad Bhagavata", beschrieben. Der erster Mann in körperlicher Form und sein Weib, als wahres Ebenbild gekannt. Ihre fünf Kinder heiraten die Prajapatis, aus diesen ersten Familien entstand das Menschengeschlecht.
Das 1.Buch Moses ist tief symbolisch und darf nicht wörtlich ausgelegt werden. Der darin erwähnte Baum des Lebens hat mit einem Apfelbaum nichts zu tun, mit diesem Baum ist der menschliche Körper gemeint. Das menschliche Rückrat gleicht einem umgekehrten Baum, die Haare sind die Wurzeln und

die motorische und sensorischen Nerven seine Äste. Der Baum des Nervensystems trägt viele genießbare Früchte, nämlich die Sinneswahrnehmungen. Diese darf der Mensch rechtmäßig genießen, doch der Geschlechtsgenuss, die „Frucht" in der Mitte des Körpers wurde ihm untersagt. Die „Schlange" ist die zusammengerollte Energie am Ende des Rückrats, welche die Geschlechtsnerven anregt. Adam ist die Vernunft und Eva ist das Gefühl. Wenn das Gefühl des Menschen von sexuellen Impulsen beherrscht wird, kapituliert auch seine Vernunft.

Als Gott das Menschengeschlecht erschuf, materialisierte „Er" kraft Seines Willens männliche und weibliche Körper verlieh den neuen Lebewesen die Fähigkeit, sich auf ähnliche unbefleckte oder göttliche Art zu vermehren. In Adam, dem Manne herrschte die Vernunft vor, und in Eva, der Frau, überwog das Gefühl, womit das Prinzip der Dualität oder Polarität, das der ganzen Welt der Erscheinungen zugrunde liegt, zum Ausdruck kam. Solange sich der menschliche Geist nicht von der Schlangenkraft tierischer Gelüste verlocken lässt, verbleiben Vernunft und Gefühl gemeinsam im Himmel der Freude. Gott das göttliche Bewusstsein riet dem ersten erschaffenen Paar, alle Sinnenfreude zu genießen, mit einer einzigen Ausnahme, dem Geschlechtsgenuss. Dieser war ihnen untersagt, damit die Menschheit nicht in die niedrigere, tierische Zeugungsart zurückfalle. Doch Adam und Eva beachteten die Warnung nicht und sie verloren die paradiesische Freude, die den ersten, vollkommenen Menschen ewig war. Das Wissen um Gut und Böse, das Eva von der Schlange versprochen wurde, bezieht sich auf die relativen und gegensätzlichen Erfahrungen. Gut kann ohne das Böse nicht existieren. Viele Theologen haben die Worte Christi falsch ausgelegt.

- die zehn Tugenden -

Im Buch „Mnu VI sloka 92" das mehrere Tausende von Jahren gibt, findet man die Tugenden wieder; Verzichtleistung, Übels mit Gutem vergelten, Mäßigkeit, Reinheit, Unterdrückung der Sinne usw.

- die zehn Gebote -

Die zehn Gebote der Christen findet man in den zehn Vorschriften des Buddhismus wieder, z. B in der „Pratimokscha Sutra".

- die Arche -

Die Arche ist die heilige „Argha" der Hindus. So kann die Bezeichnung, in der sie zu Noahs Arche steht, leicht verfolgt werden, wenn wir erfahren, dass die „Argha" ein längliches Schiff war, das von den Hohenpriestern als Opferkelch und bei der Verehrung Isis, Astarte und Venus - Aphrodiete, die allen Gottheiten der zeugenden Mächte der Natur oder der Materie waren, benützt wurden, daher sie symbolisch die Arche darstellen, die die Keime alles Lebenden enthält und aufbewahrt. Sie dienen zur Wiederbevölkerung der Erde, stellt die Fortdauer des Lebens, die Erhabenheit des Geistes über die Materie und den Widerstand der gegnerischen Mächte der Natur dar.

Wie wenig Jesus Persönlichkeit in seinem eigenen Jahrhundert bekannt war, sollte die Kirche erstaunen. Renan zeigt, dass Philo, der gegen das

Jahr 50 starb und der viele Jahre früher als Jesus geboren war und die ganze Zeit in Palästina lebte, während die frohe Botschaft Jesu überall im Lande gepredigt wurden, wie es in den Evangelien heißt, nie etwas von ihm gehört hatte! Wir finden im Buch " Die ewige Suche des Menschen „ von Sri Yogananda auf der Seite 362 steht folgendes: „ Es stimmt, dass Christus während der achtzehn Jahre seines Lebens, die in der Bibel nicht erwähnt werden, größtenteils in Indien lebte und bei großen indischen Meistern lernte."

Josephus, der Geschichtsschreiber, der 3 oder 4 Jahrzehnte nach dem Tode Jesu geboren wurde, erwähnt seine Hinrichtung in einem kurzen Satz, und sagt selbst jene wenigen Worte „ von einer Christenhand" abgeändert wurden. Der Autor schrieb sein Buch „Leben Jesu" am Ende des ersten Jahrhundert. Suetonius, der Sekretär Hadrians, der im ersten Viertel des zweiten Jahrhunderts lebte, weiß sowenig von Jesus und seiner Geschichte, dass er sagt „Kaiser Klaudius verbrannte alle Juden, die unausgesetzt Aufruhr verursachten in Folge Aufreizung eines Chrestos" (womit er Christus meinte, so müssen wir annehmen).

Der Kaiser Hadrian, der selbst noch später schrieb, war von den Aussprüchen und der Wirklichkeit der neuen Sekte so wenig verständigt, dass er in einem Brief an Servianus schreibt; "Die Christen sind die Verehrer des Serapis"!

Swami Sri Paramahansa Yogananda (im Buch " Die ewige Suche des Menschen, Seite 225") sagt: „ Während der letzten Meditation kam Jesus mehrmals zu mir: zuerst als kleines Kind, dann als erwachsener Mann und schließlich so, wie er vor der Kreuzigung aussah. Ich hatte erwartet lange meditieren zu müssen, bevor er zu mir kommen würde. Doch er überraschte mich!" Auf der Seite 345 schreibt er: „Ich weiß, dass Christus wirklich ist, denn ich habe ihn viele Male gesehen; Jesus war nicht so hellhäutig wie die meisten von euch in den westlichen Ländern. Er hatte eine dunkle Hautfarbe. Und seine Augen waren nicht hellblau, wie viele Maler sie darstellen; sie waren dunkel. Auch sein Haar war nicht blond, sondern ebenfalls dunkel". Ein vergleich mit Jesus und Krishna kann man auf der Seite 351 lesen. Er sagte, dass sowohl Jesus als auch Krishna von frommen, gottesfürchtigen Eltern geboren wurden. Krishnas Eltern von seinem lasterhaften Onkel, König Kamsa, verfolgt; die Eltern Jesu wurden von König Herodos bedroht. Jesus wurde mit dem guten Hirten verglichen, und Krishna war während seiner Jugend ein Kuhhirt- als er sich vor Kamsa verbergen musste.

Nach einem Spruch von Jesus; „Wahrlich sage ich euch, unter denen die vom Weibe geboren sind, ist kein größerer erstanden als „Johannes der Täufer". Und von wem war er geboren, wenn er so spricht? Nur die Römisch-Katholiken haben Maria in eine Göttin verwandelt. Der Erzengel Gabriel sagt zu Maria; „ Gesegnet bist du unter den Weibern", er verehrt sie nicht mal als "Mutter Gottes" noch spricht er sie als „Jungfrau" an, sondern nenn sie als „Weib" und zeichnet sie unter anderen Weiber aus, da sie durch ihre Reinheit sie mehr Glück gehabt hatte.

Nach strenger Logik, bekannte sich Jesus offen, dass Johannes größer sei als er. Im Buch „Autobiographie eines Yogis, Seite 410" sagt Swami Sri Paramahansa Yogananda, „…also gebührt es uns, alle Gerechtigkeit zu erfüllen; so sprach Jesus zu Johannes dem Täufer, ehe er sich von ihm taufen ließ, und brachte damit zum Ausdruck, dass er die göttliche Rechte seines Gurus anerkannte."

Zahlreiche Stellen in der Bibel deuten darauf hin, dass Johannes der Täufer der Guru Jesu in seiner letzten Inkarnation Elias und Jesus sein Jünger Elisa war. Elisas spätere Inkarnation als Jesus wurde schon vor mehreren Jahrhunderten vorausgesagt, denn er war dazu bestimmt, Gottes Plan zu verwirklichen. Diese Prophezeiung ist im Buch des **„Jesaja" (7, 14)** enthalten, der acht Jahrhunderte vor Christus lebte: „Darum so wird euch der Herr selbst ein Zeichen geben: Siehe eine Jungfrau ist schwanger und wird einen Sohn gebären, den wird sie heißen Immanuel". Matthäus beschreibt das Ereignis der Geburt Christi mit folgenden Worten: "Das ist aber geschehen, auf dass erfüllet würde, was der Herr durch den Propheten gesagt hat, der da spricht: Siehe eine Jungfrau wird schwanger sein und einen Sohn gebären, und sie werden seinen Namen Immanuel heißen, das ist verdolmetscht: Gott mit uns." Jesus hatte in der Schule vieler Inkarnationen alle nötigen Erfahrungen gemacht und das materielle Bewusstsein vollkommen überwunden. Darum sagte der Himmlische Vater von ihm: „Dies ist mein lieber Sohn, an welchem ich Wohlgefallen habe." Das Alte Testament endet sogar mit einer Prophezeiung, welche die Wiedergeburt von Elias und Elisa verkündet: „

Siehe, ich will euch senden den Propheten Elia, ehe denn da komme der große und schreckliche Tag des Herrn". Und so wurde Johannes (Elias), „ehe denn da komme... der Herr", d. h kurz vor Christus, geboren, um dessen Kommen zu verkünden. Ein Engel erschien seinem Vater Zacharias und offenbarte ihm, dass sein zukünftiger Sohn Johannes niemand anders als Elis sein würde.
Als Christus auf dem Berge verklärt wurde, erblickte er seinen Guru Elias. Im Augenblick der höchsten Not am Kreuz rief er aus: „ Eli, Eli, lama asabthani? Das ist: Mein Gott, mein Gott, warum hast du mich verlassen? Etliche aber die da standen, da sie das hörten, sprachen sie: Der ruft den Elia... lass sehen, ob Elia komme und ihm helfe."

In Palästina haben wir nach den klarsten Wässern des Christentums zu suchen, dort wo seine Quelle in Ruhe gelassen wurde. Die ersten Christen vereinten sich alle nach dem Tode Jesu für einige Zeit, seien sie Ebionisten, Nazaräner, Gnostiker oder andere. Sie hatten keine christlichen Dogmen in jenen Tagen, und ihr Christentum bestand darin, dass sie glaubten Jesus sei ein Prophet und ein Adept. Alle vereinigten sich in der Synagoge den tyrannischen Sittengebräuchen der Pharisäer zum Trotze, bis sich die ursprüngliche Gruppe in zwei scharf getrennte Zweige spaltete. Die eine waren die christlichen Kabbalisten der jüdischen Tanaim Schule und die anderen die christlichen Kabbalisten der platonischen Gnosis. Die ersteren wurden gebildet aus dem Teile, der sich aus den Nachfolgern „Petri und Johannes des Verfassers der Apokalypse"(heute die Juden in Israel) zusammensetzte, die anderen rangierten unter der Paulanischen Christenheit, die am Ende des zweiten Jahrhunderts mit der platoschen Philosophie verschmolz und später die gnostischen Sekten verschlang, deren Symbole und missverstandener Mystizismus die Kirche Roms überschwemmte (heute die Katholische Kirche).

In den Nostradamus Centurien findet man sogar die Zeitangabe für die Wiedervereinigung der beiden Religionen „das Judentum und das Christentum".
- Centurie II. Vers 60 für das Jahr 2260 -
„Großer Jude und die Rose die Gesetzesverfassung wechseln wird."
Und im Jahre 2208 also in genau 200 Jahren wird die große Reformation der Kirche erfolgen und sie zu den Lehren der Urchristen, also zu ihrem Ursprung zurückfinden!

Im Jahre 2443 sind schon die wahren Religionen - diejenigen, die nur Harmonie und Liebe verbreiten und ihre Dogmen abgeschafft haben - zu einer universellen „Kirche" zusammen geschmolzen und beginnen mit einer Raumstation das Weltall zu missionieren. Zu diesem Zeitpunkt haben die Weltanschauungen in ihrem Entwicklungszyklus ein Stadium erreicht, in dem die Toleranz und Güte vorherrschen werden. Man wird zwischen den wahren Religionen keine unterschiede mehr haben, denn sie alle werden die Wahrheit vertreten und zwar das **reinste Bewusstsein** oder das, was wir als **„Gott"** nennen.

Während die Lehren, der ethische Codex, und die Gebräuche der christlichen Religion alle dem Brahmanismus (heute Hinduismus) und Buddhismus entnommen und angeeignet wurden, wurden ihre

Zeremonien, Kleider und Anhängsel leibhaftig aus dem Lamaismus übernommen. Die römischen Mönchs- und Nonnenordnen sind Kopien ähnlicher Religionshäuser in Tibet und der Mongolei. Aber selbst jetzt, wo die Übersetzung und die Prüfung des alten Sanskrits, Pali's und Elu's (die alten Überlieferungen Asiens und Orients wurden in diesen Sprachen verfasst) als eines Vergleichpunktes so leicht geworden ist, würdet ihr nicht möglich halten, dass jede Philosophie, sei sie semitisch, hamitisch, oder turanisch wie sie es nennen, ihren Schlüssel in den hinduistischen heiligen Werken besitzt. Wir finden die „Hindu- Trimurph" dreifach offenbart, was die Christen als offenbarte Dreieinigkeit erst 325 Jahren nach Ch. einführten. Derart ist das gegenwärtige Aussehen dieser drei großen Religionen, von jede der Reihe nach sich in ihrer Nachfolgerin widerspiegelt.

Jeder die Vernunft nicht erhaltene und bereichernder Glaube, jedes das Leben der Intelligenz und die Spontanität des freien Willens leugnende Dogma schafft den Aberglauben; wahre Religion beweist sich durch Geist und rechtfertigt sich durch Vernunft, wenn sie sie auch einem notwendigem Gehorsam unterwirft. Dies ist das Merkmal in Religion und Philosophie.

Zum Schluss möchte ich noch die Namen der Vorsteher in der Astralebene erwähnen, die unsere Religionsysteme und Kulten auf der grobstofflichen Ebene überwachen und sie bei einer Evokation mit ihnen auch preisgeben.

Gagison (27 Grad Stier) – dieser Vorsteher gilt in der Astralebene als Universal-Philosoph. Durch Intuition lässt er den Magier oder den Eingeweihten alle Religionssysteme, die es auf unserer Erde bisher gegeben hat und zurzeit gibt, in ihrer wahren Gesetzmäßigkeit erkennen. Derjenige Magier, der mit diesem Vorsteher in freundschaftlicher Verbindung steht, kann von ihm unendlich viel lernen und mit seiner Hilfe jedes Religionssystem, das er vom hermetischen Standpunkt aus erforschen will, durchblicken und die Universalgesetze darin finden. Gleichzeitig kommt er darauf, inwieweit die Universalgesetze verhüllt, verschleiert oder aus etwaigen anderen Gründen verstümmelt wurden. So wird er sehen, dass von alters her alle Religionssysteme wie ein Ariadenfaden die Universalgesetze verfolgen und bis zum heutigen Tag in einem Religionssystem mehr, in dem anderen weniger vertreten sind.

Losimon (7 Grad Krebs) – gibt dem Magier Auskunft über die Ur-Mysterien und Ur-Systeme von Religionen der ältesten Völker unserer Erde und auch darüber, welcher magischen Phänomene die Völker damals, vor allem die Hohepriester, fähig waren.

Argaro (12 Grad Jungfrau) – ist ein Behüter aller Reliquien, Heiligtümer, Tempel, Kirchen, Heiligenstatuen, Heiligenbilder usw., ferner aller Religionen der Welt von der Urzeit angefangen bis in die Neuzeit. Ein Magier, der sich mit diesem Vorsteher in Verbindung setzt, wir von ihm darüber aufgeklärt, auf welche Weise göttliche Ideen,

Gottheiten durch Symbole, Heiligenbilder, Statuen, Tempel usw. versinnbildlicht werden. Auch über die umgekehrte Art belehrt Argaro den Magier, und zwar wie solche Bilder, Statuen, Denkmäler als personifizierte Gottheiten ihre wahren Entsprechungen der Göttlichen Ideen, Begriffe usw. darstellen. Argaro klärt den Magier auch über Kulthandlungen auf, die mit personifizierten Gottheiten vorgenommen werden und offenbart ihm ihren geheimen Sinn.

Algebol (13 Grad Jungfrau) – ist Wissender und Lenker aller traditionellen Kulthandlungen, Rituale und Zeremonien sämtlicher Religionssysteme. Mit Recht könnte dieser Vorsteher als Zeremoniemeister angesehen werden. Den Magier macht er mit sämtlichen Zeremonien, Ritualen und Gebräuchen bekannt, die jemals eine Religion oder Sekte hatte und zurzeit noch hat, und klärt ihn gleichzeitig über den geheimen Sinn auf. Dadurch gibt er dem Magier die Möglichkeit, den wahren magischen Wert, die Kraft oder Dynamik eines Rituals oder einer Zeremonie kennen zu lernen.

Golema (8 Grad Zwillinge) – könnte man als einen hervorragenden okkulten Philosophen bezeichnen, denn nicht nur, dass dieser Vorsteher sämtliche Gesetze unserer Welt und der ganzen Astralebene kennt, vermag er dem Magier, falls sich dieser mit Golema in Verbindung setzt, die Fähigkeit beizubringen, die schwierigsten Probleme leicht verständlich in unsere grobstoffliche Sprache, also in die Sprache des Intellektes, zu übertragen. Wie schwer es manchmal ist, okkulte oder philosophische Themen in derartige Worte zu kleiden, damit diese Themen auch einem Nichteingeweihten verständlich sind, weiß nur derjenige, der sich eventuell als okkulter Schriftsteller oder als Lehrer und Berater in dieser Hinsicht betätigt.

8. Kapitel

Der Sinn des Lebens und der Schöpfer

Wir sind in diese Welt gesetzt worden, ohne zu wissen, woher, und möchten natürlich gern mehr über den Ursprung und Sinn des Lebens erfahren. Wir haben von einem Schöpfer gehört und über Ihn gelesen, wissen aber nicht, wie wir mit Ihm Verbindung aufnehmen sollen. Wir wissen nur, dass das ganze Universum eine höhere Intelligenz voraussetzt.

Man kann die Welt mit einem Theaterstück vergleichen. Die Schauspieler tauchen nicht einfach aus dem Nichts auf, sondern es gibt einen Raum hinter den Kulissen. Und wenn das Spiel aus ist, hören die Schauspieler nicht etwa auf zu existieren, sondern sie gehen nur hinter die Bühne, um sich auszuruhen. Der Große Regisseur hat es so eingerichtet, dass wir hier herkommen, um einige Zeit auf der Bühne des Lebens zu spielen, und dann treten wieder ab. Wir sind nicht tot, wir sind nur hinter den Kulissen, verborgen hinter dem Vorhang der Zeit, so wie der Regisseur es fordert. Und auf dieser Bühne des Lebens werden wir erscheinen, bis wir solche gute Schauspieler geworden sind, dass wir unsere Rollen vollkommen im Einklang mit der Göttlichen Vorsehung spielen. Dann wird Er uns sagen: „Du brauchst nicht mehr aufzutreten, Du hast meinen Willen erfüllt. Du hast meine Rolle gut gespielt und bist ein vortrefflicher Darsteller gewesen. Nun kannst du zu Mir zurückkehren und zu „einer Meiner unsterblichen Säulen im Tempel der Ewigkeit werden."

Wie könnt ihr nun feststellen, welche Rolle richtig für euch ist? Wenn wir alle den König spielen wollen, wer soll dann der Diener sein? Auf der Bühne sind König und Diener gleich wichtig, solange sie ihre Rollen gut spielen. Denkt immer daran, dass wir aus diesem Grunde so unterschiedlich in die Welt gesandt sind. Gott hat die Welt als ein Spiel geplant, als ein gewaltiges Drama, das uns unterhalten soll. Wir aber vergessen den Plan des Großen Spielleiters und wollen unsere Rolle so spielen, wie es uns gefällt, und nicht wie Er es haben will. Ihr versagt auf der Bühne des Lebens, weil ihr versucht, eure Rolle anders zu spielen, als es die Göttliche Vorsehung geplant hat. Oft sind die Komiker beliebter als die Könige, es hat deshalb wenig zu sagen, ob eure Rolle bedeutend oder unbedeutend ist, solange ihr sie gewissenhaft spielt. Stellt euch innerlich auf den Geist ein, dann ihr werdet eure Rolle in diesem „Erdendrama" richtig spielen. Ihr seid nicht zum Leiden bestimmt. Wer eine tragische Rolle erhält, muss sich immer sagen, dass er lediglich der Darsteller ist. Kümmert euch nicht um die Art der Rollen, die ihr zugewiesen bekommt. Bemüht euch viel mehr, sie gut zu spielen, das heißt im Einklang mit den Einweisungen des Großen Spielleiters, dann kann auch eure kleine Rolle lehrreich für andere sein. Vergegenwärtigt euch immer, dass durch euch eine bestimmte Ausdrucksform der unendlichen Kraft des Geistes auf der Bühne der Welt erschienen ist. Dieser Unendliche Geist schafft neuen Erfolg. Er will nicht dass ihr zu Automaten werdet. Stellt euch auf die Kosmische Kraft ein, und ganz gleich, ob ihr in einer Fabrik arbeitet oder mit Geschäftsleuten zu tun habt, wiederholt innerlich ständig: „In mir schlummern unendliche schöpferische Kräfte. Ich will nicht ins Grab sinken, ehe ich gewisse Dinge vollbracht habe. Ich bin ein Gottmensch, ein Vernunftwesen, ich bin die Kraft des Geistes und die dynamische Quelle meiner Seele. Ich will in dieser Welt, im Reich der Gedanken und in der Sphäre der Weisheit neue Entdeckungen machen. Ich und mein Vater sind eins und ich kann ebenso wie mein Vater und Schöpfer alles, was ich mir Wünsche, erschaffen."

Solange sich der Mensch mit seinem oberflächlichen „Ich" identifiziert, glaubt er auch, dass er es ist, der denkt, will, fühlt, Nahrung verdaut und sich am Leben erhält. Nie wird er zugeben (obwohl ihm nur ein wenig Nachdenken diese Einsicht vermitteln könnte), dass er im täglichen Leben nichts als eine Marionette ist, deren Verhalten vom Karma (ehemaligen Handlungen), von der Natur und von der Umgebung bestimmt wird. Alle verstandsmäßigen Reaktionen, Gefühle Stimmungen sind nichts anders als die Wirkungen der jetzt oder in früheren Leben von ihm selbst erzeugten Ursachen. Das einzige Gesetz des Karmas ist unbedingte Harmonie, sowohl in der Welt der Materie als auch in der Welt des Geistes. Dieses Gesetz ist ewig und unwandelbar. Nicht Karma belohnt oder bestraft also, sondern wir belohnen oder strafen uns selbst, wobei entscheidend ist, ob wir mit der Natur, durch sie und in ihr handeln, indem wir uns an die Gesetze halten, auf denen diese Harmonie beruht, oder ob wir sie brechen.

Alle spirituellen Lehrer der Menschheit haben uns übereinstimmend erklärt, dass es der Sinn unseres Lebens auf dieser Erde ist, die Einheit mit unserer grundlegenden, erleuchteten Natur zu erreichen. Die Aufgabe, für die der Spielleiter uns in diese fremdartige Bühne gesandt hat, besteht darin, unser wahres Wesen zu erkennen und zu verkörpern. Zur Erfüllung dieser Aufgabe gibt es nur einen einzigen Weg: mit allem Eifer und Mut, mit aller nur möglichen Intelligenz und unbeugsamen Entschlossenheit zur Transformation die spirituelle Reise anzutreten. Wie der Tod in der „Katha-Upanishad" zu Nachiketa sagt: „Es gibt den Pfad der Weisheit und den Pfad der Unwissenheit. Sie liegen weit auseinander und führen zu verschiedenen Zielen. Inmitten der Unwissenheit sich für gelehrt und weise haltend, irren die Toren zeitlos umher, wie Blinde von Blinde geführt. Der eigentliche Sinn des Lebens erschließt sich niemals jenen, die neidisch, achtlos oder von Reichtum verblendet sind."

Um Das Spiel des Lebens besser verstehen zu können, muss man erst herausfinden wer der „Große Regisseur" (Gott) hinter der Bühne ist, und wie die Spielregeln des Großen Spielleiters auf das ganze Universum ausgerichtet sind, damit wir unsere Rolle so spielen können, wie er das haben will.

Das grundlegende Gesetz dieses kosmischen Systems, der zentrale Punkt aus dem alles entstanden ist, um den alles kreist und dessen Gravitation alles unterliegt, und von dem, letztlich, alle restlichen Prinzipien des Daseins ausgehen, ist das Eine homogene göttliche Substanz-Prinzip, die eine wurzelhafte Ursache. Es heißt „Substanz – Prinzip" (Religionen bezeichnen es Gott, Akasha, Raum, Kosmisches Bewusstsein, Äther, Göttliche Vorsehung usw.), weil es im Bereich des manifestierten Universum zur Substanz, zur Illusion wird, während es aber im anfangs- und endlosen, im abstrakten, sichtbaren und unsichtbarem Raum Prinzip bleibt. Es ist die allgegenwärtige Wirklichkeit, es ist unpersönlich, weil es alle Dinge erhält. Seine Unpersönlichkeit ist das grundlegende Konzept des Systems. Es ist latent in jedem Atom des Universums. Es ist das Universum selbst, das die periodische Manifestation dieses unbekannten absoluten „Seins" ist. Da keine Persönlichkeitselemente in seinem Wesenkern enthalten sind, können sie keine persönlichen Eigenschaften besitzen, wie sie z. B. der Mensch in den exoterischen Religionen seinem anthropomorphen Gott zuschreibt; einem eifersüchtigen, exklusiven Gott, der Freude und Zorn empfindet, sich über Opfer freut und in seiner Eitelkeit despotischer ist als der dümmste sterbliche Mensch. Es ist in der Tat unwahrscheinlich, dass „Gott" (Substanz-Prinzip) Seine Genialität in der Erschaffung dieser irdischen Welt erschöpft haben sollte, oder dass Er uns in der jenseitigen Welt nichts Interesanteres zu bieten hätte als Harfengeklimper!

Es gibt nur eine unteilbare und absolute Allweisheit und Intelligenz im Universum, sie vibriert in jedem Atom (Schwingung) und in jedem kleinsten Punkt des ganzen Kosmos, die keine Grenzen kennt, vom Menschen Raum oder Gott genannt und unabhängig von allen in ihm enthaltenen Dingen betrachtet wird. Das Universum und alles in ihm Enthaltene wird in der indischen Philosophie „Maya" (Täuschung) genannt, weil alles darin enthaltene, sei es das kurze Leben einer Eintagsfliege oder das der Sonne, nur vorübergehende Natur ist. Für den Menschen ist es eine notwendige Wahrheit, dass das Universum in seiner Wechselhaftigkeit und Vergänglichkeit im Vergleich mit der ewigen Unwandelbarkeit des Einen, diesem unveränderlichen Prinzip, nichts weiter als eine Täuschung ist. Aber trotzdem besitzt dieses Universum Wirklichkeitscharakter für die in ihm lebenden, mit Bewusstsein ausgestatteten Geschöpfe, obwohl sie selbst natürlich genauso unwirklich sind wie das Universum.

Dieses Prinzip („Gott") formt aus sich selbst heraus alle vergänglichen vibrierenden Wellen/Schwingungen- die des Geistes, der Energie und der Materie; Elektronen, Protonen, Atome, Moleküle, Zellen und Gebilde aus fester Materie-Sternhaufen, die im weiten Raum schweben und von Energiestrahlungen umgeben sind. Demnach ist die „Intelligente Kosmische Schwingung" der Ursprung aller erschaffenen Dinge. Das Kausalgesetz von Ursache und Wirkung (Karma) gilt nur in der äußeren Schöpfung und verliert sich jedoch im Unendlichen. Das Unendliche erschuf das Kausalgesetz, welches wiederum alle vergänglichen Dinge ins Leben rief, doch das Unendliche selbst existiert ohne Ursache. So wie in einer absoluten Monarchie der Herrscher sämtliche Gesetze für sein Königreich erlassen kann, ohne selbst an sie gebunden zu sein, so erschafft auch der König des Universums in Seinem Reich alle Gesetze für Sein Reich- einschließlich des Kausalgesetzes- durch die Er Seine vergängliche Schöpfung regiert. Er selbst aber steht über Seinen Gesetzen. In der „Bhagavad Gita" steht: „Ich, der Unmanifestierte, durchdringe das ganze Universum. Alle Wesen wohnen in Mir, doch ich wohne nicht in ihnen." Obgleich Gott/Prinzip allen Dingen innewohnt, unterliegt er keiner Weise der Vergänglichkeit. Nur wir Menschen haben Raumbewusstsein oder Zeitbewusstsein, in allen anderen Sphären wie in der Astral- oder Mentalwelt gibt es sie nicht! Im manifestierten Zustand zeigt sich Seine Allmacht in voller Tätigkeit. Und während der kosmischen Auflösung wird alle Kraft, alle kosmische Intelligenz einschließlich des Kausalgesetzes untätig und löst sich im Absoluten auf, um dort auf den nächsten Zyklus der „schöpferischen Offenbarung" zu warten. Doch in unmanifestierten Zustand besteht das Unendliche nur als Geist (es wird nur ein „Göttliches Bewusstsein" und kein individuelles Bewusstsein wie das des Menschen geben), der alle Kräfte in sich aufgelöst hat. Aus dem Raum heraus kommen das Licht, die Sternnebel und das Wetter, und in den Raum ziehen sie sich zurück und lösen sich auf. Das Unendliche, das jenseits der Begriffe von Intelligenz, Energie, Raum und Zeit besteht, die sich alle durch Schwingungen kundtun, ist also ein Ding für sich. Die erste Schwingung war das Wort/Laut „OM", das in der Meditation als ewige Kraft, die ohne Anfang und ohne Ende ist, gespürt und gehört werden kann. Aus diesem kosmischen Bewusstsein sind alle äußeren

Erscheinungsformen durch die OM- Schwingung erschaffen worden.

In der „Bhagavad Gita" steht: „ O Arjuna (er ist der Jünger von Krishna)! Es gibt nichts Höheres als Mich, es gibt nichts jenseits von Mir. So wie Perlen auf eine Schnur, so sind alle Dinge auf Mich aufgereiht." Dies werdet ihr nicht verstehen, solange ihr sterblichen Wesen seid und dem Gesetz von Ursachen und Wirkung (Karma) unterliegt. Sobald ihr aber in der Ekstase eins mit Gott (Schwingungslosigkeit) werdet, wisst ihr genau, wie und was Gott(Prinzip) ist; ohne Anfang und ohne Ende, ein Bewusstsein ohne Ursache. Und wenn ihr eins mit ihm seid, werdet ihr wissen, dass ihr ebenfalls das Ursachlose, Ewige seid.

Als sterblicher Mensch seid ihr eine Schöpfung Gottes und müsst eure Rolle auf der Erde so lange spielen bis ihr die Erleuchtung (Zustand der Schwingungslosigkeit) erlangt habt, und mit dem ewigen „Kosmischen Bewusstsein" eins geworden seid. Der Mensch ist einzig deshalb auf die Welt gekommen, um sich mit seinem Höheren Selbst zu vereinigen und seiner Macht über den Kosmos bewusst zu werden. Wenn der Mensch dieses Geheimnis verstanden hat, wird er auch das Geheimnis von Leben und Tod entschleiern können. Und dieses Geheimnis hängt aufs engste mit dem Atem zusammen. Ohne Atem zu leben, bedeutet den Tod zu überwinden. Da die alten indischen Rishis (Weisen) diese Weisheit erkannt haben, machten sie sich die einzigartige Entdeckung hinsichtlich des Atems zu nutze und entwickelten eine genaue und praktische Wissenschaft der Atemlosigkeit.

Von Leben zu Leben schreitet der Mensch seiner eigenen Vergöttlichung entgegen. Der Tod bedeutet keine Unterbrechung in seinem Aufwärtsstreben, sondern bietet ihm nur eine angenehmere Umgebung in der Astralwelt, in der er sich von seinen Schlacken (negativen Schwingungen) reinigen kann. Der Tod bedeutet weder ein Auslöschen des Daseins noch eine endgültige Flucht aus dem Leben. Ebenso wenig ist das Tor zur Unsterblichkeit. Wer sein wahres Selbst im Genuss irdischer Freuden vergessen hat, wir das auch in den ätherischen Freuden der Astralwelt nicht wieder finden. Da der Geist eines abgeschiedenen Menschen in der Astralwelt ("Jenseits") keinen Zeit- und Raumbegriff besitzt, also drüben keine Bewusstseinsstützen hat, nach den er seine Entwicklung messen könnte, sehnt er sich wieder nach der Erde zurück. Nicht nur deshalb, dass er auf Grund des Karmagesetzes von Ursache und Wirkung seine im vorigen Leben begangenen Fehler ausgleichen muss, er sehnt sich vor allem danach, eine neue Möglichkeit der weiteren astralen Entwicklung auf der grobstofflichen Ebene (Erde) zu haben und neue Erfahrungen für die höheren Schichten in der astralen Welt in seinem Geist zu sammeln.

Nur auf dem rauen Amboss dieser Erde kann der Sterbende das Gold seines geistigen Wissens aushämmern. Hält es dann endlich den mühselig erworbenen goldenen Schatz, die einzige Gabe, die der habgierige Tod annimmt, in Händen, hat er seine endgültige Freiheit erlangt und die Kette körperliche Wiedergeburten gesprengt. Das Erdendrama ist damit für den Schauspieler beendet und die Bühne der Erde braucht er nicht mehr zu betreten, um nach Gottes- Gesetz (Ursache und Wirkung; Kausalgesetz) seine Rolle zu spielen. Er ist aufgestiegen und hat die Rolle des „Großen Regisseurs" und „Spielleiters" übernommen. Nur der befreite Mensch kann alle Schwingungsbereiche hinter sich lassen und in den schwingungslosen Urgrund eingehen!

9. Kapitel

Selbst-Verwirklichung

Jeder Mensch kann zu jeder Zeit, egal welche Pflichten er hat, seine Zuneigung höheren Dingen zuwenden und nicht nur Dingen der Erde. Aber es mag ihm nicht freistehen, sein ganzes Leben höherer Arbeit zu widmen, bis er die Forderungen des Karmas befriedigt hat, die er in vergangenen Leben oder im früheren Teil seines gegenwärtigen Lebens bewirkt hat. Er mag sicherlich „Vairagya". empfinden, aber solange noch irgendwelche Pflichten für ihn zu tun bleiben, muss er genügendes Interesse für diese behalten, um sie so vollkommen zu erfüllen, wie sie getan hat. Wenn sein Freiheitsdrang stark genug ist, und wenn nicht sein Karma ihm irgendein unüberwindliches Hindernis in den Weg legt, wird er wahrscheinlich erleben, dass sich ihm der Weg zur Freiheit bald öffnen wird. Vairagya besteht aus zwei Teilen, dem „apara" oder niederen Vairagya und dem „para" oder höheren Vairagya.

Es gibt drei Stadien beim Aufgeben der Bindungen an äußere Dinge. Zuerst wird der Mensch der Dinge müde, die ihn immer erfreuten, trotzdem tut es ihm leid, dass er ihrer müde ist; er wünscht noch, sie genießen zu können, aber er kann es nicht. Dann sucht er wegen dieses Überdrusses woanders nach Befriedigung. Schließlich, wenn er einen klaren Einblick in die höheren Dinge erhascht hat, erwachen seine spirituellen Verlangen, und sie erweisen sich also so verlockend für ihn, dass er nicht mehr an die anderen denkt. Oder aber, nachdem er von der Existenz der höheren Dinge erfahren und beschlossen hat, ihnen zu folgen, stellt er sich ihm zweiten Stadium entweder darauf ein, die Fehler der niederen Dinge zu beobachten und dadurch eine Art künstlichen Eckel vor ihnen zu erzeugen, oder er richtet seinen Willen mit fester Entschlossenheit darauf, ihre Anziehung zurückzuweisen und die Begierden nach ihnen aushungern zu lassen. Schließlich sieht der Mensch wie ihm früheren Fall, vielleicht erst nach vielen Schwankungen, das Höhere; er hört den inneren Ton, der den äußeren tötet. Dann hat er das höhere „Vairagya".

Im mittleren Stadium des Kampfes kommt es häufig vor, dass der Mensch einen wahren Widerwillen gegen die Dinge seiner ehemaligen Lüste empfindet; das ist gewöhnlich ein Zeichen, dass er erst vor kurzem aus ihrer Sklaverei entflohen ist und er noch ihre Anziehung fürchtet. Er fühlt, dass er durch ihre Nähe leicht beschmutzt werden kann, also schaudert er davor zurück und vermeidet sie, oder er greift sie an und versucht, sie mit unsinniger Heftigkeit zu zerstören. All diese verschiedenen Aspekte des zweiten Stadiums sind Formen des niederen „Vairagya". Es gibt auf der Welt einige Menschen, die sich einbilden, es sei möglich, die niederen Dinge weiter mit sich zu tragen und trotzdem Fortschritte auf dem spirituellen Pfad (Selbst-Verwirklichung) zu machen. Manchmal denken sie tatsächlich, dass sie durch verschiedene Arten lasterhafter Erregungen sehr viel Energie erzeugen könnten, die ihnen helfen würde, sie weiter aufwärts zu tragen. Sie fürchten sich farblos zu werden, falls sie die niederen Tätigkeiten ganz unterdrücken würden.

Die aussichtsreichsten Personen auf diesem Weg sind in der Reihenfolge der Vorzüge - 1. der kraftvolle gute Mensch,
- 2. der kraftvolle schlechte Mensch,
- 3. der gewöhnliche gute Mensch.

Kein Mensch kann ein erfolgreicher Krimineller sein, wenn er nicht irgendeine göttliche Eigenschaft stark entwickelt hat. Seine Schlechtigkeit ist die Folge von Unausgewogenheit- wie etwa große Willenskraft und Mut oder Intelligenz ohne Liebe für seine Mitgeschöpfe. Oder große Liebe und Willenskraft ohne Intelligenz kann einen ebenso gefährlichen und schädlichen Menschen ergeben, denn er könnte ein fanatischer Führer von Kräften der Unzufriedenheit und Störung werden. Der lediglich gute Mensch, der in allen Eigenschaften schwach ist- im Willen, der Intelligenz und Liebemacht einen geringen Fortschritt, der allerdings stetig sein kann. Große Menschen haben große Fehler, aber sie können sie schnell loswerden; kleine Menschen haben kleine Fehler, die oft ewig zu bleiben scheinen. Hierin liegt keine Empfehlung für schlechten Lebenswandel. Es deutet darauf hin, dass bloße Unterdrückung niederer Neigungen nicht zu schnellem Fortschritt führt, sondern dass positive und kraftvolle Anstrengung vorhanden sein muss, das auszudrücken, was hoch und gut ist.

Ich möchte euch allen mehr geben als Worte, die nur vorübergehend inspirieren, ich möchte die Tür der Weisheit öffnen, um die geistige Dunkelheit zu schließen. Die nächsten Hinweise sollen und können bei euch einen Schritt zur Selbst-Verwirklichung einleiten:

1. Vergeudet eure Zeit nicht länger mit Blindgläubigkeiten, sondern folgt den untenstehenden erprobten Methoden, die zur Selbst-Verwirklichung führen. Man sagt, dass das Kind sich mit seinem Spielzeug beschäftigt, der Jugendliche mit dem anderen Geschlecht und der Erwachsene mit seinen Sorgen. Wie wenige denken an die eigene seelische Entwicklung und an die ewige Glückseligkeit des Geistes.

2. Sucht die Göttliche Vorsehung während ihr noch jung und kräftig seid, denn wenn ihr erst alt werdet, ist euch dies vielleicht nicht mehr möglich. Wenn die meisten Menschen so weit sind, dass sie den wahren Sinn des Lebens zu verstehen beginnen, ist es zu spät, denn sie müssen viel Zeit dafür aufwenden, die gebrechliche Maschinerie zu versorgen, anstatt sich der Suche nach der Wahrheit zu widmen.

3. Es sind eure eigenen Wünsche, die euch zu Sklaven machen und euch vorspiegeln: „Ich wünsche mir dies oder ich wünsche mir das." Last euer Handeln nicht von euerem Feind, dem kleinen „Ich" diktieren.
Auf der einen Seite des Lebensweges liegt das dunkle Tal der Unwissenheit und auf der anderen das ewige Licht der Weisheit.

Beseitigt die Unwissenheit durch Meditation. Je länger ihr meditiert, umso mehr schädliche geistige Schwingungen verschwinden, die euch seit Generationen krank gemacht haben. Eigenschaften und Gewohnheiten der Menschen sind tiefe oder hohe Schwingungen der Seele oder anders ausgedrückt des Astralkörpers. (alles ist Energie, und Energie in Bewegung erzeugt Schwingungen) So sind einige Menschen leicht gereizt und sie wissen nicht, dass sie schon in vielen früheren Leben gewohnheitsmäßig zum Zorn neigen. Andere sind Sklaven ihres Geschlechtstriebes, weil sie sich seit Inkarnationen schlechte Gewohnheiten angeeignet haben. Daher sollte man sich anstrengen diese Gewohnheiten/Schwingungen abzugewöhnen.

4. Es gibt keinen anderen Erlöser als euer SELBST. Für diejenigen, die falsch handeln, ist das SELBS ein Feind. Ihr liegt in den Ketten der Unwissenheit und der schlechten Gewohnheiten gefangen. Ihr leidet nur deshalb, weil ihr eure falschen Gewohnheiten nicht aufgeben wollt. Jede Seele muss ihren Weg allein zurückfinden. Nur ihr selbst seid für euer Fehler und Gewohnheiten verantwortlich. Sobald ihr das SELBST in eurer eigener Seele gefunden habt, seid ihr frei. Solange aber ihr nicht frei seid, besteht noch Gefahr; ihr werdet immer wieder zur Erde zurückkehren müssen, um eurer Wünsche zu befriedigen. Der Mensch ist es, der sein irdisches Los bestimmt. Gott ist für die guten oder schlechten Taten irgendeines Menschen weder verantwortlich, noch nimmt er Notiz davon. Sowohl gutes als auch schlechtes Karma sind das Ergebnis von Handlungen, die von

Menschen ausgeführt werden, welche irrtümlicher Weise glauben ihr wahres SELBST sei mit dem Weltlichen verbunden, was nicht zutrifft. Das Göttliche ist absolute Vollkommenheit, Ausgeglichenheit und Seligkeit. Weltliche Taten haben mit dieser Reinheit nichts zu tun. Wer in der Lage ist sein Bewusstsein in die höheren Sphären zu versetzen, der wird nicht mehr daran glauben, dass die Erde wie aus theologischer Sicht immer noch „eine Scheibe ist"! (Es ist nicht „Gottes Wille" wie die Kirche es sagt, wenn jemand z.B. durch ein Auto überfahren wird!)

5. Wenn der Wille durch wiederholte Schwierigkeiten erschüttert worden ist, kann er zeitweilig gelähmt werden, doch der entschlossene Mensch bringt höchste Willenskraft zum Ausdruck. „Es geht nicht" müssen im Gehirn ausgelöscht werden, glaubt nicht ihr könnt gewisse Dinge nicht tun, weil ihr nur in eine Familie geboren seid, in der bestimmte Gewohnheiten vorherrschen und eure Willenskraft einschränken. Freunde, "die es mit uns gut meinen" können viel Unheil anrichten. Gott bewahre uns vor Ihnen! Der Umgang übt den größten Einfluss auf unseren Willen aus.

6. Abgeschiedenheit ist der Preis, den man für Selbst-Verwirklichung zahlen muss. Egoismus, Stolz, Gier, Ärger und andere hässliche Auswüchse der Ichbezogenheit behindern den Menschen in seiner geistigen Entwicklung, so dass er weiterhin im elenden Zustand seelischer Unwissenheit lebt. Denkt nicht, dass ihr dauernd in der Gesellschaft anderer Menschen sein müsst. Doch wenn ihr mit

anderen zusammen seid, tut alles, was ihr könnt, um
ihnen zu helfen. Wenn ihr mit Menschen Umgang
pflegt, die nur an geselligem Beisammensein
interessiert sind, vergeudet ihr eure Zeit.
Die Welt nimmt auch ohne euch ihren Lauf. Ihr seid
nicht so wichtig, wie ihr glaubt.

7. Die meisten Menschen sind wie ein Schwamm;
sie ziehen alles aus euch heraus, und ihr erhaltet
selten etwas zurück. Es hat nur dann einen Sinn mit
anderen zusammenzukommen, wenn es sich um
aufrichtige, charakterfeste Menschen handelt und
wenn jeder die Aufrichtigkeit und seelische Stärke
des anderen schätzt, so dass ihr edle Eigenschaften
austauschen könnt. Es ist günstiger für die
Gesundheit, für die Nerven und für ein langes
Leben, wenn man nicht ständig mit anderen
Menschen zusammen ist. Die meisten sind nur daran
interessiert, etwas durch euch zu gewinnen. Die
meisten Menschen sind voll von negativen
Schwingungen, die sie selbst durch Gier, Stolz,
Neid, Eifersucht etc. erschaffen haben. Seien wir uns
bewusst, dass wir ständig, mit jedem Gedanken und
jedem Gefühl, eine Art Wesenheit (Schwingung mit
etwas Intelligenz, wie z. B. Elementale) erschaffen,
das nach seiner Bestimmung (sie erzeugen
Gewohnheiten) wirken will! Diese „Elementale"
sind mit der Aura, dem Energiefeld seines Schöpfers
verbunden und wirken dort in seinem Umfeld und in
ihm selbst. Also, sprecht über nichts Böses, denkt an
nichts Böses und tut nichts Böses. Jeder Gedanke
des Menschen geht, sobald er entwickelt wurde, in
die innere Welt über und wird zu einem aktiven
Wesen, indem er sich mit einem Elemental

verbindet, das bedeutet mit einer der
halbintelligenten Kräfte der Naturreiche. Er lebt
weiter als eine aktive Intelligenz, ein vom Verstand
gezeugtes Geschöpf während eines längeren oder
kürzeren Zeitraumes, entsprechend der
ursprünglichen Intensität der Gehirntätigkeit, die ihn
erzeugte. So wird ein guter Gedanke als eine aktive,
wohltätige Kraft aufrechterhalten, ein schlechter als
ein schädlicher Dämon. Und so bevölkert der
Mensch ständig seinen Strom im Raum mit einer
ihm eigenen Welt, die mit seinen Phantasien,
Vorstellungen, Wünschen, Impulsen, und
Leidenschaften dicht angefüllt ist, eine Strömung,
die sich auf jeden sensitiven oder nervösen
Organismus, der mit ihr in Berührung kommt,
entsprechen ihrer dynamischen Intensität auswirkt.
Wir sind also voll von unseren eigenen
Schöpfungen, die direkt oder indirekt unseren
Charakter und unser Schicksal formen.

Unser Bestreben ist es, unseren Charakter im
Gleichgewicht zu halten und uns ständig zu
veredeln. Das ist nur möglich, wenn wir unser
Schwingungsfeld/Energiefeld sauber halten und
erhöhen. Depression ist etwas sehr Reales, aber sie
ist immer selbst geschaffen oder selbst- zugelassen.
Manchmal kommt sie von schlechter Gesundheit,
Übermüdung oder nervlicher Belastung. Bei anderen
kommt sie von der Astralwelt, wo es viele so
genannte tote Menschen in einem depressiven
Zustand gibt. Es ist deshalb nicht immer unsere
eigene Schuld, dass die Depression kommt, aber
man ist selbst schuld, wenn man ihr erlaubt zu
bleiben.

8. Nervosität ist eine Krankheit, für die es eine besondere Medizin gibt; die Ruhe. Fortwährende Aufregungen oder Überreizung der Sinne stören unser inneres Gleichgewicht und führen zu Nervosität. Wer ständig negative Gedanken und Gefühle hegt – Furcht, Trübsinn, Gewissensbisse, Neid, Kummer, Hass, Unzufriedenheit und Sorgen – und wem es an den Voraussetzungen für ein glückliches Leben mangelt, wie richtige Nahrung, körperlicher Bewegung, frische Luft, Sonnenschein, einer befriedigenden Arbeit und einem Ziel im Leben, kann leicht nervenkrank werden. Wer darunter leidet, muss seine Lage bereitwillig untersuchen und die zerstörerischen Emotionen und negativen Gedanken, die ihn allmählich zerrütteln, beseitigen. Wenn man seine eigenen Probleme objektiv untersucht und in jeder Lebenslage Ruhe bewahrt, kann man auch den hartnäckigsten Fall von Nervosität heilen. Ein Mensch, der Opfer der Nervosität geworden ist, muss lernen, seinen Zustand zu erkennen, und sich darüber klar werden, welche Denkgewohnheiten dafür verantwortlich sind, dass er mit dem Leben nicht zurechtkommt. Wenn der nervöse Mensch erst einmal zugibt, dass seine Krankheit keiner geheimnisvollen Ursache zuzuschreiben, sondern die logische Folge seiner eigenen Gewohnheiten ist, dann ist er schon halb geheilt.

Es gibt zwei Arten von Nervosität – die psychologische und die mechanische, oder die organische und die oberflächliche. Die psychologische ist am meisten verbreitet und wird durch innere Erregungen verursacht. Wenn diese lange anhalten und man dazu noch mit geistig wenig entwickelten Menschen Umgang pflegt, sich falsch ernährt und andere gesundheitsschädigende Gewohnheiten hat, führt das zu chronischen oder organischen Nervenkrankheiten. Das beste Heilmittel gegen Nervosität besteht darin, sich stets um innere Ruhe zu bemühen. Zuviel Schlaf betäubt die Nerven, und zu wenig Schlaf schadet ihnen auch. Ausgeglichenheit ist eine wunderbare Eigenschaft. Wir sollten unser Leben auf folgender Dreiecksbeziehung aufbauen: Ruhe und Liebeswürdigkeit sind die beiden Schenkel, und Frohsinn ist die Basis. Wir müssen Gedanken der Liebe, des guten Willens und der Harmonie aussenden.

9. Der Geist ist der Architekt des Mikrokosmos sowie des Makrokosmos. Das ganze Universum besteht aus materialisierten Gedanken. Eine Schwächung der inneren Organe hat eine entsprechende Wirkung auf den Geist. Wer viel Fleisch isst, wird oft mürrisch und ärgerlich. Fleisch kann den Körper sehr belasten, weil dadurch viele Toxine in das Blut gelangen. Die chemischen Stoffe im Körper üben ständig einen Einfluss auf den Geist aus. Die beste Ernährung des Menschen besteht aus folgendem; aus frischem Obst, Gemüse Nüssen, sowie Eiweißstoffen wie Milch. Fasten verschafft den überarbeiteten Organen eine Ruhepause und ebenfalls der Lebenskraft, weil diese dadurch entlastet wird.

10. Schafft euch selbst alle Voraussetzungen für ein glückliches Leben, indem ihr meditiert und euer Bewusstsein auf die ewige bestehende Freude

richtet. Euer Glück darf nie von äußeren Umständen abhängen. Ganz gleich, wo ihr euch findet, lasst eueren inneren Frieden durch nichts beinträchtigen. Prüft euch selbst, macht euch zudem, was ihr sein wollt und was ihr sein möchtet.
Meditation ist die höchste Form der Tätigkeit. Wer richtig meditiert, konzentriert sich einzig und allein auf den Geist. Die nach innen gerichtete Meditation ist die die höchste Form menschlicher Tätigkeit, der ausgewogenste Weg das höchste Bewusstsein zu errechen. Ihr braucht nicht fanatisch zu werden, aber ihr müsst euch mehr auf eure geistige Kraft verlassen und es euch zum Ziel setzen, sie zu einem verlässlichen Faktor in eurem Leben zu machen.

11. Vergeudet keine Zeit, indem ihr ständig nach neuen Anregungen sucht. Ab und zu kann man sich ruhig einen Film ansehen oder einen Besuch machen, doch die meiste Zeit solltet ihr allein bleiben und tief nach innen tauchen. Euer Glück hängt davon ab, inwieweit ihr tief meditiert, euch mit dem Gedankengut großer Geister beschäftigt und mit guten und edlen Menschen Umgang pflegt. Wir sollen uns bemühen, mit höherentwickelten Menschen zusammenzukommen, die uns die Wahrheit sagen und uns helfen, uns selbst zu vervollkommnen. Der beste Freund ist derjenige, der uns taktvoll darauf aufmerksam macht, wie wir uns zu unserem Vorteil ändern können. Haltet eure Augen offen und wenn ihr euch auf edelste Weise hingezogen fühlt, versucht Freundschaft mit ihm zu schließen, denn diese Freundschaft hat schon in einem früheren Leben bestanden. Wir haben im Lauf

unserer Inkarnationen viele Freunde gehabt, unsere
Freundschaften mit ihnen aber nie vervollkommnet.

12. Von Weisheit geleitet zu werden bedeutet ein
König zu sein. Der Weise prüft zuerst, ob er auf dem
rechten Weg ist, dann handelt er. Doch wenn er sich
zu etwas entschlossen hat und später feststellt, dass
er im Irrtum war, gesteht er das sofort ein. Lasst eure
Willenskraft nie in Halsstreitigkeiten ausarten. Mit
gewissen Menschen könnt ihr stundenlang reden,
und sie scheinen ganz mit euch übereinstimmen,
doch dann drehen sie sich um und sagen genau das
Gegenteil. Das zeugt nicht von Willenskraft,
sondern nur von ihrer Ichbezogenheit. Solche
Sklaven des Ichs gibt es überall. Sie halten sich für
frei, obwohl ihr Wille geknebelt ist; in allen Handeln
lassen sie sich mechanisch von ihren guten oder
schlechten Gewohnheiten leiten. Doch wenn ihr
sagen könnt: „Ich meide das Böse, weil es mein
Glück zerstört", oder „Ich bin nicht deshalb gut, weil
ich dazu gezwungen werde, sondern weil es mich
glücklich macht" so ist das Weisheit.

13. Die Erleuchteten oder Weisen bändigen ihre
Sinne und halten sie in Schach, indem sie
fortwährend fest entschlossen bleiben, das alles
überragende Ziel der geistigen Vereinigung mit Gott
zu erreichen. Sie gewöhnen sich an, anziehende
Gegebenheiten für die Sinne durch göttliche
Gedanken zu ersetzen. Man muss sich also in seiner
spirituellen Schulungspraxis darauf konzentrieren,
widerspenstige Sinne zu zähmen und gegenüber der
Tücke der Sinne stets wachsam zu sein. Die geistige
Kultiviertheit einer Einzelperson oder einer

Gesellschaft bemisst sich daran, wie gut Habgier und Verlangen beherrscht werden.
Die Abwärtsspirale zum Verderben eines Menschen verläuft folgendermaßen: Das Grübeln oder bloße Nachdenken über weltliche Reize entwickelt Bindungen an diese. Aus Bindungen und Sinnesobjekte erwachsen egoistische Begierden. Begierde, Stolz, Zorn sind Schwingungen mit Intelligenz, wie Elementale, Larven Spuke, Schemen, etc., die man durch mehrere Inkarnationen mitschleppt. Sie leben aus diesem Energiefeld und wachsen zu Gewohnheiten heran, und sie abzutöten, geht nur durch harte Disziplin! An ihrer Erfüllung gehinderte Begierden bewirken, dass Zorn ausbricht und aus Zorn entsteht Verblendung. Zorn ist immer mit Begierde verbunden und Zorn richtet alles zu Grunde. Dieses Paar ist euer grässlichster, gefährlichster Feind hier auf Erden. Zorn ist eine Reaktion auf die Frustration ungestillter Begierden. Die Verblendung verursacht Gedächtnisverwirrung und bewirkt, dass der Betreffende vergisst, was die Erfahrung (durch Inkarnationen) ihn gelehrt hat. Vergessene Lektionen und Erfahrungen verdunkeln die Vernunft, und das führt zum Verlust des Unterscheidungsvermögens. Und so verpasst man die Vereinigung mit der innewohnenden Göttlichkeit/Prinzip und dann ist leider das Leben vergeudet.

14. Es lohnt sich nicht, das Herz an irgendetwas in dieser Welt zu hängen. In diesem kosmischen Drama gibt es ein ständiges Werden und Vergehen. Es werden noch sehr schreckliche Kriege und Naturkatastrophen kommen, klammert nicht an

Besitztümer, die vergänglich sind. (Reichtum und
Bequemlichkeit sind große Hindernisse auf dem
Weg der Selbst-Verwirklichung.)

15. Betrachtet das ganze Leben als in vier
Abschnitte eingeteilt, von denen jeder der Erfüllung
ganz besonderer Aufgaben dient:

1. Vom 5. bis 25. Lebensjahr: Während dieser
   Zeit sollte man auf eine möglichst
   vollkommene Charakterbildung des Kindes
   achten und ihm geistige Ideale und
   Gewohnheiten einprägen. Während es zu
   Erwachsenen heranreift, sollte es eine gute
   Allgemeinbildung erhalten, durch Studium und
   Beobachtung Tüchtigkeit erlangen und sich auf
   irgend ein Fach, für das es besondere
   Begabung zeigt, spezialisieren.
2. Vom 25. bis 40. Lebensjahr: Als Erwachsener
   sollte man seine Pflicht der Familie und der
   Welt gegenüber erfüllen, wobei man immer
   versucht, in geistiger Hinsicht ein
   ausgeglichenes Leben zu führen.
3. Vom 40. bis 50. Lebensjahr: Während dieser
   Zeit sollte der Erwachsene Mensch mehr in die
   Stille gehen, inspirierende Schriften studieren,
   sich für die Förderung der Künste und
   Wissenschaften einsetzen und vor allem mehr
   Zeit in Meditation verbringen.
4. Nach dem 50. Lebensjahr: Den letzten Teil
   seines Lebens sollte man vor allem in tiefer
   Meditation verbringen und aufgrund der
   dadurch erworbenen Weisheit und Geistigkeit

anderen Menschen soziale und geistige Dienste leisten.

16. Der erste Weg zum Kosmischen Bewusstsein ist die Liebe. Eine Liebe, die persönlich wird schließt andere aus und ist begrenzt, doch wenn sie unpersönlich wird, erweitert sie sich. Macht eure Liebe unpersönlich, so dass ihr für alle dieselbe Liebe fühlen könnt, die ihr eurer Familie entgegenbringt, so dass ihr auch für andere das tut, was ihr für euch selbst tätet. Der soziale Weg zum Kosmischen Bewusstsein besteht darin, sich jedem Menschen gegenüber so zu verhalten.
Befindet sich die magnetische Atmosphäre zweier Menschen im Gleichgewicht, so dass der Eine die Ausstrahlungen des Anderen aufnimmt, entsteht ein Reiz, die Sympathie. Die Vorstellungskraft spricht dann alle ihrem eigenen Empfinden gleichen Strahlen oder Reflexe an und webt sich daraus ein Bild von Wünschen, die den Willen mit fortreißt. Sind die Personen verschiedenen Geschlechts, so bewirkt es in ihnen oder doch in der schwächeren der beiden einen vollständigen Astrallichtrausch, die Leidenschaft in eigentlichen Sinn oder die Liebe. Auf der Erde wird meistens durch äußere Reize die Sympathie oder Anziehungskraft zweier Wesen hervorgerufen und erhalten, was natürlich nach dem Tod in der Astralwelt nicht der Fall ist. Menschen, die hier wer weiß wie einander hingen, aber seelisch und geistig nicht gleichen Schritt hielten, können nach dem Ableben in der Astrasphäre nicht den gleichen Dichtigkeitsgrad einnehmen, da sie drüben die Bande, die sie auf der Erde fesselten, nicht mehr empfinden. Wenn Mann und Frau gleichmäßig

entwickelt sind, dann können sie sich nach dem Ableben beide auch in der Astralwelt in derselben Sphäre bewegen und mit einem inneren Sympathieband zueinander stehen, jedoch jene Liebe, die sie auf der Erde empfunden haben, fühlen sie drüben nicht. In der astralen Welt entfällt der Selbsterhaltungstrieb, die fleischliche Geschlechtsliebe und Geschlechtslust. In den höheren Schichten verbindet gleichmäßig entwickelte Wesen durch ein feines Schwingungsband ein anderes Sympathiegefühl als hier auf unserer Erde.

17. Der zweite Weg zum Kosmischen Bewusstsein ist der Weg der Disziplin. Fällt nicht der Unmäßigkeit zum Opfer. Freut euch an allen Dingen, aber hängt nicht an ihnen! Bleibt frei von allem! Seid fröhlich und habt euch in der Gewalt. Lasst euch nicht zu Sklaven falscher Gewohnheiten machen, sondern handelt immer so, wie ihr es für richtig haltet. Um Kosmische Bewusstsein zu erlangen, muss man Selbstbeherrschung besitzen und sich über die Gegensätze wie z. b: Hitze und Kälte, Lust und Leid, Gesundheit und Krankheit erheben können. Lernt alles zu ertragen, ohne euch aufzuregen und ohne eure innere Ruhe zu verlieren.
„Wer überall frei von Anhänglichkeiten ist, wer sich weder durch gute Erfahrungen freudig erregen noch durch böse Beunruhigen lässt, ist fest in der Weisheit verankert."

18. Der dritte und höchste Weg zum Kosmischen Bewusstsein ist der Weg der Meditation, der metaphysische Weg. Während ihr euch der

Meditation immer noch des Atems bewusst seid, bleibt ihr ans Körperbewusstsein gebunden. Um ins Kosmische Bewusstsein eingehen zu können, muss man sich zuerst durch die vom Guru/Meister gelehrten Meditationsmethoden von den Fesseln des Körpers befreien. Wenn ihr immer und länger meditiert, werdet ihr immer mehr Frieden finden und einen Zustand ewig neuer Freude erleben. Alles andere, was ihr unternehmen mögt, wird euch nicht dasselbe göttliche Bewusstsein vermitteln wie die Meditation.

Was versteht man unter Meditation? Der Schüler wird sitzen und sein Wachbewusstsein fest auf ein Objekt richten, nehmen wir an, es sei eine Katze. Dann wird er sich zum Traumzustand erheben und versuchen, den astralen Aspekt des Tieres zu begreifen. Als nächstes wird er zum Schlafzustand hinaufsteigen und seine Aufmerksamkeit dem mentalen Wesen des Geschöpfes zuwenden. Der vierte Schritt würde „Samadhi" sein - Kontemplation- ein Versuch, seine Bedeutung und Realität für das Ego zu begreifen, hinter die drei Formen der Katze zu ihrer subjektiven Bedeutung zu kommen. Das Fixieren der Aufmerksamkeit auf die Katze im ersten Falle ist **Konzentration**; der Vorgang der Erhebung des Bewusstseins ist **Meditation** (oder Dhyana); die schließliche Konzentration (oder Dharana) in einem höheren Gesichtsfeld jenseits des vorher Erreichten ist **Kontemplation** (oder Samadhi). Die letzte Anstrengung kann wie das Durchdringen einer Wolke oder eines Nebels sein, aus dem sich die neue Vision allmählich bildet oder aus dem sie wie ein Blitzstrahl kommen kann. In jedem der beiden

Fällen muss sich der Übende sehr ruhig verhalten, um den Eindruck so lang wie möglich aufrecht zu halten- ein Gedanke über sich, über die alte persönliche Relativität, kann die ganze Sache verschwinden lassen, so dass nicht einmal eine Erinnerung zurückbleibt, wie es war.

10. Kapitel

Die Kunst des Sterbens

Menschen, die nicht an ein Leben nach dem Tod glauben, machen sich kaum Gedanken über die Konsequenzen ihres Handelns und schaffen eine Gesellschaft, die fast ausschließlich auf Kurzzeitergebnisse fixiert ist. Mit so einer Einstellung scheint alles wunderbar, bis der Tod naht und unerwartete Zeichen von Verfall sichtbar werden. Aber keine Erinnerung an Glück oder Bequemlichkeit kann ihnen dann noch Schutz vor dem Tod bieten, das ihnen bevorsteht, im Gegenteil es macht alles nur noch grausamer.

Wir sind nicht dazu verdammt, unvorbereitet in den Tod zu gehen und etwas völlig Unbekanntem zu begegnen, wir können hier und jetzt anfangen den Sinn in unseren Leben zu finden. Wenn wir uns weigern, den Tod zu akzeptieren, solange wir noch am Leben sind, werden wir in diesem Leben, im Tod und danach einen hohen Preis zahlen. Es ist daher wichtig, uns mit dieser Natur vertraut zu machen, solange wir noch leben. Der Tod ist kein tiefes Geheimnis mehr; es ist absolut sicher, dass wir sterben werden und es ist sicher, wann oder wie wir sterben werden. Und wir dürfen nämlich eines nicht vergessen, dass wir nur das sehen, was unsere karmische Sicht zulässt und nicht mehr. Unsere Wahrnehmung der Welt ist ganz von der karmischen Sicht geprägt.

Wir können unsere gesamte Existenz in vier Realitäten (Bewusstseinszuständen) gliedern: **Leben, Sterben und Tod, Nachtod sowie Wiedergeburt**.

Das Leben umfasst die gesamte Zeitspanne zwischen Geburt und Tod. Nach unserer jetzigen Erfahrung scheint das Leben allerdings mehr zu sein als bloß ein Übergang. Aber wenn wir darüber nachdenken, wird schnell klar, dass die Zeit die wir in diesem Leben verbringen, verglichen mit der enormen Länge unserer karmischen Geschichte, tatsächlich relativ kurz sei.

Das Sterben dauert vom Einsetzen des Sterbeprozesses bis zum Ende der so genannte „innere Atmung"; dieser Prozess gipfelt im Aufleuchten der Natur des Geistes, der so genannten „Grund- Licht" im Augenblick des Todes.

Die Nachtod Erfahrung umfasst die Strahlung der Natur des Geistes: die Lichtheit (oder das „Klare - Licht"), die als Klang, Farben und Licht manifestiert wird.

Die Wiedergeburt ist der eigentliche Zwischenzustand und dauert bis zu dem Augenblick, wo wir eine neue Geburt nehmen.

Das gemeinsame Definitionsmerkmal all dieser Bewusstseinszustände besteht darin, dass es sich um Lücken handelt, Perioden, in denen die Möglichkeit für Erleuchtung ganz besonders ausgeprägt ist. Chancen zur Erleuchtung bieten sich während des ganzen Lebens und Sterbens ununterbrochen, und diese Weisheiten sind der Schlüssel, der uns ermöglicht, diese Gelegenheiten zu entdecken und bestmöglich zu nutzen.

Es gibt Momente in denen unser Geist viel freier ist als sonst, Momente, die viel mehr Energie enthalten als andere, die karmisch wesentlich stärker aufgeladen sind und ungeheures Potenzial bergen.
Der wichtigste all dieser Momente ist der Augenblick des Todes. In diesem Moment nämlich bleibt der Körper zurück, und wir begegnen der besten Gelegenheit zur Befreiung.
Mit der Auflösung der Körperlichkeit im Tod geht daher die wunderbarste Möglichkeit einher, all das, wonach wir in unserer Praxis und in unserem Leben gestrebt haben, zur Erfüllung zu bringen. Selbst für einen überragenden Meister, der die höchste Verwirklichung erlangt hat, dämmert die letztendliche Erlösung (Parinirvana) erst im Tod.
Der Grund, warum der Augenblick des Todes so machtvolle Möglichkeiten bietet, liegt darin, dass zu diesem Zeitpunkt die grundlegende Natur des Geistes, die Grund- Lichtheit oder das Klare - Licht, ganz von selbst strahlend manifest wird. Wenn wir in diesem kritischen Moment fähig sind die Grund - Lichtheit zu erkennen erlangen wir Befreiung. Dies ist allerdings nicht möglich, wenn wir uns in diesem Leben nicht durch spirituelle Praxis (Yoga) mit der Natur des Geistes vertraut gemacht haben. Das ist auch der Grund, wie unser Geist sich in den Schlaf- und Traumzuständen verhält, weist darauf hin, wie er sich in den entsprechenden Nachtodbewusstseinszuständen verhalten wird. So zeigt z.B. die Art, wie wir jetzt auf Träume, Albträume und Schwierigkeiten reagieren, wie wir nach dem Tode reagieren können. Diese Vielschichtigkeit von unterschiedlichen Wahrnehmungen zeigt uns, dass jede Art karmischer

Sicht Illusion ist, denn wenn ein und dieselbe Substanz auf so viele verschiedene Arten gesehen werden kann, wie kann dann irgendetwas eine wahre, letztendlich gültige Wirklichkeit besitzen? Es zeigt uns auch, wie es möglich ist, dass dieselbe Welt für einige Menschen der Himmel sein kann, für andere hingegen die Hölle.

   Die Lehren sagen uns, dass es im Wesentlichen drei Arten von Sicht gibt:
- die „unreine Sicht" der gewöhnlichen Wesen,
- die „Sicht der Erfahrung", die sich dem Praktizierenden in der Meditation
  öffnet und Pfad und Medium der Transzendenz ist,
- die „reine Sicht" der verwirklichten Wesen,
Ein verwirklichtes Wesen, ein Yogi, sieht diese Welt als unmittelbar vollkommen, als einen ganz und gar reinen Bereich. Da alle Ursachen einer karmischen Sichtweise in ihm völlig beseitigt sind, sieht ein Yogi alles unmittelbar in seiner nackten, ursprünglichen Reinheit. Wir nehmen unsere Umgebung auf unsere jeweils eigene Weise wahr, weil wir unsere Erfahrung der inneren und äußeren Wirklichkeit Leben für Leben wiederholt und stets auf die gleiche Weise verfestigt haben. Diese eingefahrene, gewohnheitsmäßige Wahrnehmung hat uns schließlich zu der fehlerhaften Annahme geführt, dass was wir sehen, sei objektiv real. Wenn wir auf dem spirituellen Pfad fortschreiten, lernen wir direkt an diesem fixierten Wahrnehmungsmuster zu arbeiten. All unsere Konzepte von der Welt, der Materie und sogar von uns selbst werden geklärt und aufgelöst, und ein vollständig neues Feld der Wahrnehmung eröffnet uns. Bei den meisten von uns verhüllen jedoch Karma und negative

Emotionen die Fähigkeit, unsere eigene,
innewohnende Natur und die Natur der Wirklichkeit
zu schauen. Daher klammern wir uns an unser Glück
und Leiden- die wir real halten- und säen mit
unseren ungeschickten und unwissenden
Handlungen die Saat für unsere nächste Geburt.
Unsere Handlungen binden uns an den andauernden
Kreislauf weltlicher Existenz, die endlose Tretmühle
von Geburt und Tod. Mit der Art, wie wir jetzt
leben, entscheidet unsere gesamte Zukunft. Wir
haben die Gewohnheit, in festgelegten Mustern zu
denken, seien es positive oder negative. Diese
Tendenzen können sehr leicht provoziert und
ausgelöst werden und laufen immer wieder nach
dem gleichen Schema ab. Durch dauernde
Wiederholung werden diese Neigungen und
Gewohnheiten immer eingefahrener, wiederholen
sich öfter, werden schwerwiegender und gewinnen
immer mehr Macht; sie wirken sogar noch im
Schlaf. Auf diese Weise bestimmen sie schließlich
unser Leben, unseren Tod und unsere Wiedergeburt.
Darum ist es so unerhört wichtig, dieses Leben dazu
zu benutzen, unseren Bewusstseinstrom, das heißt
unser grundlegendes Wesen und unseren Charakter
zu reinigen, so lange es noch möglich ist. Das ist der
wahre und dringliche Grund, warum wir uns hier
und jetzt weise auf den Tod vorbereiten müssen, um
unsere karmische Zukunft zu transformieren, um zu
vermeiden, wieder und wieder auf tragische Weise
in Verblendung zu versinken und so den
schmerzvollen Teufelskreis von Geburt und Tod
endlos zu wiederholen. Nur dieses Leben bietet Zeit
und Raum, sich vorzubereiten, und nur durch
spirituelle Praxis können wir uns richtig vorbereiten.

Im Moment des Todes gibt es zwei Dinge, auf die es vor allem ankommt: auf das was wir im Leben getan haben, und auf den Zustand unseres Geistes in jenem Augenblick. Selbst wenn wir sehr viel negatives Karma angesammelt haben, können wir durch einen von Herzen kommenden Wandel unsere Zukunft auch dann noch ganz entscheidend verändern und unser Karma transformieren, denn der Moment des Todes stellt eine höchst machtvolle Gelegenheit zur Reinigung von Karma dar. Alle Gewohnheiten sind auf dem Grund unseres gewöhnlichen Geistes gespeichert und können von allen möglichen Einflüssen jederzeit aktiviert werden. Wir wissen aus unserer alltäglichen Erfahrung, wie bereits die kleinste Provokation unsere instinktiven, gewohnheitsmäßigen Reaktionen an die Oberfläche bringt. Zurzeit des Todes übernehmen gewöhnlich die Haltungen, mit denen man seit langem vertraut ist, die Vorherrschaft und bestimmen die Wiedergeburt. Aus eben diesem Grund entsteht ein starkes Anhaften an das Ich, das man zu verlieren fürchtet. Dieses Anhaften dient als Verbindungsglied zum Übergangszustand zwischen den Leben; das Hängen an einem Körper bildet eine Ursache, die den Körper des Wesens im Zwischenzustand erschafft. Aus diesem Grund ist der Zustand unseres Geistes zum Zeitpunkt des Todes so überaus wichtig. Wenn wir in einer positiven Geisteshaltung streben, können wir trotz negativen Karmas unsere nächste Geburt verbessern. Wenn wir aufgewühlt und verzweifelt sterben, kann das schädliche Auswirkungen haben, selbst wenn wir unser Leben gut genutzt haben. Die letzten Gedanken und Gefühle vor dem Tode haben eine äußerst machtvolle, bestimmende Wirkung für unsere allernächste Zukunft. So wie der Geist eines Verrückten von ständig sich wiederholender Zwanghaftigkeit beherrscht wird, so ist unser Geist im Tode völlig wehrlos allen zu dieser Zeit in uns vorherrschenden Gedanken ausgeliefert. Der letzte Gedanke, die letzte Emotion kann dann, unverhältnismäßig verstärkt, unsere gesamte Wahrnehmung überschwemmen. Darum betonen die Meister auch stets, wie wichtig zur Zeit unseres Todes die Qualität der Atmosphäre ist, in der wir uns befinden. Wir sollen daher für unsere Freunde und Verwandten alles in unserer Macht Stehende tun, um positive Emotionen, gute Gefühle wie Liebe, Mitgefühl und Hingabe zu inspirieren, und ihnen helfen das Greifen, Sehen und Anhaften aufzugeben. Häufig sind Sterbende reserviert und unsicher, wenn man ihnen das erste Mal begegnet, weil sie sich über Ihre Absichten nicht im Klaren sind. Sterbende sagen oft nicht, was sie wirklich wollen oder meinen und auch die Angehörigen sind häufig unbeholfen, wissen nicht, was sie tun oder sagen sollen. Es ist also ganz wichtig, zuerst einmal die gespannte Atmosphäre aufzulockern, und zwar so, wie es sich am natürlichsten ergibt. Wenn ein Vertrauensverhältnis aufgebaut worden ist, kann eine entspannte Atmosphäre entstehen, die es dem Sterbenden ermöglicht, Dinge zur Sprache zu bringen, die ihm wirklich am Herzen liegen. Wenn der sterbende Mensch seine Gefühle ausdrückt, man sollte ihn nicht unterbrechen, nicht widersprechen und nicht herunterspielen, was gesagt wird. Ein Todkranker oder Sterbender ist in der verletzlichen Lage seines ganzen Lebens und das erfordert viel

Geschick und Einfühlungsvermögen und liebevolles Mitgefühl, das man aufbringen soll, um ihm die Möglichkeit zu geben, sich ganz und gar zu offenbaren. Ein sterbender Mensch muss zuallererst Liebe spüren, diese Liebe muss frei von jeglicher Erwartung sein, so bedingungslos wie irgendwie möglich. Das kann unter bestimmten Umständen allerdings alles andere als einfach sein. Wir haben eventuell selbst eine Leidensgeschichte mit ebendiesem Menschen; vielleicht plagen uns Schuldgefühle wegen irgendeines Unrechts, das wir dem Sterbenden in der Vergangenheit angetan haben, oder wir hegen Zorn und Abneigung wegen etwas, was dieser Mensch uns angetan hat. Man sollte diesen Menschen als sich selbst betrachten; er hat dieselben Bedürfnisse, denselben grundlegenden Wunsch, glücklich zu sein und Leiden zu vermeiden, dieselbe Einsamkeit, dieselbe Angst vor dem Unbekannten, dieselbe geheime Traurigkeit, dieselben halb eingestandenen Gefühle von Hilflosigkeit. Dieser Weg wird jedes Herz dem anderen gegenüber sich öffnen und beide mit Liebe verbinden. Der zweite Weg, der sich noch wirkungsvoller erweist, ist ohne zu zögern selbst in die Lage des Sterbenden zu versetzen. Wenn man diese beiden Übungen macht, wird man herausfinden, dass der Sterbende genau dasselbe will, was man sich selbst am sehnlichsten wünscht: bedingungslos geliebt und angenommen zu werden. Wir vergessen leicht, dass die Sterbenden im Begriff sind, ihre gesamte Welt zu verlieren; ihre Lieben, ihren Besitz, Ihr Haus, ihren Beruf, ihren Körper und ihren Geist- sie verlieren restlos alles. Alle einzelne Verluste, die uns im Leben vielleicht treffen könnten, sind, wenn wir sterben, zu einem einzigen, überwältigenden Verlust zusammengefasst, wie kann es daher verwundern, wenn jemand, der unter dem Eindruck dieser Erfahrung steht, manchmal traurig, in Panik oder zornig ist? Wir müssen den Menschen versichern, dass alles, was er fühlt, normal und in Ordnung ist, wie stark seine Frustration oder sein Zorn auch sein mögen. Der Sterbende bringt viele unterdrückte Emotionen ans Licht: Trauer, Gefühlsarmut, Schuld oder gar Eifersucht auf diejenigen, denen es noch gut geht. Solche Emotionen sollte man nicht unterdrücken, sondern man sollte zu ihm beistehen, wenn die Wogen von Schmerzen und Trauer über ihm zusammenschlagen. Mit der Bereitschaft, sie anzunehmen, mit der Zeit und geduldigem Verständnis kommen die Emotionen allmählich zur Ruhe, und der Sterbende kehrt zum Urgrund von Heiterkeit, Ruhe und Ausgeglichenheit zurück, der sein eigentliches Wesen ist. Man muss nicht nur lernen, die Sterbenden gehen zu lassen, sondern auch den sterbenden Menschen selbst. Wenn man sich an den Sterbenden klammert, kann man ihm eine Menge unnötiger Sorgen bereiten und es ihm oder ihr unnötig schwer machen, loszulassen und in Frieden zu sterben. Manchmal kann der Sterbende aus diesem Grund viele Wochen oder gar Monate über die Erwartungen der Ärzte hinaus zwischen Leben und Tod schweben und starke körperliche Schmerzen erleiden. In so einem Fall ist es notwendig, dass die Angehörigen dem Sterbenden zwei Dinge ausdrücklich versichern, bevor er friedlich sterben kann: zuerst müssen sie ihm die Erlaubnis geben zu sterben, und dann müssen sie ihm versichern, dass sie zurechtkommen werden, wenn er gegangen ist, und dass er sich keine Sorgen um sie machen sollen. Nicht bloß der Sterbende selbst, auch seine Angehörigen müssen lernen loszulassen. Jedes Mitglied der Familie wird sich auf einer anderen Stufe von Annahmebereitschaft befinden, und das muss berücksichtigt werden. Manche Familien weigern sich, einen geliebten Menschen gehen zu lassen, weil sie denken, es sei eine Art Verrat und ein Zeichen, dass sie ihn nicht genug lieben würden. Wenn man ein Mensch dem Tode sehr nahe ist, sollte man versuchen, das Krankenhauspersonal dazu zu bringen, ihn nicht mehr so häufig zu stören und auf weitere Untersuchungen wie etwa Blutentnahme oder andere störende Eingriffe ganz zu verzichten d. h. in der letzten Phase des Sterbens alle weitere Injektionen und anderen einschneidenden Maßnahmen zu verhindern. Sie können Zorn, Irritation und Schmerz zur Folge haben. Dies zu verhindern ist ganz unerlässlich, damit der Geist des Sterbenden in der Zeit unmittelbar vor dem Tod so ruhig wie nur irgend möglich ist. Grundsätzlich besteht die Gefahr, dass lebensverlängernde Maßnahmen, die nur den Todesprozess hinauszögern, unnötiges Festhalten, Ärger und Frustration im Sterbenden auslösen besonders, wenn diese Maßnahamen gegen seinen Willen durchgeführt werden. Da wir außerdem nicht sicher sein können, ob sich das Bewusstsein noch im Körper befindet, könnte es sein, dass wir es zu einer Gefangenschaft in einem überflüssig gewordenen Körper verdammen. Daher ist es ratsam, dass Verwandte und Freunde nicht direkt am Bett des Sterbenden trauen sollten, weil sie im Augenblick des Todes störende Gefühle hervorrufen könnten. Viele Sterbenden möchten keinen Besuch von ihrer eigenen Familie zu bekommen, weil sie fürchten, dass schmerzliche Gefühle und starkes Anhaften in ihnen ausgelöst werden könnten. Für die Angehörigen ist eine solche Entscheidung oft nur sehr zu verstehen; sie denken dann, der Sterbende würde sie nicht mehr lieben. Sie sollten aber bedenken, dass die bloße Anwesenheit eines geliebten Menschen starke Gefühle des Anhaftens im Sterben provozieren kann, die es ihm oder ihr sehr viel schwerer machen, loszulassen. Ein Mensch stirbt auf die beste Art und Weise, wenn er innerlich wie äußerlich alles weggegeben hat, sodass dem Geist zu diesem entscheidenden Zeitpunkt so wenig wie nur möglich bleibt, wonach er sich sehne, wonach er greifen und wonach er noch haften könnte. Vor unseren Tod sollten wir also versuchen, uns von allen Anhaften an Besitz, Freunde und unsere Lieben frei zu machen. Es ist sehr schwer am Sterbebett eines geliebten Menschen nicht in Tränen auszubrechen. Ich rate jedem, Anhaften und Trauer gemeinsam mit dem Sterbenden möglichst schon aufzuarbeiten, bevor der Tod naht. Weint miteinander, bringt eure Liebe zum Ausdruck und nehmt euch voneinander Abschied bevor der Tod tatsächlich kommt. Das Schluchzen und Tränen am Totenbett von Sterbenden werden wie Donner und Hagel erfahren, weil das Bewusstsein des Sterbenden in diesem Moment äußerst schutzlos und verletzlich ist.

Ich möchte zwei Aspekte der spirituellen Sterbebegleitung in der Folge ansprechen: Hoffnung

und Vergebung finden. Wenn man mit dem
Sterbenden zusammen ist, dann sollte man
besonders betonen, was er im Leben erreicht und
richtig gemacht hat. Der Sterbende sollte sich an
sein Leben so erfolgreich und glücklich wie möglich
zu fühlen, denn er ist häufig äußerst verletzlich und
Schuldgefühlen und Depressionen schutzlos
ausgeliefert. Wenn er fragt: „Wird Gott mir meine
Sünden vergeben? Sagt bitte „Vergebung liegt in der
Natur Gottes, sie ist bereits gewährt. Gott hat dir
längst vergeben, denn Gott ist die Vergebung selbst.
Irren ist menschlich, vergeben ist göttlich. Die
eigentliche Frage ist: Kannst du dir selbst aufrichtig
vergeben? Um deine Schuld zu tilgen, bitte von
ganzen Herzen um Reinigung. Wenn du aufrichtig
bittest und wirklich da hindurchgehst, wirst du
Vergebung finden. Um dir selbst vergeben zu
können, denk an das Gute, das du getan hast, vergib
allen, denen du im Leben begegnet bist, und bitte
alle, die du verletzt haben magst, dir zu vergeben."
Alle Religionen betonen die Macht der Vergebung,
und diese Macht ist zu keinem Zeitpunkt
notwendiger, wird niemals stärker empfunden als
zurzeit des Sterbens. Indem wir vergeben und indem
uns vergeben wird, reinigen wir uns von den
dunklen Aspekten all unserer Handlungen und
bereiten uns umfassend auf diese Reise durch den
Tod vor. Es ist niemals zu spät selbst nach
unvorstellbarem Schmerz und größtem Unrecht,
dass Menschen einen Weg zu gegenseitiger
Vergebung finden. Der Augenblick des Todes ist
von einer Ernsthaftigkeit und Endgültigkeit, die
Menschen dazu bringen kann, all ihre Handlungen
zu überprüfen und aufgeschlossener für Vergebung

zu werden, selbst wenn sie es vorher niemals für möglich gehalten hätten. Sogar im letzten Moment können die Fehler eines ganzen Lebens noch gut gemacht werden. Gewöhnlich sind unerledigte Geschichten die Folgen blockierter Kommunikation, wenn wir verletzt sind, werden wir häufig sehr abwehrend, argumentieren aus einer rechthaberischen Verteidigungshaltung heraus, wobei wir völlig blind für den Standpunkt des anderen sind. Das führt nicht nur zur keine Lösung, sondern verhindert auch jegliche Möglichkeit wahrer Verständigung. Man sollte in so einem Fall den starken Wunsch haben, alle negativen Gedanken und Gefühle zum Vorschein zu bringen, damit man sie verstehen, mit ihnen arbeiten, sie zu lösen und schließlich sie ganz loswerden kann.

Alle Religionen wissen, dass das Sterben im Zustand des Gebets außerordentlich hilfreich ist. Ich hoffe, dass euch im Sterben gelingen wird, alle Götter und euren Meister vom ganzen Herzen anzurufen. Betet, dass alle negativen Handlungen aus diesem und aus anderen Leben durch eure Reue gereinigt werden mögen, damit ihr friedlich und bewusst sterben könnt, eine gute Wiedergeburt erlangen und letztlich Befreiung findet. Es ist von zentraler Bedeutung, für den Zeitpunkt des Todes einen so positiven Eindruck im Bewusstseinsstrom zu schaffen, wie nur irgend möglich. Am sichersten und wirksamsten lässt sich dies mit einer einfachen Übung erreichen, indem der Sterbende seinen Geist mit dem Weisheitsgeist des Meisters, seines Gottes oder eines Heiligen (Buddha, Jesus, Krishna usw.) vereinigt. Wenn ihr im Gedanken des Meisters stirbt, sind die Möglichkeiten seiner Gnade grenzenlos.

Selbst die Erscheinungen von Klang, Licht und Farben in diesem Bewusstsein der Dharmakaya können dann als der Segen des Meisters (Buddha, Jesus, Krishna) und als Ausstrahlung seiner Weisheitsnatur erscheinen. Es spielt keine Rolle, ob der Körper oder das Gehirn noch funktionieren, die Natur des Geistes ist immer da, strahlend, glückselig, grenzenlos und unverändert. Vertraut tief in die Natur eures Geistes und entspannt euch völlig, denn es gibt nichts, was ihr zusätzlich lernen, erwerben oder verstehen müsset.

Traditionell wird dem Sterbenden geraten, auf der rechten Seite zu liegen und die Körperhaltung des „schlafenden Löwen" einzunehmen, die Position, in der auch Buddha gestorben ist. Dabei ruht die linke Hand auf dem linken Oberschenkel; die rechte Hand liegt unter dem Kinn und verschließt das rechte Nasenloch. Die Beine sollten in dieser Haltung ausgestreckt oder höchstens ganz leicht angewinkelt sein. Durch die rechte Körperseite laufen bestimmte feinstoffliche Kanäle, die dem „karmischen Wind" der Verblendung Vorschub leisten. Wenn man in der Position des schlafenden Löwen auf dieser Seite liegt und das rechte Nasenloch verschließt, werden diese Kanäle blockiert, und dadurch kann der Sterbende die Lichtheit, die im Tode aufscheint, leichter erkennen. Diese Haltung trägt auch dazu bei, dass das Bewusstsein den Körper durch die Öffnung am Scheitelpunkt des Kopfes verlässt, da das Austreten durch die anderen möglichen Körperöffnungen in dieser Stellung erschwert ist.

Krishna verrät in der Bagavad Gita ein sehr wichtiges Karmagesetz:

„Die Gesamtsumme aller Gedanken und Empfindungen während deiner ganzen Lebensspanne verdichtet sich zum Zeitpunkt des Todes eine individuell ausgeprägte geistige Grundverfassung an. Alles was deine Aufmerksamkeit das ganze Leben über stark beschäftigt hat, wird im Moment des Todes unausweichlich dein Bewusstsein ausmachen, und in diesem geistigen Bereich wirst du dich auch nach dem Tode begeben. Einige Zeit später wird dann ebenjenes geistige Grundmuster wieder in die Welt hinein manifestiert. Dies nennt man die nächste Geburt...Was solltest du also tun? Bereite dich dein ganzes Leben lang auf den Todesmoment vor. Eigentlich ist mit dem Moment des Todes nicht irgendein in unbestimmter Zukunft liegender Augenblick gemeint, sondern vielmehr ebendieser Moment! Jeder Moment kann die Letzter sein, darum behandle jeden als den Letzten, denn dein Denken in jedem Augenblick bildet das Fundament, auf dem deine nächste Geburt beruht. Lebe in einem Zustand der ständigen spirituellen Gewahrsein. Tu alles Gott zu liebe. Denke jede Minute an das Göttliche. Besinne dich zum Zeitpunkt des Todes dementsprechend auf das Göttliche. Ich kann nicht nachdrücklich genug hervorheben, wie wichtig das ist. Wenn der Zeitpunkt gekommen ist, deinen Körper zu verlassen, dann beruhige deinen Geist vollständig, ziehe deine Lebenskraft restlos in das Zentrum deines spirituellen Gewahrsein (zwischen den Augenbrauen) zurück. Auf diese Weise wirst du die Göttlichkeit erreichen ... Zum Zeitpunkt des Todes sollte man die Pforten der Sinne schließen, den Geist in den Schrein des Herzens holen, die

gesamte Lebenskraftenergie nach oben auf das Bewusstseinszentrum zwischen den Augenbrauen konzentrieren und wiederholt die Silbe OM aussprechen, die mich, das Brahman, die höchste Gottheit, symbolisiert. Das Förderliche ist hier nicht einfach der äußerlich erklingende Laut OM, es liegt in dem, was im Inneren geschieht. Das Artikulieren dieses Lautes hilft dir dabei, deine Gedanken einspitzig auf das Eine, auf Gott, zu konzentrieren. Wenn du in das wiederholte Aussprechen dieser Silbe versunken bist, die dem Namen des göttlichen entspricht, konzentrierst du dich dabei auf das Göttliche, und dann wirst du das höchste Ziel, die Göttlichkeit erreichen. Eines Menschen nächste Geburt hängt davon ab, wie sein Tod verläuft. Es geht nicht darum, auf eine gute Geburt zu hoffen, sondern auf einen guten Tod hinzustreben.
Jene, die nicht über die Vorstellung von Himmel und Hölle hinausgelangen, legen sich auf die Zwischenwelten fest und fesseln sich an Tod und Wiedergeburt."

Wenn das Bewusstseinsprinzip aus dem Körper heraustritt, sagt es sich selbst: Bin ich tot, oder bin ich nicht tot? Es kann es nicht bestimmen. Es sieht seine Verwandten und Angehörigen, wie es zuvor gewöhnt war, sie zu sehen. Es hört sogar die Wehklagen. Während der ersten Wochen nach dem Verlassen des Körpers hat der Verstorbene entsprechend dem eben vergangenen Leben den Eindruck, ein Mann oder eine Frau zu sein. Wir wissen nicht einmal, dass wir gestorben sind. Wir kehren nach Hause zurück, um mit unserer Familie oder unseren Freunden zusammen zu sein. Wir

versuchen, mit ihnen zu sprechen, sie zu berühren.
Aber sie reagieren nicht. So sehr uns auch um
Kontakt bemühen, sie können uns nicht
wahrnehmen. Wir sehen machtlos zu, wie unsere
Angehörigen verzweifelt unseren Tod beweinen.
Genauso ergebnislos versuchen wir auch, Dinge aus
unserem Besitz zu benutzen. Bei Tisch ist nicht
mehr für uns gedeckt, und man macht Anstalten,
unsere Hinterlassenschaften aufzuteilen. Wir sind
zornig, verletzt und frustriert. Wenn wir sehr an
unserem Körper gehangen haben, kann es sogar sein,
dass wir in seine Nähe bleiben und versuchen, ihn
wieder in Besitz zu nehmen. In extremen Fällen
kann der Geistkörper sich über Wochen oder sogar
Jahre nicht vom Körper oder von Besitztümern
losreißen. Wir erkennen immer noch nicht, dass wir
gestorben sind. Erst wenn wir plötzlich feststellen,
dass wir keinen Schatten mehr werfen, uns nicht
mehr im Spiegel sehen können und keine Fußspuren
hinterlassen, erkennen wir schließlich, was
geschehen ist. Der bloße Schock der Erkenntnis,
dass wir gestorben sind, kann ausreichen, uns wieder
ohnmächtig werden zu lassen. Wir dürfen nicht
vergessen, dass das Bewusstsein des Toten
hellsichtig ist und sieben Mal klarer als zu
Lebzeiten. Das kann sowohl großes Leiden als auch
großen Nutzen mit sich bringen. Nach dem Tod
eines geliebten Menschen ist deshalb wesentlich, mit
größter Sorgfalt auf das eigene Verhalten zu achten,
um den Verstorbenen nicht zu kränken oder zu
verletzen. Wenn nämlich der Tode zu den
Hinterbliebenen oder zu denen zurückkehrt, die in
seinen Namen praktizieren, kann er in seinem neuen
Zustand nicht nur alles sehen, was vorgeht, sondern

er kann sogar direkt die Gedanken der Anwesenden lesen. Wenn die Verwandten nun intrigieren und sich über die Verteilung des Erbes streiten, wenn sie nur unter dem Einfluss von Anhaften und Abneigung – ohne aufrichtige Liebe für den Verstorbenen – denken und reden, kann dies extremen Zorn, Verletztheit oder Enttäuschung in ihm hervorrufen, und diese stürmischen Emotionen werden ihn in eine schlechte Wiedergeburt reißen. Stellen wir uns doch nur einmal den heftigen Zorn und die Trauer vor, die wir empfinden würden, wenn wir zusehen müssten, wie die Bestattungszeremonie für uns unaufmerksam und lieblos durchgeführt wird, oder wie gierige Verwandte sich neidisch um unsere Hinterlassenschaft zanken, oder wie Freunde, die wir sehr geliebt haben, herablassend oder gar höhnisch und verletzend über uns sprechen. Wenn ein eben Gestorbener entdecken müsste, dass die Verwandten nur vorgegeben haben, ihn zu lieben, in Wirklichkeit aber hinter seinem Geld her waren, könnte er derart verletzt und enttäuscht reagieren, dass er als Gespenst zurückkehren muss, um die Erben seines Reichtums zu verfolgen. Solche Situationen können uns äußerst gefährlich werden, weil unsere Reaktion uns durch ihre Gewalt direkt in eine unglückliche Wiedergeburt treiben kann. Es ist also ausschlagender Bedeutung, wie man sich nach dem Ableben eines Menschen verhält; das, was man sagt und denkt, hat wesentlich weiter reichende Folgen für die Zukunft des Verstorbenen, als man gemeinhin annimmt. Ähnlich schwierig wäre es für den Verstorbenen auch, wenn er seine geliebten Hinterbliebenen verzweifelt und hilflos vor Trauer sehen müsste; es könnte sein, dass ihn dies in eine ähnliche abgrundtiefe Trauer zieht. Damit wird deutlich, warum es für den geistigen Frieden des Verstorbenen so wesentlich ist, dass die Hinterbliebenen in Eintracht und Harmonie miteinander umgehen. Daher sollten alle Freunde und Verwandte, die sich im Gedanken an den Verstorbenen versammelten, dazu angehalten, gemeinsam zu praktizieren und so oft wie möglich ein Mantra (Gebet) wie z.B. „OM MANI PADME HUM", zu rezitieren. Ein anderes Mantra ist „OM AMI DEWA HRIH", das Mantra des „Amitabhas" und des grenzenlosen Lichts. Eine weitere Möglichkeit, Verstorbenen zu helfen ist, wenn der Praktizierende das Reinigungsmantra von Vajrasattva, der die Hauptgottheit aller friedvollen und zornvollen Gottheiten und dessen Kraft ganz besonders zum Zwecke der Reinigung und Heilung anruft. Man kann auch eine kurze sechssilbige Form des Vajrasattva- Mantra verwenden: „OM VAJRA SATTVA HUM". Die essentielle Bedeutung dieses; Mantra lautet:" Oh Vajrasattva! Mögest du durch deine Kraft Reinigung; Heilung und Transformation bewirken".

Menschen, die eines gewaltsamen oder plötzlichen Todes gestorben sind, sind auf unsere Hilfe ganz besonders angewiesen. Opfer von Mord, Selbstmord, Unfall oder Krieg verfangen sich leicht in den Fallstricken ihres Leidens, ihrer Verzweiflung und Angst, oder sie bleiben in der Todeserfahrung stecken und sind damit unfähig, den Prozess der Wiedergeburt zu durchlaufen. Wenn man für solche Menschen praktiziert, dann sollte man sich noch stärker und eindringlicher tun als sonst: man stelle sich vor, wie ein unermäßliches Licht von den

Gottheiten oder erleuchteten Wesen ausgeht, die ihr ganzes Mitgefühl und ihren Segen ausgießen. Man stelle sich vor, dass dieses Licht in den Verstorbenen einströmt, ihn ganz und gar reinigt, vom Schock und Schmerz seines Todes befreit und ihm tiefen, dauerhaften Frieden bringt. Dann stelle man sich aus dem tiefsten Herzen und sehr konzentriert vor, wie sich der Verstorbene in Licht auflöst und sein Bewusstsein, das nun geheilt und frei von allem Leiden geworden ist, aufsteigt und endgültig mit dem Weisheitsgeist der Gottheiten eins wird. Meditationspraxis und Gebete sind nicht die einzige Form, Verstorbenen zu helfen. Wir können in ihrem Namen den Kranken und Bedürftigen wohltätig helfen; wir können ihren Besitz den Armen geben. wir können in ihrem Namen einen Beitrag für humanitäre oder spirituelle Projekte, wie Krankenhäuser, soziale Projekte leisten, wir können Lichter für den Verstorben Menschen darbringen oder mit seinem Geld religiöse Kunstwerke in Auftrag geben. Es ist wichtig, allen Verdienst und Nutzen, der sich solchen Handlungen der Güte und Großzügigkeit ergibt, dem Verstorbenen mit dem Wunsch zu widmen, dass sie in ihrem nächsten Leben eine bessere Wiedergeburt und günstige Umstände erlangen werden.

   Zum Schluss möchte ich noch ein Mantra vorstellen, das in Zeiten tiefer Sorge und Trauer wirklich hilft: „OM AH HUM VAJRA GURU PADMA SIDDHI HUM". Das ist das Mantra des Mitgefühls, das seit Jahrhunderten von tausenden von Wesen als ein heilsamer Quell der Reinigung und des Schutzes genutzt wird.

11. Kapitel

Der Weg in die Freiheit

Wenn wir uns auf den spirituellen Pfad begeben, müssen wir zuerst die absurde Tyrannei des „Ichs" beenden. „Ich" ist die Abwesenheit des wahren Wissens um unser eigentliches Selbst, zusammen mit den entsprechenden Ergebnissen: einem verhängnisvollen Festklammern um jeden Preis an einem zusammengestückelten, befehlsmäßigen Selbstbild, einem unvermeidlich trügerischen Scharlatan-Selbst, das sich wie ein Chamäleon andauern verändern muss, um die Fiktion seiner Existenz am Leben zu halten. Solange wir das Ich nicht entlarvt haben, wird es uns an der Nase herumführen, einem Anwalt vergleichbar, der unermüdlich geniale Lügengebilde und Strategien erfindet und anbiederndem Geschwafel ergeht, letztlich nichts zu sagen hat. Viele Leben in Unwissenheit haben uns dazu gebracht, unser ganzes Wesen mit dem Ich zu identifizieren. Der größte Triumph des Ich aber ist, uns zu dem Glauben zu verleiten, seine Interessen seien auch die unseren, ja es überzeugt uns sogar, dass unser Überleben an das seine gebunden sei. Das ist übelster Zynismus, wenn man bedenkt, dass das Ich und sein Greifen die Wurzel all unseres Leidens ist. Selbst wenn wir die Lügen des Ego durchschauen sollten, haben wir immer noch zu viel Angst, es tatsächlich auch aufzugeben, denn ohne ein echtes Wissen um die Natur unseres Geistes, unsere wahre Identität, sehen wir einfach keine Alternative. Alles Negative, das wir jemals gedacht oder getan haben, ist letztlich auf unser Greifen nach einem falschen Ich zurückzuführen, das wir hegen und pflegen, bis es uns zum liebsten und wichtigsten Element unseres Lebens geworden ist. Alle negativen Gedanken, Emotionen, Begierden und Handlungen, die die Ursachen für unser negatives Karma sind, werden vom Greifen nach einem Ich und von der Selbstsucht erzeugt. Sie sind der dunkle, machtvolle Magnet, der jede nur erdenkliche Katastrophe, jedes Hindernis und jede Verzweiflung auf uns zieht und somit die Grundlegende Ursache aller Leiden im ewigen Leben. Festhalten an einem Ich erzeugt Selbstsucht, die wiederum eingefahrene Abneigungen gegen Schmerzen und Leiden nach sich zieht. Schmerzen und Leiden besitzen jedoch keine objektive Existenz; einzig und allein der Tatsache, dass wir sie ablehnen und meiden wollen, verdanken sie ihr Dasein und ihren Einfluss auf uns. Haben wir das verstanden, wird uns endlich klar, dass es tatsächlich unsere Abneigung ist, die jedes Hindernis, jede nur denkbare Negativität auf uns zieht und unser Leben mit nervöser Ängstlichkeit, Hoffnung und Furcht erfüllt. Allmählich versteht ihr, dass sowohl Hoffnung als auch Furcht Feinde des geistigen Friedens sind; Hoffnung täuscht euch und lässt euch ängstlich zurück, und Furcht hält euch wie gelähmt in der engen Zelle eurer eigenen falschen Identität gefangen. Beseitigen wir die Abneigung, indem wir mit dem Geist, der nach einem unabhängigen Ich greift und dann an diesem nichtexistenten Ich festhält, aufräumen, dann nehmen wir den Hindernissen und aller Negativität jede weitere Möglichkeit, uns zu beeinflussen. Mitgefühl ist unser bestmöglicher Schutz, und wie die großen Meister der Vergangenheit immer schon wussten, ist es auch die größte Quelle der Heilung.

Nach dem Tod geschieht sehr einfach ausgedrückt folgendes: Unser Bewusstsein besteht auf seiner subtilsten Ebene ohne den Körper weiter und durchläuft eine Reihe von Bewusstseinszuständen. Es gibt letztlich keinen Grund, sich vor irgendeiner der Erfahrungen nach dem Tode (wie grässlich auch sein mögen) zu fürchten, weil wir in diesem Zustand keinen Körper besitzen. Wie kann irgendetwas einen Niemand ohne Körper verletzen? Das Problem besteht nun aber darin, dass die meisten Menschen mit ihrem Festhalten an einem falschen „Ich" und seinem gespenstischen Greifen nach einer physischen Wirklichkeit in diesem Bewusstseinszustand einfach weiter machen. Die Kontinuität dieser Illusion, die schon Wurzel allen Leidens im Leben gewesen ist, sorgt auf diese Weise im Tode für noch mehr Leiden, ganz besonders im „Zustand des Werdens." Wie wir sehen, ist es wesentlich, jetzt im Leben solange wir noch einen Körper haben, seine augenscheinliche und so überzeugende Solidität als bloße Illusion zu erkennen. Wenn uns dann der Tod unausweichlich mit der Tatsache konfrontiert, dass der Körper wirklich eine Illusion ist, werden wir, gerüstet und inspiriert von dieser Erkenntnis, fähig sein, seine vergängliche Natur furchtlos zu akzeptieren. Wir werden uns gelassen von allem Anhaften an unseren Körper frei machen und ihn freiwillig, ja sogar dankbar und freudig zurücklassen können, weil wir ihn jetzt als das erkennen, was er wirklich ist. Diese Einsicht macht uns tatsächlich fähig zu sterben, wenn wir sterben, und so erlangen wir letztendlich Freiheit. Denken wir uns den Tod als eigenartiges Grenzgebiet des Geistes, ein Niemandsland, in dem wir durch den Verlust unseres Körpers einerseits ungeheueres emotionales Leid erfahren können, wenn wir seine illusorische Natur nicht vergessen, in dem sich uns andererseits aber die Möglichkeit grenzenloser Freiheit bietet, die gerade aus der Abwesenheit ebendieses Körpers entspringt. Wenn wir endlich vom Körper befreit sind, der unser Selbstverständnis so lange definiert und beherrscht hat, ist die karmische Version eines Lebens vollständig erschöpft, und all das eventuell für die Zukunft geschaffene Karma ist noch nicht manifest geworden. Im Moment des Todes öffnet sich also eine Lücke, ein Raum, angefüllt mit ungeheueren Möglichkeiten ein Augenblick enormer potenzieller Kraft, und er zählt nur noch, wie unser Geist wirklich ist. Der physischen Körpers entledigt, steht der Geist nackt da, plötzlich entlarvt als das, was er schon immer war; der Baumeister unserer Wirklichkeit. Wenn wir daher zum Zeitpunkt des Todes bereits eine stabile Erkenntnis der Natur unseres Geistes haben, können wir uns in einem Augenblick von allem Karma reinigen und lösen. Und wenn wir diese Erkenntnis stabil aufrechterhalten, ist es wirklich möglich, unser gesamtes Karma zum Abschluss zu bringen, indem wir in die offene Weite ursprünglicher Reinheit der Natur des Geistes eingehen und Befreiung erlangen.

Der Sterbeprozess. Wir alle haben bestimmte Lebensspane, die durch unser Karma bestimmt ist, und wenn diese Zeit abgelaufen ist, ist es nahezu unmöglich, das Leben noch zu verlängern. Ein Yogi, der die fortgeschrittenen Yoga-Praktiken gemeistert hat, kann sogar diese Grenze überschreiten und sein Leben tatsächlich auch dann noch verlängern. Der Mensch kann zweierlei Arten von Tod erleiden: den vorzeitigen Tod und den Tod nach Ablauf der natürlichen Lebensspanne. Der Tod macht sich durch einigen Warnzeichen bemerkbar, die einen bevorstehenden Tod ankündigen. Einige dieser Zeichen kündigen den Tod schon Jahre oder Monate im Voraus an, andere Wochen oder Tage vorher.

Wenn wir die Belehrungen über den Sinn des Todes erhalten haben, wissen wir auch um die große Hoffnung, die im Aufscheinen der Grund - Lichtheit im Augenblick des Todes liegt. Trotzdem bleibt immer noch die Ungewissheit, ob wir auch in der Lage sein werden, sie zu erkennen; und das ist der Grund, warum es so wichtig ist, die Erkenntnis der Natur des Geistes durch Praxis bereits jetzt zu stabilisieren, solange wir noch am Leben sind. Wenn wir uns nicht um unser Leben gekümmert haben, wenn wir bösartig und zerstörerisch gehandelt haben, empfinden wir jetzt Reue, Schuld und Angst. Für gute Praktizierende, die genau wissen, was geschieht, ist der Tod nicht nur weniger schmerzhaft, sondern er ist tatsächlich ein Augenblick, auf den sie schon lange gewartet haben; sie begegnen ihn mit Gleichmut, oft sogar mit Freude. Wenn es ans Sterben geht sollte man den Beistand eines Meisters oder zumindest eines spirituellen Freundes haben, der an die Essenz der Praxis erinnern und die Sicht inspirieren kann. Für jeden von uns kann es daher von großer Hilfe sein, wenn wir uns mit dem Sterbeprozess vertraut machen. Sind uns die verschiedenen Stufen des Sterbens bekannt, dann wissen wir, dass all die eigenartigen und unbekannten Erfahrungen, die wir während des Sterbens durchmachen, Teil eines natürlichen Prozesses sind. Das Einsetzen dieses Prozesses signalisiert den nahen Tod und mahnt uns zur Aufmerksamkeit. Dieser Prozess besteht im Grunde aus zwei Phasen der Auflösung der groben und subtilen Gedankenzustände und Emotionen. Bevor wir diesen Prozess eingehender untersuchen können, ist es zunächst nötig, die Komponenten von Körper und Geist, die sich im Tod auflösen, besser zu verstehen. Unsere gesamte Existenz hängt von den Elementen Erde, Wasser, Feuer, Luft und Akasha (Raum) ab. Sie bilden und erhalten unseren Körper, und wenn sie sich auflösen, sterben wir. Mit den äußeren Elementen, die ja unsere ganze Art der Existenz bestimmen, sind wir einigermaßen vertraut; es ist aber interessant zu sehen, wie diese äußere Elemente mit den inneren Elementen unseres physischen Körpers korrespondieren, und das die Potenziale und Eigenschaften dieser fünf Elemente auch in unserem Geist existieren. Alles, was erschaffen wurde, sowohl der Makrokosmos als auch der Mikrokosmos, ist durch die Wirkung der Elemente zustande gekommen.

Die äußere Auflösung. Die Desintegration der Sinne und Elemente im Tode nennt man die äußere Auflösung. Als Erstes werden wir wohl bemerken, dass unsere Sinne langsam nicht mehr richtig funktionieren. So wird z.B. ein Zeitpunkt kommen, wo wir zwar den Klang der Stimmen von Menschen, die sich an unserem Bett unterhalten, noch hören, aber die einzelnen Wörter nicht mehr unterscheiden können. Dies bedeutet, dass das Hörbewusstsein seine Funktion einstellt. Wir schauen einen Gegenstand an und können nur noch seinen Umriss sehen, aber keine Einzelheiten mehr, unser Sehbewusstsein versagt. So geht es auch mit dem Riech-, Geschmacks und Tastsinn. Diese verminderte Funktionsfähigkeit unserer Sinne ist das Zeichen der ersten Phase im Auflösungsprozess.

In den nächsten vier Phasen erfolgt die Auflösung der Elemente:
1) Erde. Unser Körper beginnt, alle Kraft zu verlieren. Alle Energie hat uns verlassen. Wir können uns nicht mehr erheben, aufrecht stehen oder Dinge festhalten. Wir können den Kopf nicht mehr aufrechterhalten. Wir fühlen uns, als würden wir fallen, in den Boden einsinken oder von einem schweren Gewicht niedergedrückt. Unsere Hautfarbe schwindet, und wir werden sehr blass. Die Wangen fallen ein, und dunkle Flecken erscheinen auf unseren Zähnen. Es wird schwieriger für uns, die Augen zu öffnen und zu schließen. Da das Aggregat Form sich auflöst, werden wir schwach und gebrechlich. Unser Geist ist zunächst aufgewühlt und wie im Delirium und versinkt dann in einem Dämmerzustand. Dies sind die Zeichen dafür, dass das Element Erde sich in das Wasserelement zurückzieht, was bedeutet, dass der Wind, der mit dem Element Erde verbunden ist, seine Fähigkeit verliert, als Basis für das Bewusstsein zu dienen, und das Element Wasser dadurch stärker hervortritt. Das verborgene Zeichen, das hier im Geist erscheint,

ist daher die Vision einer schimmernden Luftspiegelung.

2) Wasser. Wir beginnen die Kontrolle über unsere Körperflüssigkeit zu verlieren. Die Nase beginnt zu laufen. Es kann zu einem Austreten von Flüssigkeit aus den Augen kommen, und wir sind vielleicht nicht mehr in der Lage, unsere Ausscheidungen zu kontrollieren. Wir können die Zunge nicht mehr bewegen. Die Augen beginnen, sich in ihren Höllen trocknen anzufühlen, die Lippen sind blutleer und nach innen gezogen, Mund und Rachen sind klebrig und verstopft. Die Nasenflügel fallen ein, und wir bekommen großen Durst. Wir zittern und haben Zuckungen. Der Geruch des Todes beginnt sich um uns auszubreiten. Da sich das Aggregat der Empfindung auflöst, verlieren sich die Körpereindrücke in einem Wechselspiel von Schmerz und Lust, Hitze und Kälte. Unser Geist wird verschwommen, unzufrieden, reizbar und nervös. Das Element Wasser löst sich in das Feuerelement auf, dessen spezielle Fähigkeit, das Bewusstsein zu erhalten, damit überhand nehmen. Das verborgene Zeichen ist daher die Vision eines Dunstes aus wirbelnden Rauchfahnen.

3) Feuer. Mund und Nase trocknen völlig aus. Unsere ganze Körperwärme beginnt sich zu verflüchtigen, gewöhnlich von den Füssen und Händen her in Richtung Herz. Möglicherweise erhebt sich eine schwüle Hitze von unserem Scheitel. Unser Atem fährt kalt durch Mund und Nase. Wir können nichts mehr trinken, und die Verdauung versagt. Das Aggregat der Wahrnehmung löst sich auf, und unser Geist wechselt ständig zwischen Klarheit und

Verwirrung. Zuerst fallen uns die Namen unserer Freunde und Verwandten nicht mehr ein, dann können wir sie nicht einmal mehr erkennen. Es wird zunehmend schwieriger, irgendetwas außerhalb von uns zu unterscheiden, da Gehör und Sehvermögen sich verwirren. Der Sterbende fühlt sich, als würde er von einer Flamme verzehrt, als stünde er mitten in einer Feuerbrunst oder als würde die ganze Welt um ihn in einem Inferno aus Feuer untergehen. Das Element Feuer löst sich in das Luftelement auf, seine speziellen Eigenschaften im Erhalt des Bewusstseins nehmen damit ab, gleichzeitig treten die entsprechenden Qualitäten des Luftelements deutlich hervor. Das verborgene Zeichen ist daher die Vision von rot glühenden Feuerfunken, die wir Glühwürmchen über einem offenen Feuer tanzen.

4) Luft. Der Atem wird immer mühsamer. Die Luft scheint durch unsere Kehle zu entweichen. Unsere Atmung wird rasselnd und keuchend. Das Einatmen wird kürzer und mühsam, das Ausatmen immer länger. Die Augen rollen nach oben und wir werden völlig bewegungsunfähig. Da das Aggregat des Intellekts sich auflöst, ist der Geist verwirrt und sich der Außenwelt nicht mehr bewusst und alles versinkt in Verschwommenheit. Unsere letzte Empfindung eines Kontakts mit der Außenwelt verwehrt. Wir beginnen zu halluzinieren und Visionen zu haben, wenn es viel Negativität in unserem Leben gegeben hat, sehen wir vielleicht erschreckende Formen. Gespenstische und Furcht erregende Augenblicke unseres Lebens laufen noch einmal vor uns ab, und wir mögen versucht sein, vor Angst zu schreien. Wenn wir in unserem Leben gütig und mitfühlend gewesen sind, können wir glückselige, himmlische

Visionen haben und liebevollen Freunden oder erleuchteten Wesen begegnen. Menschen, die ein gutes Leben gelebt haben, finden im Tode Frieden und nicht Angst. Die innere Erfahrung des Sterbenden ist die eines enormen Windes, der die ganze Welt hinwegfegt, eines unglaublichen Wirbelsturms, der das ganze Universum vernichtet. Das Element Luft löst sich ins Bewusstsein auf. Das entsprechende verborgene Zeichen wird als die Vision einer aufflammenden Fackel oder Lampe mit einem roten Schein beschrieben. Unser Einatmen wird immer schwächer, das Ausatmen länger. An diesem Punkt sammelt sich Blut und tritt in den „Kanal des Lebens" im Zentrum unseres Herzens ein. Drei Blutstropfen sammeln sich und verursachen ein dreimaliges, langes, letztes Ausatmen. Danach setzt unser Atem ganz aus. Ein Hauch von Wärme bleibt noch in unserer Herzgegend zurück. Alle äußeren Lebenszeichen sind nun verschwunden, und von der modernen Medizin werden wir an diesem Punkt für tot erklärt.

Die innere Auflösung. In der inneren Auflösung, während der die groben und subtilen Gedankenmuster und Emotionen vergehen, durchläuft man vier immer subtiler werdende Bewusstseinebenen. Ab diesem Zeitpunkt ist der Prozess des Sterbens die umgekehrte Spiegelung des Zeugungsvorgangs. Wenn Sperma und Ei unserer Eltern zusammentreffen, wird unser Bewusstsein, von der Kraft seines Karmas angetrieben, in diese Verbindung eingesogen. In der Entwicklung des Fötus liegt die Essenz unseres Vaters- ein Nukleus, der als „weiß und beseligend" beschrieben wird-

Chakra am Scheitel unseres Kopfes, am oberen Ende des Zentralkanals. Die Essenz der Mutter- ein Nukleus, dessen Qualitäten mit „rot und heiß" beschrieben werden, liegt in dem Chakra, das sich etwa vier Fingerbreit unter dem Nabel befindet. Diese beiden Essenzen beherrschen die nächsten Phasen der Auflösung. Die weiße Essenz- das Erbe des Vaters- sinkt mit dem Vergehen des Windes, der sie dort gehalten hat, durch den Zentralkanal in Richtung Herz - Chakra. Das äußere Zeichen dieses Vorgangs ist die Wahrnehmung von „Weiße" wie ein klarer, von Mondlicht erhellter Himmel. Als inneres Zeichen wird unser Gewahrsein äußerst klar, und alle Gedankenmuster, die aus Abneigung resultieren, finden ein Ende. Diese Phase wird „Erscheinung" genannt. Dann steigt die Essenz der Mutter durch den Zentralkanal auf, nachdem der Wind, der sie am Nabel - Chakra gehalten hatte, verschwunden ist. Das äußere Zeichen ist die Wahrnehmung von „Röte", einem klaren sonnendurchfluteten Himmel vergleichbar. Als inneres Zeichen entsteht eine Erfahrung großer Glückseligkeit, da alle Gedankenmuster, die sich aus Verlangen ergeben, zu funktionieren aufhören. Diese Phase nennt man „Anwachsen". Wenn sich die rote und weiße Essenz am Herzen treffen, wird das Bewusstsein zwischen ihnen eingeschlossen. Als äußeres Zeichen machen wir die Erfahrung von „Schwärze", einem Himmel in tiefster Dunkelheit vergleichbar. Das innere Zeichen ist die Erfahrung eines Geisteszustands, der völlig frei ist von Gedanken. Hiermit finden die sieben durch Unwissenheit und Verblendung verursachten Gedankenmuster ein Ende. Dies wird „Vollständiges

Erlangen" genannt. Wenn das Bewusstsein auf einer sehr subtilen Ebene zurückkehrt, scheint die Grund - Lichtheit auf, wie ein vollkommener leerer Himmel ohne Wolken, Nebel oder Dunst. Dieser Zustand wird manchmal als „der Geist des klaren Lichts des Todes " bezeichnet. Was ich hier vorgestellt habe, ist eine Beschreibung des allgemeinen Ablaufs der sich aber – den individuellen Gegebenheiten entsprechend - durchaus auch anders gestalten kann. Es können sich jedoch Abweichungen durch die Wirkungen bestimmter Krankheiten ergeben oder auch durch den individuellen Zustand der Kanäle, Winde und Essenzen des Sterbenden. Auch im Fall eines plötzlichen Todes, wie etwa bei einem Unfall, läuft dieser Prozess ab, dann allerdings in atemberaubender Geschwindigkeit. Was während des Sterbeprozesses mit den äußeren und inneren Auflösungen geschieht, ist am einfachsten zu verstehen, wenn man es als eine allmähliche Entwicklung, ein In - Erscheinung - Treten immer subtilerer Ebenen von Bewusstsein sieht. Jede dieser Ebenen kommt aufgrund einer sukzessiven Auflösung der Bestandteile von Körper und Geist zum Vorschein, während sich der Prozess allmählich der Enthüllung des allersubtilsten Bewusstseins nähert, das wir Grund - Lichtheit oder Klares - Licht nennen. Die Pause zwischen dem Aufhören der Ausatmung und dem Aufhören der Einatmung ist die Zeit, während die Lebenskraft im Mittelnerv verweilt. Gewöhnliche Leute nennen dies den Zustand, in dem das Bewusstseinsprinzip ohnmächtig geworden ist. Je nach dem guten oder schlechten Karma, das einer hat, flieht die Lebenskraft entweder in den rechten oder linken

Nerv und tritt durch irgendeine Öffnung des Körpers aus. Es hängt von der guten oder schlechten Konstitution und dem Zustand der Nerven und der Lebenskraft ab. Bei denen, die ein schlechtes Leben geführt haben, und denen mit schwachen Nerven dauert der obige Zustand nur so lange, als man braucht um mit einem Finger zu schnippen. Bei anderen wiederum dauert er so lange, als man Zeit braucht, um ein Mahlzeit zu verzehren. In verschiedenen Schriften wird gesagt, dass dieser Zustand der Bewusstseinslosigkeit ungefähr dreieinhalb bis vier Tage andauern kann. Nach dieser Zeitspanne verlässt das Bewusstsein den Körper endgültig. Daher sollte man den Körper drei Tage nach dem Tode nicht berühren oder auf sonstige Weise zerstören, da man niemals sicher wissen kann, wie weit ein Mensch in seiner Erkenntnis gelangt ist, bleibt es immer ungewiss, wann genau das Bewusstsein den Körper verlässt. Wird der Körper irgendwo berührt, wenn beispielsweise noch eine Injektion gegeben wird, dann kann das Bewusstsein an diese Stelle gezogen werden. Damit besteht die Gefahr, dass das Bewusstsein des Sterbenden den Körper statt durch die Fontanelle durch die nächstgelegene Öffnung verlässt, was wiederum eine ungünstige Wiedergeburt zur Folge haben kann. Aus all diesen Gründen wäre es streng genommen am besten, eine eventuelle Autopsie oder Verbrennung erst nach dem Ablauf von drei Tagen durchzuführen.

Obwohl die Grund -Lichtheit jedem von uns erscheint, treffen wir doch meist völlig unvorbereitet auf ihre schiere Unermesslichkeit, auf die Weite und subtile Tiefe ihrer nackten Einfachheit. Die meisten

Menschen werden sie schlicht und einfach nicht erkennen, weil sie es versäumt haben, sich bereits im Leben mit der entsprechenden Erkenntnis vertraut zu machen. Die Folge ist, dass sie instinktiv wieder mit all ihren Ängsten, Gewohnheiten und Konditionierungen- ihren alten Reflexen- reagieren. Denn obwohl die negativen Emotionen gestorben sind, um die Lichtheit hervortreten zu lassen, bleiben die Gewohnheiten unserer vergangenen Leben doch weiter bestehen, verborgen im Hintergrund unseres gewöhnlichen Geistes. Obwohl unsere Verwirrung im Tod stirbt, geben wir uns einfach nicht der Lichtheit hin, sondern weichen in unserer Angst und Unwissenheit vor ihr zurück und halten instinktiv an unserem Greifen fest. Das ist der Mechanismus, der uns daran hindert, diesen machtvollen Moment, diese große Chance zur Befreiung, wirklich wahrzunehmen.

12. Kapitel

Dharmakaya und der Tod

Dharmakaya ist die nackte, unbedingte Wahrheit, das Wesen der Wirklichkeit oder die eigentliche Natur der Existenz der Phänomene. Das Aufscheinen der Grund- Licht am Ende des Auflösungsprozesses hat eine neue Dimension eröffnet, die sich nun zu entfalten beginnt. Dieser Vorgang lässt sich am Beispiel des Übergangs von der Nacht zum Tag besonders anschaulich nachvollziehen. Die letzte Phase im Auflösungsprozess des Sterbens ist die Erfahrung von Schwärze im Zustand des „ vollständigen Erlangens". Das Aufgehen der Grund- Lichtheit entspricht in unserem Beispiel der Klarheit des leeren Himmels, direkt vor Beginn der Dämmerung, in dem dann allmählich die Sonne der Dharmakaya in all ihrem Glanz aufzugehen beginnt und die Einzelheiten der Landschaft langsam erkennbar werden lässt. Das Ganze ist eigentlich ein Prozess der Entfaltung, in dem der Geist und seine grundlegende Natur sich allmählich immer deutlicher manifestieren. Der Zustand der Dharmakaya ist eine Stufe dieses Prozesses; durch seine Dimension von Licht und Energie entfaltet sich der Geist aus seinem reinsten Zustand, der Grund- Lichtheit, zu seiner Manifestation als Form im nächsten Zustand, dem Zustand des Werdens.

Der Zustand der Dharmakaya hat vier Phasen, von denen jede eine Chance zur Befreiung wird, dann entfaltet sich die jeweils nächste Phase.

1. Lichtheit - die Landschaft aus Licht
Der Mensch wurde mit fünf den Elementen entsprechenden Sinnen ausgestattet, deren sich der Astralkörper oder die Seele mit Hilfe der körperlichen Sinne bedient, um Wahrnehmungen der physischen Welt aufzunehmen. Dieses Aufnehmen und Betätigen der fünf Sinne mittels des astralen und grobmateriellen Körpers geschieht durch unseren unsterblichen Geist. Ohne Betätigung des Geistes in der Seele wäre der Astralkörper leblos und würde sich in seine Bestandteile auflösen. Da der Geist seine Auswirkungen ohne Vermittlung der Seele nicht zustande bringen würde. Ist daher der Astralkörper der Sitz sämtlicher Eigenschaften. Je nach seiner Entwicklung und Reife hat der Mensch eine verschiedenartige elektrische oder magnetische Fluidwschwingung, die sich in der Seele in den vier Temperamenten nach außen hin zeigt. Den vorherrschenden Elementen nach unterscheiden wir das cholerische, sanguinische, melancholische und phlegmatische Naturell. Das cholerische Temperament entspringt dem Feuer-Element, das sanguinische dem Luft-Element, das melancholische dem Wasser- Element und das phlegmatische dem Element Erde. Jedes dieser vier Elemente, die das Temperament im Menschen bestimmen, hat in der aktiven Form das Gute oder die guten Eigenschaften und in der passiven Form die entgegengesetzten, also die schlechten Eigenschaften. Hier einige Beispiele dazu:

- das cholerische Temperament hat in seiner aktiven Polarität folgende guten Eigenschaften; Aktivität, Begeisterung, Eifer, Entschlossenheit, Kühne, Mut, Schöpfungskraft, Strebsamkeit usw. In der negativen Form sind es: Gefräßigkeit, Eifersucht, Leidenschaft, Reizbarkeit, Streitsucht, Unmäßigkeit, Vernichtungstrieb usw.
- das sanguinische Temperament weist in seiner aktiven Form auf: Durchdringlichkeit, Fleiß, Freude, Gewandtheit, Gutherzigkeit, Klarheit, Kummerlosigkeit, Lachsucht, Leichtigkeit, Optimismus, Regsamkeit, Unabhängigkeit, Wachsamkeit, Zutraulichkeit usw. In der negativen Form: Beleidigtsein, Geringschätzung, Klatschsucht, Mangel an Ausdauer, Schlauheit, Schwatzhaftigkeit, Unehrlichkeit usw.
- das melancholische Temperament in der aktiven Form: Achtung, Barmherzigkeit, Bescheidenheit, Ergebenheit, Ernst, Fügsamkeit, Inbrunst, Innigkeit, Ruhe, Vertiefung, Fassungsvermögen, Vertrauensseligkeit, Verzeihung, Zartheit, Mitleidsgefühl usw.
- das phlegmatische Temperament in der aktiven Form: Achtung, Ansehen, Ausdauer, Entschlossenheit, Ernst, Festigkeit, Gewissenhaftigkeit, Gründlichkeit, Konzentriertheit, Nüchternheit, Pünktlichkeit, Reserviertheit, Sachlichkeit, Verlässlichkeit, Verantwortungsgefühl, Vorsicht, Zielbewusstsein usw. In der negativen Form: Fadheit, Fahrlässigkeit, Geringschätzung, Gleichgültigkeit, Gewissenlosigkeit, Menschenscheu, Schwerfälligkeit, Trägheit, Unverläßlichkeit, Wortkargheit usw.

Die Eigenschaften der Temperamente bilden je nachdem, welche Eigenschaft die überwiegende ist, die Grundlage des Charakters des Menschen. Der Gesamteinfluss der Auswirkung der Temperamente hat eine Strahlung zur Folge, die fachmännisch Aura genannt wird. Diese Strahlung ruft in der ganzen Seele eine bestimmte Vibration hervor, die einer bestimmten Farbe entspricht.

Im Zustand der Dharmakaya nehmen wir einen Lichtkörper an. Die erste Phase dieser Zustand beginnt, wenn „Raum in Licht aufgeht". Plötzlich wird man sich einer fließenden, vibrierenden Welt von Klang, Licht und Farbe bewusst. Alle gewöhnlichen Erscheinungsformen unserer vertrauten Umwelt sind zu einer allumfassenden Landschaft aus Licht geschmolzen. Sie ist funkelnd, klar und strahlend, durchscheinend und vielfarbig, unbegrenzt von irgendeiner Dimension oder Richtung, schimmernd und in ständiger Bewegung. Ihre Farben sind der natürliche Ausdruck der dem Geist innewohnenden Eigenschaften der Elemente: Raum (Akasha) wird als blaues Licht wahrgenommen, Wasser als weißes, Erde als gelbes, Feuer als rotes, und Luft erscheint als grünes Licht. Wie stabil die überwältigenden Lichterscheinungen im Zustand der Dharmakaya sind, hängt ganz und gar von der Stabilität ab, die man in Yoga-Übungen im Leben gefestigt hat. Nur ein vollkommener Meister wird in der Lage sein, diese Erfahrungen so weit zu stabilisieren, dass man es nutzen kann, um Befreiung zu erlangen. Ich möchte noch mal betonen, dass ausschließlich jemand, der Yoga geübt hat, zur alles entscheidenden Erkenntnis fähig ist:

nämlich diese strahlende Manifestationen von Licht nicht getrennt von der Natur des Geistes existieren.

2. Vereinigung - die Gottheiten

Die zweite Phase ist als „Lichtheit geht in Vereinigung auf" bekannt. Wobei das Licht in Form von Vorstehern („Gottheiten") der Astralebene von verschiedenster Größe, Farbe, Gestalt, und die unterschiedlichsten Gegenstände haltend, ist belebend, der Klang ist gewaltig wie das Krachen von tausend Donnerschlägen, und die Lichtstrahlen sind wie alles durchdringende Laserstrahlen. Diese sind die 42 friedvollen und 58 zornvollen Vorsteher der Astralebene (Gottheiten), die im „Tibetischen Totenbuch" beschrieben werden. Sie enthalten sich über eine bestimmte Zeitspanne von Tagen und nehmen jeweils eigene Muster in Fünfergruppierungen an. Diese Vision erfüllt eure gesamte Wahrnehmung mit derartiger Intensität, dass sie, wenn ihr sie nicht als das erkennt, was sie ist, erschreckend und Furch einflößend wird. Dann können nackte Angst und blinde Panik euch erfassen und ihr verliert das Bewusstsein. Von euch selbst und von den Vorstehern der Astralebene gehen feine Lichtstrahlen aus und verbindet euer Herz mit dem ihren. Unzählige Sphären aus Licht erscheinen in ihren Strahlen, die sich erst ausdehnen und dann zusammenrollen, wenn sich sämtliche Erscheinungen in euch auflösen.

3. Weisheit

Wenn ihr wieder nicht erkennt und Stabilität gewinnen könnt, entfaltet sich die nächste Phase, die „Vereinigung geht in Weisheit auf" genannt wird.

Wieder geht ein feiner Lichtstrahl von eurem Herzen aus und entfaltet sich zu einer gewaltigen Vision, in der jedes Detail dennoch ganz präzise unterscheidbar bleibt. Dies ist der Ausdruck der verschiedenen Weisheitsaspekte, die sich zusammen in einer Schau von ausgebreiteten Lichtteppichen und leuchtenden sphärischen Lichtkegel aus Licht folgendermaßen entfalten: Zuerst erscheinen auf einem Teppich aus dunkelblauem Licht saphirblau funkelnde Lichtkugeln in Fünfergruppen. Darüber erscheinen auf einem Teppich aus weißem Licht kristallweiß strahlende Lichtkugel; darüber goldene Kugeln auf einem Teppich aus gelbem Licht, und darüber wieder, auf einem Teppich aus rotem Licht rubinfarben schimmernde Kugel. Alles wird gekrönt von einer strahlenden Lichtsphäre, die wie ein ausgedehnter Baldachin aus Pfauenfedern wirkt. Diese strahlende Erscheinung aus Licht ist die Manifestation der fünf Weisheiten: Weisheit des allumfassenden Raums (Akasha), Spiegelgleiche Weisheit, Weisheit der Wesengleichheit, Weisheit der Unterscheidung und Allesvollendete Weisheit. Da aber die Allesvollendete Weisheit ausschließlich in der Erleuchtung vervollkommnet wird, erscheint sie hier noch nicht. Daher fehlt ein fünfter Teppich aus grünem Licht mit seinen entsprechenden Lichtkugeln; die Eigenschaft der fünften Weisheit ist aber in den anderen Farben enthalten. Was hier manifestiert wird, ist unser Potenzial zur Erleuchtung; die Allesvollendete Weisheit erscheint dagegen erst, wenn wir tatsächlich Befreiung erlangen. Wenn ihr hier auch nicht Befreiung erlangt, indem ihr unabgelenkt in der Natur des Geistes ruht, lösen sich alle Lichtteppiche mit ihren

Lichtkugeln wieder in der Lichtsphäre auf, die dem erwähnten Baldachin aus Pfauenfedern gleicht.

4. Unmittelbare Präsenz

Jetzt kündigt sich die letzte Phase im Zustand der Dharmakaya an „Weisheit geht in unmittelbare Präsenz auf". Die Gesamtheit der Wirklichkeit präsentiert sich nun in einer ungeheueren Erscheinung. Zuerst dämmert der Zustand ursprünglicher Reinheit wie ein offener, wolkenloser Himmel. Dann erscheinen die friedvollen und zornvollen Vorsteher der Astralebene, gefolgt von den reinen Bereichen der Vorsteher der Astralsphäre, und darunter die sechs Bereiche bewusster Existenz. Die Grenzenlosigkeit dieser Vision liegt vollständig außerhalb unserer gewöhnlichen Vorstellungskraft. Jede Möglichkeit wird hier präsentiert: von Weisheit und Befreiung bis zur Verwirrung und Wiedergeburt. An diesem Punkt findet ihr euch mit hellsichtiger Wahrnehmung und geschärftem Erinnerungsvermögen ausgestattet. So sieht ihr z.B. mit völliger Hellsichtigkeit und unbehinderten Sinnen euer vergangenes und zukünftiges Leben, könnt in den Geist anderer blicken und ihr habt das Wissen von allen sechs Daseinsbereichen. In nur einem Augenblick könnt ihr euch jede Unterweisung, die ihr euch erhalten habt, wieder in Erinnerung rufen, und selbst Belehrungen, die ihr nie vernommen habt, werden in eurem Geist wach. Dann löst sich die gesamte Erscheinung wieder in ihre ursprüngliche Essenz auf, so wie ein Zelt zusammenfällt, wenn seine Halteseile durchtrennt werden. Wenn ihr die Stabilität besitzt, diese

Manifestationen als die „Eigenstrahlung" eures Selbst zu erkennen, seid ihr befreit. Ohne die Erfahrung der Yoga-Übung allerdings könnt ihr den Anblick der Vorsteher der Astralsphäre, die „hell wie die Sonne strahlen" nicht ertragen. Stattdessen wird, als Ergebnis der gewohnheitsmäßigen Tendenzen eurer früheren Leben, euer Blick nach unten auf die sechs bewusste Bereiche gezogen; und weil ihr mit ihnen so vertraut seid, erscheinen sie euch verführerisch und locken euch wieder in die Verblendung.

    Der Schlüssel zum Verständnis dieses Zustands liegt darin, dass alle Erfahrungen, die in ihm gemacht werden, der natürliche Ausdruck der Natur des Geistes sind. Verschiedene Aspekte der erleuchteten Energie unseres Geistes werden freigesetzt. Und ähnlich wie die tanzenden Regenbögen, die durch Lichteinfall von einem Kristall ausgehen, sein natürlicher Ausdruck sind, können auch die blendenden Erfahrungen der Dharmakaya nicht von der Natur unseres Geistes getrennt werden. Sie sind sein unmittelbarer Ausdruck. Wie erschreckend die Erscheinungen auch sein mögen, sie bräuchten unsere Furcht nicht mehr zu erregen als ein ausgestopfter Löwe. Streng genommen ist es eigentlich nicht richtig, diese Erscheinungen (Visionen) zu nennen, weil Visionen und Erfahrungen auf dem dualistischen Prinzip von einem Wahrnehmenden und etwas Wahrgenommenen beruhen. Wenn wir die Erscheinungen der Dharmakaya als die Weisheitsenergie unseres eigenen Geistes erkennen können, gibt es keinen Unterschied zwischen dem Wahrnehmenden und den Wahrgenommenen mehr, und wir erfahren Nicht-Dualität. In dieser Erfahrung ganz und gar aufgehen bedeutet Befreiung erlangen. Weil wir aber in diesem Stadium nicht mehr durch den physischen Körper oder eine materielle Welt abgeschirmt sind, können die im diesem Zustand frei werdenden Energien der Natur des Geistes überwältigend real und scheinbar objektiv existent wirken. Sobald wir die Vision als etwas von uns Getrenntes, als äußeren Erscheinungen missverstehen, reagieren wir mit Erwartung und Furcht und geraten tief in Verblendung. Wie zum Zeitpunkt des Aufscheinens der Grund - Lichtheit das Erkennen der Schlüssel zur Befreiung gewesen ist, so ist es auch hier, im Zustand der Dharmakaya. Nur dass es hier um das Erkennen der Eigenstrahlung von Selbst geht, der manifest werdenden Energie der Natur des Geistes, was schließlich den Unterschied ausmacht zwischen Befreiung und dem Weiterlaufen des unkontrollierbaren Kreislaufs von Wiedergeburten. Die fünf männlichen Vorsteher der Astralsphäre sind der reine Aspekt der fünf Aggregate des Ichs. Ihre fünf Weisheiten sind der reine Aspekt der fünf negativen Emotionen. Die fünf weiblichen Vorsteher der Astralsphäre entsprechen den reinen Qualitäten der fünf Elemente im Geist, die wir verblendet als die groben, unreinen Elemente unseres Körpers und unsere Umwelt erleben. Die acht Vorsteher der Astralebene sind der reine Aspekt der verschiedenen Bewusstseinsarten und Sinne, und ihre weiblichen Entsprechungen sind die entsprechenden Bewusstseinsinhalte oder Objekte. Ob sich nun die reine Vision der Vorsteherfamilien der Astralebene und ihrer Weisheit manifestiert oder ob die unreine

Vision der Aggregate und negativen Emotionen entsteht, beide sind in ihrer grundlegenden Natur wesenhaft identisch. Der Unterschied liegt in unserer Sicht, ob wir sie als getrennt von uns erleben oder ob es uns gelingt, zu erkennen, dass sie aus dem Grund der Natur des Geistes als eine erleuchtete Energie ausstrahlen.
Schauen wir uns näher an, was in unserem Geist als negative Emotionen manifest wird:

- wird Begierde in ihrer wahren Natur erkannt, erscheint sie vom Greifen befreit, als die „Weisheit der Unterscheidung".
- wenn Hass und Abneigung durchschaut werden, entstehen sie als diamantene Klarheit, frei vom Greifen: die „Spiegelgleiche Weisheit".
- wenn Unwissenheit erkannt wird, erscheint sie als weite, natürliche Klarheit ohne Konzepte: die „Weisheit allumfassenden Raums".
- Stolz erkennt man, sobald man ihn durchschaut, als Nicht-Dualität und Gleichheit: die „Weisheit des Wesensgleichheit".
- Eifersucht wird durch Erkennen von Parteilichkeit vom Greifen befreit und entsteht als die „Allesvollendete Weisheit".

Das Erscheinen der fünf negativen Emotionen ist also die direkte Folge unseres Nichterkennens ihrer Natur. Würden wir sie nur durchschauen, wären sie gereinigt und befreit und würden als Ausdruck der fünf Weisheiten in Erscheinung treten. Wenn wir die strahlenden Lichter dieser Weisheiten im Zustand der Dharmakaya nicht erkennen, mischt sich das

Greifen nach einem Ich in unsere Wahrnehmung ein, und dann ist es, wie bei einem Menschen, der halluziniert und alle möglichen Dinge sieht, weil er an einem hohen Fieber leidet. Wenn es uns z.B. nicht gelingt, das rubinrote Licht der Weisheit der Unterscheidung zu erkennen, werden wir es für Feuer halten, weil es die reine Essenz des Feuerelements ist; wenn wir die goldene Strahlung der Weisheit der Wesensgleichheit nicht erkennen, erscheint sie, weil es sich um den reinen Aspekt des Erdelements handelt, als Erde, und so weiter. Sobald Greifen nach einem Ich sich in die Wahrnehmung mischt, werden die Erscheinungen im Zustand der Dharmakaya in die verschiedenen Grundlagen der Verblendung von Wiedergeburt transformiert. Es sollte jetzt klar geworden sein, wie nach dem Aufgehen der Grund- Lichtheit und dem Zustand der Dharmakaya tatsächlich manifest wird als Ergebnis eines zweimaligen Nichterkennens der wahren Natur des Geistes. Zuerst wurde die Grund- Lichtheit, der Grund der Natur des Geistes nicht erkannt und damit die erste Gelegenheit zur Befreiung verpasst. Dann wird die Energie des Geistes manifest und bietet die zweite Chance zur Befreiung. Wird auch sie nicht wahrgenommen, verdichten und verfestigen sich die aufsteigenden negativen Emotionen zu falschen Wahrnehmungen, die dann in ihrer Summe die illusorischen Existenzbereiche schaffen, die wir Wiedergeburt nennen, und so werden wir im Zyklus von Geburt und Tod gefangen gehalten. So wie zu der Zeit, als die Grund - Lichtheit im Augenblick des Todes aufgegangen ist, kann auch im Zustand der Dharmakaya die Befreiung nicht einfach wie selbstverständlich erwartet werden. Wenn nämlich das blendende Licht der Weisheit erstrahlt, wird es von einer Erscheinung einfacher, beruhigender, angenehmerer Töne und Lichter begleitet, die weniger herausfordernd und nicht so überwältigend sind wie das Licht der Weisheit. Diese fahlen Lichter- rauchfarben, gelb, grün, blau, rot, und weiß- sind unsere unbewussten gewohnheitsmäßigen Tendenzen, die wir durch Hass, Gier, Ignoranz, Verlangen, Eifersucht und Stolz angesammelt haben. Wenn wir die Dharmakaya- Natur unseres Geistes nicht schon im Leben erkennen und stabilisieren, werden wir instinktiv von den fahlen Lichtern angezogen, sobald unsere grundlegende Tendenz zum Greifen, die wir während unseres Lebens weiter gestärkt haben, ausgelöst wird und somit wieder erwacht. Eingeschüchtert von der dynamischen Strahlkraft der Weisheit, weicht das Bewusstsein zurück. Die angenehmeren, fahlen Lichter - die Einladung unserer gewohnheitsmäßigen Verhaltensmuster - locken uns in eine Wiedergeburt, die von der jeweiligen negativen Emotion bestimmt wird, die in unserem Karma und in unserem Bewusstseinstrom vorherrscht. Die Manifestationen im Zustand der Dharmakaya werden als unmittelbar präsent bezeichnet. Das bedeutet, dass sie inhärent und unkonditioniert in uns allen vorhanden sein. Ihr Erscheinen ist nicht abhängig von irgendeiner spirituellen Verwirklichung - wohl aber ihr Erkennen. Es sind universelle und grundsätzliche Erfahrungen - durchaus nicht nur Tibetern vorbehalten. Die Art und Weise, wie sie wahrgenommen werden, hängt allerdings von unserer Konditionierung ab. Da diese Erscheinungen ihrem Wesen nach ja unbegrenzt sind, können sie natürlich jede erdenkliche Form annehmen. Aus diesem Grund können die Vorsteher der Astralsphäre auch in den uns am meisten vertrauten Formen erscheinen. Grundsätzlich ist der einzige Sinn und Zweck dieser erleuchteter Manifestationen der Vorsteher der Astralsphäre, uns zu helfen, und darum nehmen sie die Formen an, die für uns die geeignetsten und hilfreichsten sind. In welcher Form die Erscheinungen aber auch immer erscheinen mögen; es ist wesentlich zu erkennen, dass sie in ihrer ursprünglichen Natur definitiv nicht verschieden voneinander sind.

13. Kapitel

Die Wiedergeburt

Die meisten Menschen erleben den Tod als bloßes Sinken in einem Zustand des Vergessens am Ende des Sterbeprozesses. Es heißt manchmal, dass die drei Stadien der inneren Auflösung so schnell vorbeiziehen können wie dreimaliges Fingerschnippen. Die weiße und rote Essenz von Vater beziehungsweise Mutter treffen sich am Herzen, und daraus resultiert die Erfahrung von Schwärze, die „vollständiges Erlangen" genannt wird. Dann erscheint die Grund- Lichtheit, die wir aber nicht erkennen, und daher sinken wir in Bewusstlosigkeit. Die läutet den Beginn eines weiteren Zyklus von Wiedergeburt ein, das im Augenblick des Todes für einen winzigen Augenblick unterbrochen war. Der Zustand der Dharmakaya entfaltet sich nun, und auch diese Phase blitzt für die meisten nur kurz auf und rast unerkannt vorbei. Dies ist das zweite Nichterkennen, die nächste Stufe der Unwissenheit. Das Nächste, was uns wieder zu Bewusstsein kommen, ist eine Wahrnehmung „als würden Himmel und Erde sich wieder trennen": plötzlich erwachen wir in den Zwischenzustand, der die Zeit vom endgültigen Tod bis zur neuen Wiedergeburt umfasst. Dieser Zustand ist der dritte Zustand des Todes und wird der Zustand des Werdens genannt. Da es uns nicht gelungen ist, die Grund- Lichtheit sowie den

Zustand der Dharmakaya zu erkennen, werden die Samen all unserer gewohnheitmäßigen Verhaltensmuster wieder wach und aktiv. Der Zustand des Werdens umfasst den Zeitraum zwischen ihrem Wiedererwachen und unserem Eintritt in den Mutterschoß des nächsten Lebens. Im Zustand des Werdens ist der Geist von immenser Klarheit und ungehinderter Beweglichkeit; die Richtung allerdings, in die er sich bewegt, wird ausschließlich von den gewohnheitsmäßigen Tendenzen unseres Karmas bestimmt. Daher wird dieser Periode auch der karmische Zustand des Werdens genannt. Dieser Zustand ist ein vollständig automatisches oder blindes Ergebnis unserer früheren Handlungen, und nichts, was in ihm geschieht, ist eine bewusste Entscheidung; wir werden einfach von der Kraft des Karmas herumgestoßen. Was auf dieser Stufe nun geschieht, ist der umgekehrte Prozess der vorangegangenen Auflösung: die Winde erscheinen wieder, und mit ihnen alle Gedankenzustände in Verbindung mit Unwissenheit, Gier, Zorn und Hass; und weil die Erinnerung an unseren vergangenen, karmischen Körper immer noch frisch ist, nehmen wir hier einen „geistigen Körper" an. Der Geistkörper, den wir im Zustand des Werdens annehmen, weist einige besondere Merkmale auf: er besitzt alle Sinne, er ist äußerst leicht und beweglich, und die Bewusstheit ist sieben Mal klarer als im Leben. Er ist außerdem mit einer rudimentären Form von Hellsichtigkeit ausgestattet; obwohl sie nicht bewusst und willentlich eingesetzt werden kann, verleiht sie dem Geistkörper die Fähigkeit, die Gedanken anderer zu lesen. Im Zustand des Werdens erleben wir alle

Erfahrungen unseres vergangenen Lebens noch einmal, sehen Einzelheiten wieder, die der Erinnerung schon lange verloren schienen, und besuchen Orte wieder, selbst wenn wir dort „ nicht mehr getan haben, als auf den Boden zu spucken". Wenn unser Tod friedvoll war, wird dieser friedvolle Geisteszustand nochmals erlebt; war er jedoch quälend, dann wiederholt sich diese Qual. Dabei muss man sich daran erinnern, dass in diesem flüchtigen Zustand des Werdens alles negative Karma der früheren Leben auf äußerst verwirrende Weise zurückkehrt und das all mit einem Bewusstsein erfahren wird, das sieben Mal klarer ist als zu Lebzeiten.

    Die Mehrzahl derjenigen, die Unfälle beinahe tödlichem Ausgang überlebt haben oder andere Nahtod- Erfahrungen hatten, beschreiben einen panoramischen Lebensüberblick. Mit unheimlicher Lebendigkeit und Genauigkeit durchlebten sie alle Begebenheiten ihres Lebens noch einmal. Manchmal erlebten sie sogar die Wirkungen, die ihre Taten auf andere gehabt hatten, und empfanden die Emotionen, die ihre Handlungen verursacht hatten. Eine ihrer vielleicht bedeutendsten Offenbarungen ist die Tatsache, dass sich das Leben derjenigen stark verändert hat, die solche Erlebnisse hatten. Ein Mann berichtete: „ ich erkannte, dass es Dinge gibt, die zu lernen und zu erkenne jeder Mensch auf die Erde gesandt wird, zum Beispiel mehr Liebe mitzuteilen, liebevoller miteinander umzugehen. Zu entdecken, dass das Wichtigste menschliche Beziehungen und Liebe sind und nicht materielle Güter. Und zu erkennen, dass alles, was man in seinem Leben tut, gespeichert bleibt. Auch wenn man etwas unbewusst tut und es unerkannt vorbeigehen sollte, so kommt es irgendwann doch wieder zum Vorschein". Manchmal findet dieser Lebensrückblick angesichts einer strahlenden Präsenz, eines „Wesens aus Lichts" (Vorsteher der Astralsphäre, siehe „Kapitel 3 – unter Schicksal") statt. Was bei den verschiedenen Zeugnissen von Begegnungen mit diesem Wesen auffällt, ist die Tatsache, dass es die einzig wesentlichen Aufgaben im Leben enthüllt, nämlich „ andere lieben zu lernen und Wissen zu erlangen". Ein anderer Mann erzählte „ Ich wurde gefragt - allerdings ohne Worte, es war eine ausschießlich mentale Kommunikation -, was ich getan hätte, um der menschlichen Gemeinschaft zu nutzen oder ihrer Fortschritt zu fördern". Was wir in unserem Leben getan haben, formt uns zu dem, der wir sind, wenn wir sterben. Und alles, wirklich alles, zählt. Ein Mann berichtete: „ich habe mich von jemandem, der umherirrte und im Leben nur nach materiellen Reichtum suchte, verwandelt in einen Menschen, der eine tiefe Motivation, einen Sinn im Leben, eine eindeutige Richtung gefunden hat, dass am Ende des Lebens ein Lohn erwartet. An die Stelle meiner Gier nach Besitz trat ein Durst nach spirituellem Verständnis und ein leidenschaftliches Begehren, mich für die Verbesserung der Welt einzusetzen".

Im „Tibetischen Totenbuch" steht „ Andere, die Verdienst gesammelt haben und sich ernstlich der Religion gewidmet haben, erleben verschieden entzückende Freuden und Glück und Wohlsein in vollem Maße. Jene Klasse neutraler Wesen aber, die weder Verdienst erworben noch schlechtes Karma geschaffen hat, erlebt weder Freuden noch Leiden, sondern eine Art farbloser unempfindlicher Gleichgültigkeit". Unser ruheloses, einsames Wandern durch die Zustände ist wie ein furchtbarer Albtraum; und genauso wie in einem Traum glauben wir auch hier, einen physischen Körper zu besitzen und tatsächlich zu existieren. Doch alle Erscheinungen dieses Zustands entstehen ausschließlich aus unserem Geist, geschaffen von unserem Karma und unseren zurückkehrenden Gewohnheiten.

Die Berichte der Nahtod – Erfahrungen scheinen nämlich nahe zu legen, dass wir nach dem Tod möglicherweise alles Leiden, für das wir sowohl direkt als auch indirekt verantwortlich gewesen sind, selbst erfahren. Es scheint, dass Menschen, die eine Nahtod- Erfahrung machen, nicht nur in den lebendigsten Einzelheiten die Vorgänge ihres gerade vergangenen Lebens nochmals durchleben, sondern gleichzeitig in größtmöglichen Umfang auch die Auswirkungen von all ihren Handlungen überblicken. Sie erfahren die gesamte Bandbreite der Gefühle, die sie in anderen ausgelöst haben wie beunruhigend und schockieren diese auch gewesen sein mögen: „ Mein gesamtes Leben zog in einem Rückblick an mir vorbei. Viele dieser Erfahrungen empfand ich als beschämend, da ich jetzt ein erweitertes Wissen besaß…Mir war nicht nur klar, was ich getan hatte, sondern auch, was es in anderen bewirkt hat... Ich erkannte, dass nicht einmal unsere Gedanken verloren gehen. Ich wurde zu den Menschen, die ich verletzt hatte, und ich wurde zu den Menschen, denen ich geholfen hatte".

Wir sollen niemals vergessen, dass wir in Gedanken, Worten und Werken stets die Wahl haben. Wenn wir wollen, können wir dem Leiden und seinen Ursachen ein Ende setzen, und damit unser wahres Potenzial, unsere Göttliche - Natur zum Erwachen bringen. Einige Schriften sprechen von einer Gerichtsszene, ähnlich dem Jüngsten Gericht, einer Art Lebensrückblick, wie er in vielen Kulturen der Welt beschrieben wird. Unser gutes Gewissen, ein weißes Lichtwesen, ist unser Verteidiger und nennt uns alle guten Taten; unser schlechtes Gewissen, ein schwarzer Dämon, vertritt die Anklage. Heilsame und unheilsame Taten werden als weiße und schwarze Kiesel zusammengetragen. Der „Herr des Todes", der den Vorsitz führt, befragt dann den Spiegel des Karmas und fällt sein Urteil. Letztlich findet die Gerichtsverhandlung in unserem eigenen Geist statt. Wir selbst sind sowohl Richter als auch Angeklagter. Die Gerichtsverhandlung zeigt auch, dass das, was in der Konsequenz wirklich zählt, stets die Motivation ist, aus der wir handeln, und dass wir den Auswirkung unserer vergangenen Taten, Worte und Gedanken, den Eindrücken und Gewohnheiten, die sie uns eingeprägt haben, nicht entkommen können. Wir sind damit nicht nur für dieses Leben uneingeschränkt verantwortlich, sondern auch für alle zukünftigen. Da unser Geist in diesem Zustand derartig flüchtig, beweglich und verletzlich ist, haben all unsere Gedanken gute wie schlechte, eine immense Gewalt und Wirkung. Die überwältigende Macht der Gedanken ist somit der auch der Schlüssel im Zustand des Werdens. In dieser entscheidenden Phase finden wir uns ganz und gar allen Gewohnheiten und Verhaltensmustern ausgeliefert, die wir im Leben gepflegt haben und die so zum Bestimmenden Faktor unseres Daseins geworden sind.

Wenn dann im Zustand des Werdens die Zeit der Wiedergeburt näher rückt, sehnen wir uns mehr und mehr nach der Stütze eines materiellen Körpers, und verzweifelt suchen wir nach einer Möglichkeit, in irgendeinem Körper Wiedergeburt zu nehmen. Verschiedene Zeichen beginnen uns auf den Bereich aufmerksam zu machen, in dem wir wahrscheinlich wiedergeboren werden. Verschiedenfarbiger Lichter scheinen aus den sechs Daseinsbereichen, und wir werden uns von dem einen oder anderen angezogen fühlen, je nachdem welche negative Emotion in unserem Geist vorherrscht. Dann erscheinen Bilder und Visionen aus den entsprechenden Bereichen. Gleichzeitig werden wir eine tiefe Begierde und Sehnsucht nach bestimmten Bereichen verspüren und uns instinktiv von ihnen angezogen fühlen. Aus diesen Zusammenhängen wird deutlich erkennbar, wie die zukünftige Geburt von Gier, Hass, Zorn, Angst und Unwissenheit bestimmt wird. Getrieben vom Wind des Karmas kommt man dann an den Ort, wo die zukünftigen Eltern sich lieben. Man wir von dem Anblick emotional angezogen und fühlt wegen vergangener karmischer Beziehungen sofort starkes Begehren und starke Abneigungen. Begehren und Anziehung nach der Mutter und Eifersucht auf den Vater führen dazu, dass man als Junge geboren wird, die gegenteiligen Gefühle führen zu einer Geburt als Mädchen. Wir werden von unserem Geburtsort so unaufhaltsam angezogen, wie ein Vogel in den Käfig gelockt wird. In unserem Geist verstärkt sich die Sehnsucht nach einem physischen Körper, was uns nur in weiteres Leiden stürzt, weil wir sie nicht befriedigen können. Die gesamte Landschaft und Umgebung wird von unserem Karma gebildet, und dieser Zustand wird bevölkert von den Albtraumwesen unserer eigenen Verblendung. Wenn unser gewohnheitsmäßiges Verhalten im Leben positiv gewesen ist, sind unsere Erfahrungen von Seligkeit und Glück geprägt; wenn unser Leben aber zerstörerisch gewesen ist und wir anderen geschadet haben, dann erfahren wir in diesem Zustand Schmerz, Reue und Angst. Wir müssen in diesem Zustand ausharren, bis wir eine karmische Verbindung zu unseren zukünftigen Eltern finden. Letztendlich ist es das drängende Verlangen des Geistes, einen bestimmten Bereich zu bewohnen, was uns zur Wiedergeburt treibt. Und die Tendenz des Geistes, alles zu verfestigen und danach zu greifen, findet ihren endgültigen Ausdruck in physischer Wiedergeburt. Wenn wir unseren Vater und unsere Mutter beim intimen Zusammensein sehen, wird unser Geist unwiderstehlich davon angezogen und tritt in den Mutterleib ein. Wir sind im Begriff, wieder in den natürlichen Zustand dieses Leben geboren zu werden und der Kreis wird wieder geschlossen. Das ist das Ende des Zustands des Werdens, da der Geist jetzt blitzartig wieder die Zeichen der Auflösung und das Aufscheinen der Grund- Lichtheit erfährt. Dann kommt es erneut zur Erfahrung von Schwärze im Zustand des vollständigen Erlangens, und in diesem Augenblick ist die Verbindung zum Mutterleib hergestellt. Das Leben beginnt also wie es endet; - mit der Grund- Lichtheit.

Die Religion eines jeden einzelnen spielt sich in der Astralsphäre insofern ab, als er seinem Gott laut seiner religiösen Weltanschauung auf der Erde Form und Namen gibt. Atheisten haben drüben kein Gottesbedürfnis und können sich auch dort von der Gottheit keinerlei Vorstellung machen. Sie sehnen sich aber dennoch nach etwas Höherem, ungefähr so, wie es den Durstigen nach Wasser verlangt. Chaotisch wirkt es sich bei solchen Menschen aus, die sich auf Erde zu mehreren Religionen oder Gottheiten gleichzeitig bekannten. Diese haben dann eine etwas schwierigere Position, weil sie sich für eine bestimmte Form nicht entscheiden können. Aber im Laufe der Entwicklung auf der Astralebene klärt sich bei ihnen der Gottesbegriff, so dass sie sich dann zu jener Gottesanschauung bekennen, die ihnen stets am nächsten war. Diese Gottesanschauung ist auch vielfach maßgebend für den Ort der neuen Inkarnation!

Es gibt allerdings zwei Arten von Menschen, die nicht im Zwischenzustand warten müssen, weil die Intensität ihres Karmas sie direkt ins nächste Leben katapultiert. Das sind einmal diejenigen, die ein äußerst positives, konstruktives Leben geführt haben wie z. B Adepten und Meister, deren Geist so mit der spirituellen Praxis vertraut ist, dass die Kraft ihrer Verwirklichung sie direkt und unverzüglich in eine gute Wiedergeburt trägt. Die anderen sind die, deren Leben sehr negativ und zerstörerisch verlaufen ist; sie reisen ohne Verzögerung in eine ihren Taten entsprechende schlechte Wiedergeburt.

Inkarnation der seelenlosen Geschöpfe. Wir alle müssen die „Ernte des Lebens" während wir noch auf der grobmateriellen Ebene sind, einfahren. Die „Ernte des Lebens" besteht aus den feinsten geistigen Gedanken, aus dem Gedächtnis der edelsten und selbstlosensten Taten der Persönlichkeit, und aus der beständigen Gegenwart, während ihrer Wonne nach dem Tode. Was auf dieser Erde die Persönlichkeit zusammensetzt, die von der Mehrheit fälschlich als Individualität genannt wird, ist die Summe aller ihrer mentalen, physischen und geistigen Merkmale, die, der menschlichen Seele (dem Astralkörper) einprägt, den Menschen hervortritt. Nun können von allen diesen Merkmalen nur die gereinigten Gedanken dem höheren, unsterblichen Geist – dem Höheren Selbst- eingeprägt werden. Das geschieht dadurch, dass die menschliche Seele sich wiederum in ihrer Wesenheit, in ihrer väterlichen Quelle versinkt, dass sie sich mit dem Göttlichen Geist während des Lebens vermischt und sich mit ihm nach dem Tode des körperlichen Menschen gänzlich wiedervereinigt. Wenn aber der Mensch dem Verstand keine solchen persönlichen Ideenbildungen und kein solches Bewusstsein seines „Ich" übermittelt, wie es von dem Göttlichen Geist assimiliert werden kann, so kann nicht von jenem Ich oder von jener Persönlichkeit in dem Ewigen fortleben. Nur das, was der unsterblichen Gottes in uns würdig ist, kann fortleben, denn in diesem Falle sind es seine eigenen „Schatten" oder Emanationen, die zu ihm emporsteigen und von ihm in sich selbst wieder eingezogen werden, um wiederum ein Teil seiner eigenen Wesenheit zu werden. Nur die mentalen und geistigen Ideenbildungen des persönlichen „Ichs" kehren zum Geist zurück und können niemals erlöschen. So überleben von der gewesenen Persönlichkeit nur ihre geistigen Erfahrungen, das Gedächtnis von allem, was gut und edel ist, mit dem Bewusstsein seines „Ichs" in Verbindung mit dem aller anderen persönliche „Ichs", die ihm vorangingen, und werden unsterblich. Es gibt keine unterschiede oder getrennte Unsterblichkeit für die Menschen der Erde außerhalb des Geistes. Das Höhere Selbst ist der einzige Träger aller seiner alten Egos (Persönlichkeiten) auf Erden und ihr einziger Repräsentant in dem als „Devachen" (im Göttlichen) bezeichneten mentalen Zustand. Da jedoch die letzte verkörperte Persönlichkeit ein Recht auf ihren eigenen besonderen Wonnezustand hat, unvermengt und frei von den Erinnerungen aller anderen, so ist nur jenes Leben vollständig und realistisch und lebhaft. Devachen wird oft mit dem glücklichsten Tag in einer Reihe von vielen Tausend anderer Tage in dem Leben einer Person verglichen. Die Stärke seiner Glückseligkeit lässt den Menschen alle anderen vollständig vergessen, so dass seine Vergangenheit verwischt wird. Das ist die Belohnung der Persönlichkeit und auf dieser alten Lehre wurden die verschwommenen christliche Vorstellung vom Paradiese aufgebaut. „Antahkarana" (Mentalmatrize siehe Kapitel „Mentalebene") ist der Name der imaginären Brücke, des Pfades der zwischen dem Göttlichen und den menschlichen Egos liegt, denn es gibt Egos während des menschlichen Lebens, die wieder ein Ego in Devachen oder Nirvana werden sollen.

Nun steht es in der Macht des menschlichen Egos, die Sünden zu verjagen und die Helligkeit oder guten Taten zu vermehren und so durch Antahkarana seine eigene beständige Verknüpfung und seine schließliche Wiedervereinigung mit dem Göttlichen Selbst zu sichern. Man erinnere sich, dass das Letztere nicht stattfinden kann, so lange auch nur ein einziger Flecken von Irdischem oder von Stoff an der Reinheit jenes Lichtes bleibt. Andererseits kann jene Verknüpfung nicht gänzlich abgebrochen werden, so lange auch nur eine geistige Tat oder Möglichkeit, als ein Faden der Vereinigung zu dienen, übrig bleibt; aber in dem Augenblick, da dieser letzte Funke ausgelöscht wird, und die Möglichkeit erschöpft wird, kommt dann die Trennung. In der östlichen Parabel wird das Göttliche Selbst mit dem Meister verglichen, der seine Arbeiter aussendet, den Boden zu bestellen und die Ernte einzufahren, und der Willens ist, das Feld so lange zu behalten, als es auch nur den geringsten Ertrag zu liefern vermag. Aber wenn der Boden gänzlich unfruchtbar wird, so wird nicht nur er aufgegeben, sonder auch der Arbeiter geht zu Grunde.

Und nun kommen wir zum „zweiten Tod" der Seele, eines entwürdigten und verruchten Menschen oder einer seelenloser Natur. In diesem Falle wird die persönliche Seele, nämlich von jemanden, der niemals einen Gedanken gehabt hat, der sich nur auf das tierische Selbst bezogen hatte, der nicht dem Höheren Selbst zu überliefern der zu der Summe der Erfahrungen hinzugefügt hatte. Diese Persönlichkeiten knospern, erblühen und sterben ohne eine Spur zu hinterlassen. So sehen wir, dass

Antahkarana (Mentalmatrize – Bindeglied zwischen
Astralkörper und Mentalkörper) zerstört wurde,
bevor der niedere Mensch eine Gelegenheit gehabt
hat, das Höhere Selbst zu assimilieren und eins mit
ihm zu werden; und deshalb wird die Karmische
Seele eine getrennte Wesenheit, um hinfort eine
kurze oder lange Periode, je nach ihrem Karma, als
ein „seelenloses Geschöpf" zu leben. Diese sehen
die Spiritisten manchmal in den Sitzungen als
materialisierte Formen erscheinen, die sie
törichterweise für die „Geister der Hingeschiedenen
„ halten. Hier werfen sich zwei Fragen auf:
1. Was wird aus dem Höheren Selbst eines
Seelenlosen Geschöpfes in solchen Fällen?
2. Was für eine Art von Tier ist ein seelenloses
geborenes menschliches Geschöpf?
Diese Fragen werden bei den Orientalisten falsch
verstanden, indem sie meinen, dass menschliche
Seelen auch als Ameisen oder als andere Tiere
wiedergeboren werden können, wenn sie während
ihres Lebens nur ihren tierischen Instinkten, nämlich
Fortpflanzung und Nahrungsaufnahme
nachgegangen sind. Das ist aber nicht der Fall, weil
eine menschliche Seele braucht Millionen von
Jahren, um ein "Ich- Bewusstsein" (Persönlichkeit
bestehend aus Verstand, Gefühl und Wille) zu
erlangen, was bei den Tieren nicht vorhanden ist.
Das Tier ist sich des Gefühls „Ich bin ich" nicht
bewusst. Es hat Instinkte, aber Instinkt ist nicht
Selbstbewusstsein. Selbstbewusstsein ist ein Attribut
des Gemütes, nicht der Seele, der „anima", woher
eben der Namen „animal" gekommen ist. Im Fall
von Menschen, die sehr wenig Geistiges haben,
bleibt der größte Teil des Bewusstsein im „Kama-

Loka" (in der Astralhülle) und kann weit über die normale Periode der Reinkarnation ausdauern und bis zur nächsten Reinkarnation des Geistes übrig bleiben. Der Höhepunkt des Körpers ist der geschlechtliche Instinkt d.h. Idioten und Tiere haben solche Begierden und Nahrungstriebe und sonst nichts. Wenn die Gedanken von jemanden sich nur mit Geld, Macht und Reichtum beschäftigen, dann ist das Bewusstsein auf dem materiellen Plane. Aber wenn die Gedanken auf Essen, Trinken, Sex und auf die Leidenschaften gerichtet sind, dann ist das Bewusstsein auf dem Kamalokischen Plane, der Plane, der reinen und einfachen tierischen Instinkte ist.

Zu Frage 1. Das Höhere Selbst tut eines von zwei Dingen:
- entweder a) beginnt es sofort unter seinen eigenen karmischen Antrieben eine neue Reihe von Inkarnationen;
- oder b) es sucht und findet Zuflucht in dem Schoße des Mutter, „Alya", der Universalseele, deren manvantarischer Aspekt Mahat ist. Befreit von den Lebenseindrücken der Persönlichkeit taucht es in eine Art von nirvanischem Zwischenspiel unter, in dem nichts sein kann als die ewige Gegenwart, die die Vergangenheit und Zukunft verschlingt. Seine „Arbeiters" beraubt, nachdem sowohl Feld als auch Ernte jetzt verloren sind, bewahrt der „Meister" in der Unendlichkeit seines Denkens natürlich keine Rückerinnerung an die endliche und vergängliche Illusion, die seine letzte

Persönlichkeit gewesen ist. Und dann ist in der Tat die letztere vernichtet.

Zu Frage 2. Die Zukunft der Seele ist schrecklicher und noch schrecklicher für die Menschheit als für den jetzt tierischen Menschen. Es ereignet sich manchmal, dass nach der Trennung die erschöpfte Seele, die jetzt äußerst tierisch geworden ist, im Kama-Loka vergeht, so wie es alle anderen tierische Seelen tun. Aber weil das menschliche Gemüt selbst in dem Zwischenstadium um so länger andauert, je materieller es ist, so geschieht es häufig, dass der seelenlose Mensch, nachdem sein gegenwärtiges Leben beendet hat, immer und immer wieder in neue Persönlichkeiten reinkarniert wird, von denen eine jede niederer ist als die andere. Der Antrieb des tierischen Lebens ist zu stark, er kann sich nicht nur in einem oder zwei Leben erschöpfen. In seltenen Fällen jedoch, wenn die Seele verurteilt ist, sich durch Verhungern zu erschöpfen; wenn keine Hoffnung mehr besteht, dass auch nur ein Überrest eines niedrigeren Lichtes infolge günstiger Umstände - sagen wir einer wenn auch kurzen Periode geistigen Sterbens und Bereuens - sein Höhere Selbst zu ihm zurück anziehen kann und das Karma zu neuen Inkarnationen zurückführt, dann kann etwas viel furchtbareres geschehen. Der „Spuk" kann zu dem werden, was in der Esoterik der „Bewohner der Schwelle" genannt wir. Dieser Bewohner drängt sich durch Verwandtschaft und Anziehung geleitet in den astralen Strom, und durch die Aurische - Hülle des neuen von dem Höheren Selbst bewohnten Gehäuses, und erklärt dem niederen Licht (Seele), das an seine Stelle getreten ist, den Krieg. Wenn es zu stark im Bösen geworden ist, so ist ihm manchmal zu karmischen Zwecke gestattet, in einem tätigen Höllenzustand in der irdischen Aura zu bleiben. Dann wird es durch Verzweiflung und der Verlust aller Hoffnungen gleich dem mystischen Teufel in seiner endlosen Verruchtheit; es besteht fort in seinen Elementen, die durch mit der Essenz der Materie durchtränkt sind; denn das Böse ist gleich alt mit der vom Geiste losgerissenen Materie. Es gibt Millionen von denen, die sich verweigern als Mitarbeiter der Natur zu werden, und es lieber vorziehen während des diesem planetarischen Zyklus zu Grunde zu gehen und unter dem karmischen Gesetz zu leiden, anstatt ihr Leben im Böse aufzugeben. Dies sind durchaus verruchte und verkommene Menschen, aber doch ebenso hoch intellektuell und ebenso scharf geistig für das Böse wie die, die geistig für das Gute sind. Somit finden wir zwei Arten von seelenlosen Wesen auf Erden; die, die ihr Höheres Selbst in der gegenwärtigen Inkarnation verloren haben, und die, die seelenlos geboren sind, da sie in der vorangegangenen Geburt von ihrer geistigen Seelen getrennt worden sind. Die ersteren sind Kandidaten für die „Hölle", die letzteren, seien sie innerhalb oder außerhalb menschlicher Körper, seien sie inkarniert oder hängen sie als unsichtbare aber mächtige und gefährliche Spuke in der Luft. In solchen Menschen entwickelt sich Schlauheit bis zu einem enormen Grade, und niemand außer denen, die mit dieser Lehre vertraut sind, würde Verdacht haben, dass sie seelenlos sind, denn weder die Religion noch die Wissenschaft haben die geringste Ahnung davon, dass solche Tatsachen in der Natur wirklich existieren.

Arten der Inkarnationen und Inkarnationen der Adepten. Es gibt drei Arten oder Modalitäten von Inkarnation:
- Erstens die der Avatars, jener, die von höheren Sphären herabsteigen, die sie in einem Evolutionszyklus erreicht haben, der von unserem licgt;
- zweitens die gewöhnliche Art, wobei die Person die astralen und mentalen Welten durchschreitet und dann einen neuen Körper annimmt, und
- drittens die der Nirmanakayas, die ohne Unterbrechung wieder inkarnieren, manchmal vielleicht nach nur wenigen Tagen. Es gibt zwei Arten von Nirmanakayas: jene, die auf die Himmelswelt verzichtet haben, wie oben erklärt wurde; und jene, die in einem späteren und höheren Stadium auf das verzichten, was sie man absolutes Nirvana oder Moksha nennt, um als Hilfe für den Fortschritt der Welt zu bleiben.

Einer, der zuletzt im 20. Jahrhundert auf der Erde tätigen Nirmanakayas war der Adept Franz Bardon (01.12.1909 – 10.07.1958). Dieser Adept, der durch sein aufopferndes und segensreiches Wirken für die Aufgaben im Rahmen der kosmischen Entwicklung sich einsetzte, wird vielen tausenden Menschen in der ganzen Welt als Lebensretter und Berater in vielen Notlagen in der Erinnerung bleiben. Die Bruderschaft des Lichts ist eine solche geistige Organisation, welche die höchsten Eingeweihten (Adepten) unseres kosmischen Systems umfasst. Sofern sie nicht ihre Individualität (Ichbewusstsein) bewusst aufgelöst haben, sind in dieser Organisation die Menschen zu finden, die seit Beginn der menschlichen Entwicklung die höchste magische Vollkommenheit erlangt haben. Die Brüder des Lichts übernehmen regelmäßig wichtige Aufgaben zum Wohle der menschlichen Entwicklung, die aber nicht immer physische Inkarnationen erfordern. Die Bruderschaft des Lichts ist hierarchisch geordnet, entsprechend der Vollkommenheit der Eingeweihten. Das Oberhaupt ist der Ur-Initiator mit dem Rang eines Mahatmas, der Stellvertreter der göttlichen Ordnung und Hüter aller Geheimnisse. Die Hierarchie nennt ihn Urgaya, den Alten vom Berg oder auch den Altmeister. Er ist Ur-Initiator seit Weltbestehen und verkörpert sich nur höchst selten. Gewöhnlich nimmt er nur für ganz kurze Zeit eine Gestalt an, um diesem oder jenem Lichtbruder bei seiner Aufgabe beratend zur Seite zu stehen. Dem Altmeister untergeordnet sind 12 Adepten, welche die höchste geistige Vollkommenheit erreicht haben. Diese Adepten übernehmen immer die schwierigsten Aufgaben, aber auch sie verkörpern sich nur sehr selten und wirken gewöhnlich von der Astraleben aus. Manche dieser Adepten verkörpern sich nur einmal in Hunderten oder gar Tausenden von Jahren. Urgaya und die 12 Adepten bilden den Rat der Alten, der regelmäßig innerhalb gewisser Zeitabschnitte oder auch anlässlich wichtiger Entscheidungen von Völkerschicksalen beratend zusammentritt. Den 12 Adepten unterstehen 72 Weise oder Erleuchtete und diesen 360 Meister. Bei einer Vollversammlung werden auch die 72 Weisen und die 360 Meister zusammengerufen. Im Falle einer Versammlung ergeht also der Ruf Urgayas an die entsprechenden Eingeweihten. Die Bruderschaft des Lichts hat kein ständiges Domizil in der Welt, obwohl gewisse Anhaltspunkte dafür im Orient (in Indien) vorhanden zu sein scheinen. Zu dieser Zeit waren im Orient mehrere Brüder des Lichts verkörpert und arbeiteten dort im Rahmen ihrer Missionen. Die Vollversammlung wurde immer in einem eigenen für diesen Zweck geschaffenen magischen Raum in der Astralebene abgehalten. Diesen magischen Raum schuf Urgaya jeweils selbst, schützte ihn, und machte ihn nur für die Brüder des Lichts sichtbar, so dass er auch geistig und astralisch nicht von fremden Wesen wahrgenommen werden konnte.

Es gibt zwei Typen der freiwilligen und bewussten Inkarnationen von Adepten – die der „Nirmanakayas", und die von „Probechelas" unternommen werden, die in ihrer Prüfung stehen. Das größte, sowie auch verwirrende Geheimnis des ersten Typus liegt in der Tatsache, dass eine solche Wiedergeburt in einem menschlichen Körper seitens des persönlichen Egos irgendeines besonderen Adepten sogar stattfinden kann, wenn seine „Höheren Prinzipien" im Zustand des Nirvana (Moksha im Brahmanismus) sind. Nirvana der Buddhisten ist nur eine Schwelle zum „Paranirvana", nach der esoterischen Lehre; während bei den Brahmanen es das höchste Gut ist, jener Endzustand von dem es keine Wiedergeburt gibt- wenigstens nicht bis zum nächsten Maha - Kapla (Zyklus). Um die vollen Eigenschaften jenes abstrakten Prinzips zu verstehen muss man es intuitiv fühlen und vollständig den einen dauernden

Zustand im Weltall verstehen, den die Hindus so richtig wie folgt definieren: „Der Zustand des vollkommnen Unbewusstsein – bloßes „Chidakasham" (Feld des Bewusstseins) in der Tat, wie sehr paradox es auch dem profanen Leser erscheinen mag".

Dem Adepten stehen drei Wege der Inkarnation offen:

1. Er kann in der Astralebene in der ätherischen Örtlichkeit bleiben. In diesem Falle wird der Adept, da ein Astralkörper in Folge seiner Reinheit und Geistigkeit die Eigenschaften verloren hat, die für das Akaische Licht notwendig sind, um seine halbmateriellen Teilchen zu absorbieren, in der Gesellschaft von sich zersetzenden Hüllen bleiben müssen.
2. Er kann durch eine höchste Willensanstrengung gänzlich in seiner Monade untertauchen und mit ihr vereinigt werden. Wenn er das tut, würde er jedoch a) sein Höheres Selbst des posthumen Samadhi brauchen – eine Wonne, die nicht wirkliches Nirvana ist - indem der Astralkörper, wie rein er auch sein mag, für einen solchen Zustand zu irdisch ist; und b) er würde dadurch sich selbst dem Karmischen Gesetz eröffnen, den die Handlung wäre in der Tat das Ergebnis persönlicher Selbstsucht allein.
3. Der Adept hat die Wahl, dem bewussten Nirvana oder Moksha und der Ruhe zu entsagen, um auf der Erde für das Wohl der Menschheit zu arbeiten. Das kann er auf

eine zweifache Weise tun: entweder kann
er, wie oben gesagt durch Verfestigung
seines Astralkörpers bis zur physischen
Erscheinung eben dieselbe Persönlichkeit
wieder annehmen, oder er kann sich eines
gänzlich neuen physischen Körper
bedienen, sci cs nun der eines
neugeborenen Kindes, oder sei es, dass er-
wie ein Shankaracharya mit dem Körper
eines toten Rajah getan haben soll- in eine
verlassene Hülle eintritt und in ihr so lange
lebt, wie es ihm beliebt ist. Das ist das, was
fortlaufende Existenz genannt wir.

Inkarnation eines Avatars. „ Ich werde in einem
jeden Yuga (Zyklus) zum Heil der Guten und zur
Vernichtung der Bosheit geboren". So wurden die
Persönlichkeiten, bekannt als **Gautama, Rama,
Schankara, Jesus** und einige andere inkarniert. Eine
jede in ihrem Zeitalter aus derselben Kraft geboren
wurde, somit sind alle „Avatare" ein und dasselbe,
nämlich die Söhne ihres Vaters. Der Vater ist
„Karanatma", die Kausalseele, der in einem
allgemeinen Sinne von den Indern „Ishvara", der
Herr genannt wird, und von den Christen der Eine
und Einzige Gott. Es liegt ein großes Geheimnis in
solchen Inkarnationen, und sie sind außerhalb und
jenseits des Kreislaufes der gewöhnlichen
Wiedergeburten. Der Avatar ist eine Erscheinung,
die als eine besondere Illusion bezeichnet werden
kann innerhalb der natürlichen Illusion, die auf den
Plänen herrscht und unter dem Szepter jener Macht,
der Maya stehen. Ein Avatar ist ein Herabsteigen der
geoffenbarten Gottheit- einerlei ob unter dem

spezifischen Namen Shiva, Vishnu oder Adhi Buddha- in eine illusive Form von Individualität, eine Erscheinung, die für die Menschen auf diesem illusiven Plane objektiv ist, es aber in nüchterner Tatsächlichkeit nicht ist. Jene illusive Form, die weder Vergangenheit noch Zukunft hat, weil sie weder eine vergangene Inkarnation hatten, noch nachfolgende Wiedergeburten haben wird, hat nichts mit Karma zu tun, das daher keine Macht über sie hat.

Wenn wir nun einmal die zehn mystischen Avatars Vishnus prüfen, finden wir sie in der folgenden Progression verzeichnet:

1. **Matsya - Avatar**, als ein Fisch.
2. **Kurm - Avatar**, als eine Schildkröte.
3. **Varaha-Avatar**, als ein Eber.
4. **Nara - Sing**, als ein Menschen-Löwe, letzter tierischer Zustand.
5. **Vamma**, als ein Zwerg, erster Schritt zur menschlichen Form.
6. **Parasu - Rama**, als ein Heros, aber noch ein unvollkommener Mensch.
7. **Rama - Chandra**, als der Held der Ramayana, physisch ein vollendeter Mensch, sein nächster Verwandter, Freund und Verbündeter Hanouma, der Affengott.
8. **Krishna - Avatar**, der Sohn der Jungfrau Devanagary (oder Devaki), einer, der von Gott geformt ist, oder besser von der geoffenbarten Gottheit Vishnu.
9. **Gautama - Buddha**, Siddharta oder Sakya-muni (die Buddhisten verwerfen diese Lehre, dass ihr Buddha eine Verkörperung Vishnus sei).

10. Dieser Avatar ist bisher noch nicht vorgekommen, er wird in der Zukunft erwartet. Wenn Vishnu zum letzten Male erscheint, wird er als „Erlöser" kommen. Er wir unter der Form des Pferdes **Kalki** erscheinen, andere glauben, dass er es besteigen werde. Dieses Pferd ist die Hülle des Geistes des Üblen und Vishnu wird es besteigen, unsichtbar für alle, bis er zu letzten Male erobert hat.

In diesem Diagramm der Avatars sehen wir die allmähliche Evolution und Transformation aller Spezies aus dem „Ante-silurischen" Schlamme Darwins und dem „Ilus Sanchonaithons" und „Berosus". Mit der Azoischen Zeit beginnend, mit dem Ilus korrespondierend, in der Brahma den schöpferischen Keim einpflanzt, gehen wir durch die paläozoischen und mesozoischen Epochen, bevölkert mit den ersten zweiten Inkarnationen als Fisch und Schildkröte, und die Kenozoischen, die von den Inkarnationen in tierischen und halbmenschlichen Formen des Ebers und Menschen-Löwen umfasst ist; und wir kommen zur fünften und beschließenden geologischen Periode, bezeichnet als die „ Ära des Verstandes oder Zeitalters des Menschen", dessen Symbol in der Hindu-Mythologie der Zwerg ist- der erste Versuch der Natur, Menschen zu schaffen. In diesem Diagramm sollten wir dieselbe Idee verfolgen, nicht den Kenntnisgrad der alten Philosophie verurteilen durch die buchstäbliche Annahme der volkstümlichen Form, in der sie uns in dem großen epischen Gedichte der Mahabharata und seinem Kapitel der Bagavad Gita erscheinen.

Zum Schluss möchte ich noch eine wichtige Frage ansprechen, um die verzweifelten Menschen vor dem Selbstmord zu warnen und nach Möglichkeit von ihrem Vorhaben abzuringen.

Was geschieht mit dem Bewusstsein eines Menschen, der Selbstmord begeht? In der Astralebene sind einige mächtige Vorsteher des menschlichen Bewusstseins wie z. B Hyrmiua (26 Grad Jungfrau), Lotifar (23 Grad Steinbock). Sie überwachen die Reife und Entwicklung eines jeden Menschen, indem sie entscheiden, ob an Bewusstseinstörungen leidender Mensch – Geistskranke - genesen und sein Normalbewusstsein wiedererlangen soll. Gleichzeitig überwachen sie auch die Selbstmörder, bei denen der Selbstmord nicht karmisch bedingt war, damit diese in der Astralwelt nicht eher zum vollen Bewusstsein gelangen, bis die Zeit verstrichen ist, die sie auf der Erde hätten verleben müssen. Dabei wird das Sterben wie ein Endlosband wieder und wieder vor den geistigen Augen des Selbstmörders abgespielt. Nach dem Erwachen aus dem Dämmerzustande zum vollen Bewusstsein, übernehmen ihn andere Untervorsteher und sorgen dafür, dass sich die nächste Verkörperung eines Selbstmörders in Verhältnissen abspielt, wo er dass Versäumte, was er auf der Erde durch sein Schicksal lernen sollte, getreulich nachholt. Jeder Mensch, der sich mit Selbstmordgedanken befasst, sollte einsehen, dass es tatsächlich ein großer Unsinn ist, sein Leben vorzeitig und gewaltsam beenden zu wollen, da er durch diese Willkür an seinem Schicksal gar nichts ändert, sondern im Gegenteil, er verlängert nur unnütz die Zeit seiner Schulung und Ausbildung des Geistes und vergrößert damit gleichzeitig sein Leben. Solche Wesen lassen durch einem jeden sich in Nöten, in Enttäuschungen und Verzweiflungen befindlichen Menschen durch die innere Stimme eingeben, dass das Leben heilig und durch nichts zu ersetzen ist. Diese Vorsteher der Astralebene sind von der Göttlichen Vorsehung dazu berufen, die Wiederverkörperung oder Inkarnation eines jeden Menschen zu überwachen. Sie wissen von jedem einzelnen, wie lange er sich in der unsichtbaren Welt aufhalten muss, damit er reif wird, wieder auf unserer Erde das Licht der Welt zu erblicken, um die Schule des Lebens weiterhin durchzumachen. Diese Vorsteher können einem Adepten den genauen Zeitpunkt seines eigenen Ablebens sowie des Ablebens anderer Menschen, ebenso den Ort und Zeitpunkt der nächsten Inkarnation mitteilen. Diese Intelligenzen bereiten unsere neue Inkarnation vor und weisen jeden Wesen, die auf unsere Erde verkörpern sollen, zu ihrer Entwicklung geeignete Stelle und Umgebung zu. Gleichzeitig geben sie uns ein, wie wir das Sympathieband zwischen uns und der reifenden Frucht im Mutterleib herstellen müssen.

14. Kapitel

Unser zweites „ zu Hause" ist die Astralebene

Die Astralebene ist ein Dichtigkeitsgrad des Akashaprinzips, alles dessen, was auf der materiellen Welt bisher geschah, soeben geschieht und noch geschehen wird und was seinen Ursprung, seine Regelung und sein Lebensdasein hat. Man sieht in der Astralebene die Emanation des Ewigen, die weder Anfang noch Ende hat, also zeit- und raumlos ist. Die Astral-Ebene wird von den meisten Religionen, von den Okkultisten und Spiritisten als „Jenseits" bezeichnet. Einem Eingeweihten ist jedoch klar, dass es kein Dies- oder Jenseits gibt, und er fürchtet darum auch nicht den Tod, da ihm dieser Begriff fremd ist. Diese Zone hat verschiedene Dichtigkeitsgrade, so genannte Unterebenen, in die sich die Menschen nach dem Ablegen des grobstofflichen Körpers begeben. Es ist dies die so genannte Astralwelt, wo sich in den tieferen Dichtigkeitsgraden die Alltagsmenschen und in den höheren Schichten der Entwicklung gemäß auch Eingeweihte nach dem physischen Tod mit ihrem Astralkörper aufhalten. Der Platz eines jeden Menschen in der Astralwelt wird dejenige sein, den er sich hier auf unserer grobstofflichen Ebene im Laufe seines Lebens errungen hat. Himmel und Hölle gibt es in der Astralwelt nicht, dies sind beschränkte religiöse Ansichten und Lehren verschiedener Religionen, die das Leben in der astralen Welt aus purer Unkenntnis als Himmel oder Hölle Bezeichnen. Wollte man die niederen, gröberen Schichten der Astralwelt als Hölle und die höheren, lichteren als Himmel bezeichnen, könnte ein Teil der Religionsbehauptungen wahr sein.

Hat sich durch die Zersetzungsarbeit der Elemente oder durch plötzliches Zerreißen die Astralmatrize, die der Verbindungsstoff zwischen dem grobmateriellen Körper und dem Astralkörper ist, gelöst, tritt das, was im Allgemeinen Tod genannt wird, ein, ist aber in Wirklichkeit nur ein Übergang aus der irdischen Welt in die Astralwelt. Aufgrund dieses Gesetzes kennt der Eingeweihte keine Todesfurcht, denn er weiß, dass er nicht ins Ungewisse geht. Es gibt viele Astralsphären, die von astralen Wesen bevölkert sind. Ihre Bewohner bedienen sich astraler Beförderungsmittel aus Licht, mit denen sie schneller als die Elektrizität oder radioaktive Energie von einem Planeten zum anderen reisen. Das astrale Universum besteht aus feinen Licht- und Farbschwingungen und ist vielhundertmal größer als der physische Kosmos. Ebenso es viele physische Sonnen und Sterne gibt, die im Weltraum schweben, so gibt es auch zahllose astrale Sonnen- und Sternensysteme. Die astrale Sonnen und Monde sind viel prächtiger als die physischen. Man kann sie etwa mit dem Nordlicht vergleichen, wobei das astrale Nordlicht der Sonne strahlender ist als mildes Nordlicht des Mondes. Tag und Nacht sind in der Astralwelt viel Länger als auf Erden. Das astrale Universum ist unvorstellbar schön, sauber, rein und geordnet. Dort gibt es keine ausgestorbenen Planeten und kein verödetes Land. Auch die irdischen Plagen wie Unkraut, Bakterien,

Insekten und Schlangen existieren dort nicht.
Während auf Erden krasse Temperaturunterschiede
und den Wechsel der Jahreszeiten gibt, haben die
Astrasphären das gleich bleibende Klima eines
ewigen Frühlings mit gelegentlichem Lichtregen.
Die Astralwelt ist reich an kristallklaren Seen,
leuchtenden Meeren und regenbogenfarbenen
Flüssen. Außer den Menschen wird die Astralebene
noch von vielen anderen Wesen bewohnt, von denen
ich hier nur einige Arten aufzeige. So z.B. sind es
die so genannten Elementare, Wesen mit einer oder
nur wenigen Eigenschaften, je nachdem, welche
Elementeschwingungen vorherrschen. Sie erhalten
sich von den gleichartigen Schwingungen, die dem
Menschen eigen sind und die er in die Astralebene
aussendet. Darunter gibt es solche, die bereits einen
gewissen Grad von Intelligenz erreicht haben. Dieser
bedienen sich Magier, um mit diesen niederen
Kräften ihren selbstsüchtigen Zwecken zu protzen.
Eine andere Art von Wesen sind die so genannten
Larven, die entweder bewusst oder unbewusst durch
intensives Gefühlsdenken durch die Astralmatrize
ins Leben gerufen wurden. Es sind dies keine
tatsächlichen Wesen, sondern bloße Formen, die
sich von den Leidenschaften der animalischen Welt
in der niederen Stufe der Astralebene am Leben
erhalten. Ihr Selbsterhaltungstrieb bringt sie in die
Sphäre jener Menschen, deren Leidenschaften ihnen
zusagen. Sie trachten direkt oder indirekt die im
Menschen schlummernden Leidenschaften zu
wecken und zu entfachen. Gelingt es diesen Formen,
den Menschen zu der ihnen zusagenden
Leidenschaft zu verleiten, so ernähren, erhalten und
kräftigen sich von der Ausstrahlung, die diese

Leidenschaft im Menschen hervorruft. Ein mit vielen Leidenschaften beladener Mensch zieht in der untersten Sphäre seiner Astralebene ein ganzes Heer von solchen Larven mit sich. Der Unterschied zwischen einem Elemental und einer Larve liegt darin, dass ein Elemental vom Magier bewusst geschaffen wird, wohingegen sich Larven unwillkürlich durch starke psychische Erregungen, ganz gleich welcher Art, in der entsprechenden Mentalsphäre von selbst bilden. Je stärker die Erregung ist, umso mehr Mentalstoff verliert der Mensch und umso stärker, dichter und lebensfähiger wird so eine Larve, namentlich dann, wenn sich ein- und dieselbe psychische Erregung regelmäßig und oft wiederholt. Diese unwillkürliche Larvenbildung in der Mentalsphäre kommt bei jedem Menschen vor, ob magisch geschult oder nicht geschult, ob jung oder alt, intelligent oder unintelligent, ohne Rücksicht darauf, ob er davon weiß oder nicht. Hört die psychische Erregbarkeit wie z.B. Furcht, Kummer, Schreck, Sorge, Hass, Geiz, etc. auf, indem der aufregenden Sache keinerlei Beachtung geschenkt wird, vergeht so eine Larve allmählich von selbst, bis sie schließlich gänzlich auflöst und verschwindet. Die Larve wird umso stärker, je mehr man zur Ursache der psychischen Erregung zurückkehrt und je größere Aufmerksamkeit man ihr schenkt! Ist eine Larve sehr stark verdichtet, hat sie immer mehr Selbsterhaltungstrieb und trachtet, ihre Lebensdauer so viel als nur möglich zu verlängern. Sie stachelt daher bei jeder Gelegenheit den Geist des betreffenden Menschen an, um seine Aufmerksamkeit auf die Ursache der Erregung zurückzuführen und sie neu zu beleben. Eine derart wohlgenährte Larve kann einer empfindlichen oder leicht reizbaren Person zum Verhängnis werden, und viele Geistesstörungen, wie Verfolgungswahn oder Nervenkrankheit verursachen.

Der Unterschied zwischen einer Larve und einem Schemen ist der, dass eine Larve infolge einer oder wiederholter psychischer Erregung ganz unbewusst eine dem Motiv zusagende Form in der Mentalsphäre annimmt, wohingegen ein Schemen eine bestimmte, der Phantasie des Menschen entspringende Form erhält. Genauso wie bei den Larven, wird auch das Schemen durch wiederholtes Heraufbeschwören des Bildes, ohne Rücksicht darauf, worum es sich handelt, verstärkt, belebt und verdichtet, sogar so stark gemacht, dass es seinen Einfluss nicht nur auf der Mental- oder Astralebene, sondern selbst auf der grobstofflichen Ebene geltend macht. Die Geburt eines Liebes-Schemen wird durch ein schöner Körper einer lebenden Person oder auch nur ein Bild, ein Akt, eine pornographischer Zeitung oder sonst was Ähnliches, was die Sinneslust, den Geschlechtstrieb, reizt, wobei es gleich bleibt, ob es sich um einweibliches oder männliches Wesen handelt. Hat die verliebte Person keine Möglichkeit, ihr persönliches Verlangen zu befriedigen, um so größer und heftiger wird die Sehnsucht, um so stärker und durchdringender wird so ein Schemen, da es sich lediglich von Sehnsuchtsgedanken nährt. Anfangs stellt er sich in Träume ein und lässt sein Opfer die schönsten Liebesgefühle durchleben. Später reizt er die Geschlechtslust und lässt mit sich im Traum den geschlechtlichen Akt ausführen. Die dadurch entstandenen Pollutionen verhelfen dem Schemen dazu, immer dichter zu werden, immer einflussreicher auf das Opfer einzuwirken, da der gerade das Sperma konzentrierte Lebenskraft ist, die vom Schemen wie von einem Vampir aufgesogen wird. Hier geht es nicht um den grobstofflichen Samen, sondern nur um die im Samen enthaltene gestaute animalische Lebenskraft. Der Liebes-Schemen kann sich durch unbefriedigte Leidenschaft so verdichten, dass er direkt körperliche Formen annimmt, sein Opfer zu Onanie und anderen geschlechtlichen Ausschweifungen verleitet. Es gibt noch die Wesen der vier reinen Elemente. Im Element Feuer heißen sie Salamander, im Element Luft sind es die Sylphen, im Wasserelement die Nixen oder Undinen und im Erdelement die Gnomen. Diese Wesen stellen sozusagen die Verbindung zwischen der Astralebene und den irdischen Elementen dar. Ein jedes Elementewesen, sei es noch so intelligent, verfüge es noch so reiche Kenntnisse, ist nur aus einem einzigen Element zusammengesetzt, wohingegen der Mensch alle vier Elemente und außerdem noch das fünfte Element, dass das Gottesprinzip, in sich verkörpert und wird erst so richtig verstehen, warum es in der Bibel heißt, dass der Mensch das vollkommenste aller Wesen und Geschöpfe ist und nach dem Ebenbilde Gottes erschaffen wurde. Diese Naturgeister sind fröhliche Wesen; das Schlechteste, das man über sie sagen kann, ist, dass sie keine schelmische Streiche spielen, die für die betroffene Person lästig sind. Sie lehnen den Menschen ab, weil er so viele Dinge tut, die für sie abstoßend und eine Quelle des Leidens ist. Sie leben ein frohes und zufriedenes Leben auf dem Lande und toben gerne mit den Jungen der Wildtiere herum, und sie lieben diese und die

Blumen und Bäume. Sie haben keine Schwierigkeiten in ihrem unschuldigen Leben und sie empfinden keinen Zwang der Notwendigkeit, denn sie brauchen sich für Nahrung zu plagen, wie der Mensch das muss. Naturgeister scheuen die Menschen, da sie die Natur zerstören und die Tiere abschlachten; und wenn der Mensch in einem Wald oder einen Feldweg entlang spazieren geht, stehlen sie sich bei seiner Annäherung weg. Wenn man aufs Land geht und sich zwingt, eine Stunde oder zwei still und ruhig zu liegen, nähern sich die kleinen Wildtiere. Ebenso finden die Naturgeister, wenn man lange Zeit an einem Ort wohnt, allmählich heraus, dass man ein harmloses Exemplar der Menschheit ist, und werden mit der Zeit bereit sein, sich mit einem anzufreunden, und schließlich werden sie um einen herumtollen und ganz stolz sein, einen menschlichen Freund zu haben. Auf der Astralebene betrachten diese Geschöpfe die Menschen als Eindringlinge lästiger und gefährlicher Art, etwa wie wir eine einmarschierende Armee betrachten würden. Sie machen es sich deshalb zur Aufgabe, zu versuchen, den Neuankömmling zu erschrecken. Es gibt noch eine Reihe anderer Wesen, wie Satyre, Feen, Waldjungfrauen, Wassermännchen, Fischen, Tieren, Kobolden, Halbgöttern, Geistern, die alle je nach ihrer karmischen Beschaffenheit auf entsprechenden Astralebenen leben.

Gute und böse Geister wohnen in getrennten Sphären. Während sich die guten frei umherbewegen können, bleiben die bösen Geister auf die ihnen zugewiesene Zone beschränkt. Genauso wie die menschlichen Wesen auf der Oberfläche der Erde, die Würmer im Boden, die Fische im Wasser und die Vögel in der Luft leben, so leben auch die Astralwesen, je nach ihrem Entwicklungsgrad, in ihrem natürlichen Schwingungsbereich. Zwischen den bösen „gefallenen Engeln", die aus verschiedenen Astralwelten ausgestoßen wurden, finden Kämpfe und Kriege statt. Bomben aus Molekülschwingungen und vibrierende mantrische Strahlen dienen ihnen als Waffen. Diese Ausgestoßenen leben in den finsteren Regionen des niederen Astralkosmos, wo sie ihr schlechtes Karma abbüßen. Wie märchenhaft all dies auch klingen mag, in der Astralebene sind es genau dieselben Wirklichkeiten wie alle anderen irdischen Wesen. Das hellsehende Auge des Eingeweihten sieht sie auf Wunsch alle, vermag die Verbindung mit ihnen herzustellen, wodurch jeder Zweifel an der Existenz dieser Wesen von vornherein ausgeschlossen ist.

In den unermäßlichen Gefilden oberhalb des dunklen Astralkerkers ist alles leuchtend und schön. Der astrale Kosmos kann sich viel leichter als die Erde dem göttlichen Willen und dem vollkommenen göttlichen Plan angleichen. Jeder astrale Gegenstand wird in erster Linie durch Gottes Willen, zum Teil aber auch durch den Willen der Astralwesen erschaffen. Diese besitzen die Macht, die Form irgendeines Gegenstandes, der bereits von Gott erschaffen wurde, abzuändern oder seine Schönheit noch zu steigern. Der Herr hat Seinen Astralkindern das Vorrecht gegeben, die Astralwelt nach Wunsch zu verändern oder zu verbessern. Auf Erden kann eine feste Substanz nur durch einen natürlichen oder chemischen Prozess in einen anderen

Aggregatzustand verwandelt werden, die
Astralwesen dagegen können die festen
Astralformen allein durch ihren Willen in astrale
Flüssigkeiten, Gase oder in Atomenergie
verwandeln. In der astralen Welt wird der
Astralkörper durch Eindrücke belebt, die das Wesen
auf der astralen Ebene durch die stoffliche
Schwingung gewinnt. Auf der dunklen Erde gibt es
Mord und Kriege zu Wasser, zu Land und in der
Luft, in den astralen Gefilden aber herrscht eine
beglückende Harmonie und Übereinstimmung. Die
astralen Wesen entmaterialisieren und
materialisieren ihren Körper nach Wunsch. Auch
Blumen, Fische und Tiere können sich
vorübergehend in astrale Menschen verwandeln.
Allen Astralwesen steht es frei, irgendeine Gestalt
anzunehmen und sich mühelos miteinander zu
verständigen. Kein unabänderliches Naturgesetz
hindert sie, so kann z.B. jeder astrale Baum auf
Wunsch eine astrale Mango, eine Blume oder
irgendeinen anderen Gegenstand hervorbringen.
Allerdings gibt es auch in der Astralwelt gewisse
karmische Begrenzungen, jedoch nicht in Bezug auf
gewünschte Formen. Gottes schöpferisches Licht
pulsiert in allen Dingen. Niemand wird von einer
Frau geboren. Die Astralwesen können ihre
Nachkommen kraft ihres kosmischen Willens
materialisieren und ihnen bestimmte Formen geben.
Ein Wesen von der Erde wird, je nach seinen
geistigen und seelischen Neigungen, von einer ihm
entsprechenden Astralfamilie angezogen.

    Der Astralkörper ist weder Hitze noch Kälte noch
anderen natürlichen Bedingungen unterworfen.
Anatomisch gesehen, besteht er aus einem astralen

Gehirn mit dem teilweise tätigen, allwissenden „tausendblättrigen Lotos des Lichts" und den sechs erweckten Zentren in der Sushuma- der astralen Gehirn- und Rückenmarksachse. Das Herz entzieht dem astralen Gehirn Licht und kosmische Energie und leitet diese an die astralen Nerven und Körperzellen weiter. In den meisten Fällen gleicht der Astralkörper der Form des letzten irdischen Körpers. Gesicht und Gestalt eines Astralwesens ähneln der jugendlichen Erscheinung seiner letzten irdischen Verkörperung. Während die dreidimensionale irdische Welt nur durch die fünf Sinne des Menschen erkannt werden kann, werden die astralen Sphären durch den allumfassenden sechsten Sinn „die Intuition" wahrgenommen. Die Astralwesen sehen, hören, riechen, schmecken und fühlen nur durch ihre Intuition. Sie haben drei Augen, von denn zwei halb geschlossen sind. Das dritte und größte Auge jedoch, das sich senkrecht auf der Stirn befindet, ist geöffnet. Die Astralmenschen besitzen alle äußeren Sinnesorgane- Augen, Ohren, Nase, Zunge, und Haut, nehmen die verschiedenen körperlichen Empfindungen aber mit ihrem sechsten Sinn wahr. So können sie z.B. mit den Ohren, der Nase oder der Haut sehen, mit den Augen oder der Zunge hören, mit den Ohren oder der Haut schmecken usw. Der physische Körper des Menschen ist zahlreichen Gefahren ausgesetzt und kann leicht verstümmelt oder verletzt werden. Auch der ätherische Astralkörper wird zuweilen verwundet oder gequetscht, kann aber sofort durch reine Willenskraft wieder geheilt werden. Schönheit ist in der Astralwelt eine geistige Eigenschaft, aus diesem Grunde legen die Astralwesen kein großes

Gewicht auf ihr Aussehen. Sie haben jedoch die Macht, sich jederzeit mit neuen, farbenfreudigen Astralkörpern zu bekleiden, die sich selbst materialisieren. Freunde aus früheren Leben erkennen sich in der Astralwelt leicht wieder. Dort erfreuen sie sich jener ewigen Liebe und Freundschaft, an der sie auf der Erde, besonders in der Stunde des scheinbar endgültigen Abschieds, so oft zweifelten. Mittels ihrer Intuition können die astralen Wesen den Schleier, der sie von der irdischen Welt trennt, lüften und die Tätigkeit der Menschen beobachten, doch die Menschen können nicht in die astralen Sphären schauen, es sei denn, dass ihr sechster Sinn bis zu einem gewissen Grad entwickelt ist. Kinder, die ein reines Herzen haben, können manchmal auf Erden eine anmutige Astralgestalt, z.B. Fee, erblicken. Andererseits können Drogen das Bewusstsein des Menschen derart zerrütteln, dass er die abschreckenden Gestalten der astralen „Hölle" sieht. Alle Bewohner des Astralkosmos sind jedoch noch seelischen Leiden unterworfen. So verursacht es den sensiblen Wesen, tiefen Schmerz, wenn sie sich nicht richtig verhalten haben oder nicht auf den Grund der Wahrheit gedrungen sind. Die fortgeschrittenen Wesen bemühen sich, all ihr Denken und Handeln in Einklang mit den geistigen Gesetzen zu bringen. Die Verständigung zwischen den Bewohnern aller Astralwelten geschieht ausschließlich durch Telepathie und astrales Fernsehen. Es gibt keine der Irrtümer und Missverständnisse, wie sie auf Erden durch das gesprochen und geschriebene Wort entsteht. So wie die Darsteller im Film nur aus Licht und Schatten bestehen und sich bewegen und verschiedenen Tätigkeiten nachgehen, ohne wirklich zu atmen, so handeln und wandeln die Astralwesen wie intelligent gelenkte und aufeinander abgestimmte Lichtbilder, ohne Sauerstoff zum Leben zu brauchen. Der astrale Boden bringt leuchtende, strahlenähnliche Pflanzen hervor, die Astralbewohner nehmen Früchte und Pflanzen zu sich und trinken einen Nektar, der sich aus schimmernden Lichtquellen ergießt oder in astralen Bächen und Strömen fließt. Sie können die im Äther schwebenden unsichtbaren Bilder von Pflanzen und Früchten durch ihren Willen herbeiziehen. Astrale Wünsche wurzeln in geistigen Genüssen, dies ich durch Schwingungen mitteilen. So lauschen die astralen Wesen z.B. der ätherischen Musik der Sphären und berauschen sich am Anblick der Schöpfung, die sich ihnen in ewig wechselnden Lichterscheinungen offenbart. Astrale Wesen können das Licht auch riechen, schmecken und berühren. So hängen die astralen Wünsche also mit der Fähigkeit der Astralwesen zusammen, jeden gewünschten Gegenstand unmittelbar als Lichtform zu verdichten und in Gedanken oder Träumen herrliche Erlebnisse hervorzurufen. Ein Astralwesen begegnet zahllosen Freunden und Verwandten: Vätern, Mütter, Ehefrauen, Ehemännern und Kindern, mit denen es in früheren Inkarnationen verbunden war und die von Zeit zu Zeit in den verschiedenen Regionen des Astralkosmos auftauchen. Daher weiß es nicht, wen es am meisten lieben soll, und lernt auf diese Weise, allen die gleiche göttliche Liebe zu schenken und in ihnen allen verschiedenen Ausdruckformen Gottes, d.h. Seine Kinder zu sehen. Die äußere Erscheinung ehemaliger Angehöriger mag sich mehr oder weniger verändert haben, je nachdem, welche neuen Charakterzüge sie im letzten Leben entwickelt haben, und dennoch erkennt ein Astralwesen mit untrüglicher Intuition alle wieder, die ihm einst auf einer anderen Daseinsebene nahe gestanden haben, und heißt sie in ihrer neuen astralen Heimat willkommen. Jedes Atom der Schöpfung besitzt unveränderliche Individualität, aus diesem Grunde können die Astralwesen ihre Freunde ohne weiteres wieder finden, ganz gleich, in welchem Gewand diese erscheinen.

Die Lebensspanne in der Regel in der Astralwelt ist viel länger als auf Erden. Ein einigermaßen fortgeschrittenes Wesen verbringt nach irdischem Zeitmaß 100-500 Jahre in der Astralwelt. Diese Zwischenräume zwischen den einzelnen Inkarnationen können, auch sehr unterschiedlich ausfallen. Sie können zwischen ein paar hundert Jahren bis zu einigen Jahrzehnten schwanken. Eine alte Lehre besagt, dass die Reife einer Seele mit der Dauer des Zwischenstadiums korreliert. Je unreifer eine Seele ist, desto schneller findet die nächste Inkarnation satt. Man darf die zyklische Evolution auch nicht vergessen, je näher die Menschheit einem höheren Zyklus folgt, desto schneller werden die Seelen inkarnieren. Der siebte und letzte Yuga wird relativ klein sein, weil die Menschen keinen materiellen Körper besitzen werden. Aber ebenso wie gewisse Mammutbäume oder andere Bäume um Jahrtausende überleben und wie einige Yogis mehrere hundert Jahre alt werden, während der Durchschnittsmensch ca. nach Vollendung seines

70. Lebensjahres stirbt, so bleiben einige Astralwesen viel länger als gewöhnlich in den Sphären.

Es gibt zwei Arten von Astralwesen. Diejenigen, die noch irdisches Karma zu sühnen haben und daher wieder in einen grobstofflichen Körper zurückkehren müssen, gelten nach ihrem körperlichen Tod nur als Besucher, nicht als ständige Bewohner der Astralwelt. Besucher der Astralwelt leben dort für kürzere oder längere Zeit, je nach der Beschaffenheit ihres irdischen Karmas, das sie zur festgesetzten Zeit wieder auf die Erde zurückzieht. Die ständigen Bewohner des astralen Universums dagegen sind frei von allen materiellen Wünschen und brauchen daher nicht mehr in die grobe Schwingungssphäre der Erde zurückzukehren. Wie die meisten Menschen auf dieser Erde noch nicht gelernt haben, zu meditieren und sich die höheren Freuden der Astralwelt vorzustellen und sich daher, sobald sie gestorben sind, nach den unvollkommenen irdischen Freuden zurücksehnen, so können auch viele Astralwesen noch nicht den erhabenen Geisteszustand der Mentalwesen vorstellen. Sie sehnen sich nach dem gröberen und prunkvolleren Astralhimmel zurück. Solche Menschen haben noch ein schweres Karma zu sühnen, ehe sie nach ihrem astralen Tode ständig in der mentalen Welt der Gedanken bleiben können, die sie nur noch um ein geringes von ihrem Schöpfer trennt. Nur wer sich nach keinen weiteren Erlebnissen in dem für das Auge so verlockende Astralkosmos sehnt und nicht in Versuchung geführt werden kann, zu ihm zurückzukehren, darf in der

Mentalwelt bleiben. Dort sühnt die eingeschlossene Seele ihr noch verbleibendes mentales Karma, das heißt, sie zerstört die Saat aller ehemaligen Wünsche und entfernt den letzten der drei Korken der Unwissenheit. Dann endlich wirft sie ihre letzte Hülle den Mentalkörper ab, um mit dem Ewigen zu verschmelzen.

Nach dem Tode des physischen Körpers lebt der Mensch als „Geist", das heißt als ein intelligenzbegabtes, unsichtbares Wesen, in seiner astralen Form und behält mehr oder weniger denselben Charakter und die Eigenschaften bei, die er auf Erden gehabt hat. Es ist unklug, irgendein körperliches Gebrechen als unheilbar anzusehen. Nehmen wir an, ihr habt einen Arm verloren, und der Gedanke an diesen Verlust prägt sich eurem Bewusstsein so unauslöschlich ein, dass ihr überzeugt davon seid, den Arm nie wieder gebrauchen zu können. Wenn ihr das nächste Mal wiedergeboren werdet, tragt ihr das Bewusstsein des fehlenden Armes noch in euch, (nicht nur euren Charakter!), und wenn es machtvoll genug ist, kann es die schöpferische Tätigkeit der intelligenten Lebenskraft daran hindern, einen normalen Arm im neuen Körper wachsen zu lassen. Identifiziert euch also nie mit den Gebrechen des physischen Körpers. Ihr seht also, dass ihr bereits Geister wart, ehe ihr diese körperliche Gestalt annahmt, und wenn ihr sterbt, werdet ihr wieder zu Geistern. Auch wenn wir schlafen, werden wir zu Geistern, denn im Schlaf sind wir uns des physischen Körpers gar nicht bewusst. Es ist der Zustand, in dem ihr wart und wieder sein werdet. Der einzige Unterschied besteht darin, dass ihr nach dem Tode, wenn ihr plötzlich in die Astralwelt geworfen werdet, nicht auf Wunsch einen physischen Körper, wie ihr ihn jetzt habt, erschaffen könnt. Große Meister und Magier, die eins mit dem Göttlichen Schöpfer geworden sind, haben diese Fähigkeit. Sie können die feinen Schwingungen des Astralkörpers in einen stofflichen Körper verdichten.

Ein Astralwesen kennt keinen qualvollen Todeskampf, wenn die Zeit gekommen ist, seinen Lichtkörper abzuwerfen. In der Astralwelt gibt es keinen gewaltsamen Tod, keine Krankheit und kein Altern. Diese drei Geißeln liegen wie ein Fluch über der Erde, wo der Mensch seinem Bewusstsein gestattet hat, sich ganz und gar mit einem gebrechlichen Körper zu identifizieren, dessen Existenz von Sauerstoff, Nahrung und Schlaf abhängt. Beim körperlichen Tod tritt Stillstand der Atmung und Auflösung aller fleischlichen Zellen ein. Der astrale Tod dagegen besteht in der Auflösung der intelligenten Lebenskraft "Prana", jener kosmischen Energieeinheiten, aus denen sich der Körper eines Astralwesens zusammensetzt. Beim körperlichen Tod löst sich das Bewusstsein des Menschen von der fleischlichen Hülle und gewahrt stattdessen seinen feinstofflichen Körper in der Astralwelt. Wenn seine Zeit drüben abgelaufen ist, erlebt er den astralen Tod; auf diese Weise pendelt sein Bewusstsein zwischen Geburt und Tod in der Astralwelt hin und her. Da der Geist eines abgeschiedenen Menschen in der Astraleben keinen Zeit- und Raumbegriff besitzt, also drüben keine Bewusstseinstützen hat, nach denen er seine Entwicklung messen könnte, sehnt er sich wieder nach der Erde zurück. Nicht nur deshalb, dass er auf Grund des Karmagesetzes von Ursache und Wirkung seine im vorigen Leben begangenen Fehler ausgleichen muss, er sehnt sich vor allem danach, eine neue Möglichkeit der weiteren astralen Entwicklung auf der grobstofflichen Ebene zu haben und neue Erfahrungen für die höheren Schichten in der astralen Welt in seinem Geist zu sammeln. Verkörpert sich ein Mensch aus der Astralebene wieder zurück in die grobstoffliche Materie, dann reißt das Band zwischen dem Mental- und Astralkörper, so dass das Wesen dort stirbt, um auf unserer Erde von neuem geboren zu werden. Der dortige Sterbevorgang ist genau derselbe wie der im physischen Körper sich abspielende, der Mentalkörper wird vom Astralkörper nicht mehr durch die Eindrücke der astralen Welt ernährt. Der Zersetzungsprozess eines Astralkörpers ist viel langsamer als beim grobstofflichen Körper und ein Astralkörper kann nach unserer Zeitrechnung noch jahrelang weiter bestehen, ohne dass er von dem betreffenden Geist erhalten wird. Von solchen astralen Leichen nehmen dann gerne andere Wesen, gewöhnlich Dämonen, besitz, um mit ihnen Posen zu treiben. Alle Spuk- und Klopfgeister, Phantome, Schemen und dgl. gehen auf die gleiche Art vor. In zahlreichen spiritistischen Sitzungen erscheinen Astralkörper von Verstorbenen , in denen sich schon lange nicht mehr der Geist des Verstorbenen befindet, sondern die nur noch von einem Dämon beherrscht und bewegt werden. Nur ein gut geschulter Hellseher, der den Astralkörper vom Mentalkörper mit seinen geistig entwickelten Sinnen zu unterscheiden vermag, ist fähig, die wahre

Tatsache festzustellen und aufzudecken. Dieser sich ständig wiederholende Kreislauf astraler und irdischer Verkörperungen ist das unentrinnbare Schicksal aller unerleuchteten Wesen. Sobald die Seelen frei von körperlichen Wünschen sind, brauchen sie sich nicht mehr auf Erden zu verkörpern. Solche Seelen wandern dann zwischen der Astralwelt und dem Mentale- „Himmel" hin und her und verkörpern sich so lange im Astralreich wieder, bis sie auch von dieser Welt befreit sind. Und wenn alle mentalen Wünsche überwunden sind, ist man eine freie oder befreite Seele.

Durch feinere Schwingungen der Elemente, durch das elektrische und magnetische Fluid ihrer Polarität, ist der eigentliche Mensch, die Seele, aus dem Akashaprinzip oder den feineren Schwingungen des Äthers hervorgegangen. Genau so, wie sich im grobmateriellen Körper die Funktionen der Elemente abwickeln, ist es mit den Funktionen der Seele oder des sogenannten Astralkörpers. Durch den vierpoligen Magneten mit seinen spezifischen Eigenschaften ist die Seele mit dem Körper verbunden. Die Zusammenschmelzung geschieht analog dem Körper durch den elektromagnetischen Einfluss der Elemente. Das Arbeiten der Elemente, das so genannte elektromagnetische Fluid der Seele, nennen wir die Astralmatrize oder das Leben. Bei der Astralmatrize handelt es sich um das Bindemittel zwischen dem Körper und der Seele. Das feurige Prinzip bewirkt auch in der Seele das Aufbauende, das wässerige Prinzip das Belebende, das luftige Prinzip das Ausgleichende und das erdige Prinzip das Zusammengesetzte, Gedeihende und Erhaltende.

Dem Astralkörper unterliegen genau dieselben Funktionen wie dem grobstofflichen Körper.

Unser Astralkörper besteht aus 19 Elementen, die von geistiger, emotioneller und biotronischer Beschaffenheit sind. Sie bestehen aus: Intelligenz, Ichbewusstsein, Gefühl, Verstand (Sinnesbewusstsein), den fünf Werkzeugen des Wissens (den feinen Kräften jenseits der physischen Sinnesorgane: Gesicht, Gehör, Geruch, Geschmack und Tastsinn), den fünf Werkzeugen des Handelns (den ausführenden Kräften der Fortpflanzung, Ausscheidung, des Sprechens, Gehens und der Fingerfertigkeit) und den fünf Werkzeugen der Lebenskraft (der Zellbildung, Assimilation, Elimination des Stoffwechsels und des Kreislaufs im physischen Körper). Sie sind alle äußerst fein gesponnen. Wir können aufgrund der Kraft, die in den fünf Sinnen wirkt, in dieser Traumwelt hören, riechen, schmecken, tasten und sehen. Und in der Astralwelt, wo wir keine Sinnesorgane (Ohren, Augen, Nase, Zunge und Haut) haben, besitzen wir immer noch die Kraft aller fünf Sinneswahrnehmungen. Wenn ihr stirbt, zerfällt der physische Körper aus 16 Elementen (Chemikalien, wie Eisen, Kalium usw.), doch die Elemente eures Astralkörpers bleiben bestehen. Sie schweben irgendwo im Äther.

Dieses Aufnehmen und Bestätigung der fünf Sinne mittels des astralen und grobmateriellen Körpers geschieht durch unseren unsterblichen Geist. Ohne Bestätigung des Geistes in der Seele wäre der Astralkörper leblos und würde sich in seine Bestandteile auflösen. Da der Geist seine

Auswirkungen ohne Vermittlung der Seele nicht zustande bringen würde, ist daher der Astralkörper der Sitz sämtlicher Eigenschaften, die der unsterbliche Geist hat. Je nach seiner Entwicklung und Reife hat er eine verschiedenartige elektrische oder magnetische Fluidschwingung, die sich in der Seele in den vier Temperamenten nach außen hin zeigt. Den vorherrschenden Elementen nach unterscheiden wir das cholerische, sanguinische, melancholische und phlegmatische Naturell. Das cholerisch Temperament entspringt dem Feuer-Element, das sanguinische dem Luft-Element das melancholische dem Element des Wassers und das phlegmatische dem Element der Erde. Je nach Stärke und Schwingung des betreffenden Elements zeigt sich in den verschiedenen Eigenschaften auch die Stärke, Kraft und Expansion der betreffenden Fluidschwingungen. Jedes dieser vier Elemente, die das Temperament im Menschen bestimmen, hat in der aktiven Form das Gute oder die guten Eigenschaften und in der passiven Form die entgegen gesetzten, also die schlechte Eigenschaften. Die Eigenschaften der Temperamente bilden je nachdem, welche Eigenschaft die überwiegende ist, die Grundlage des Charakters des Menschen. Die Intensität der betreffenden nach außen hin sich zeigenden Eigenschaften hängt von der Polarität, also dem elektrischen oder magnetischen Fluid ab. Der Gesamteinfluss der Auswirkung der Temperamente hat eine Strahlung zur Folge, die fachmännisch Aura genannt wird. Daher ist die Aura nicht mit der Astralmatrize zu vergleichen, da zwischen diesen beiden ein krasser Unterschied besteht. Die

Astralmatrize ist der Verbindungsstoff zwischen
Körper und Seele, die Aura dagegen ist die
Strahlung der Wirksamkeit der Elemente in den
verschiedenen Eigenschaften und hat ihre
Begründung entweder in aktiver oder passiver Form.
Diese Strahlung ruft in der ganzen Seele eine
bestimmte Vibration hervor, die einer bestimmten
Farbe entspricht. Auf Grund dieser Farbe ist es dem
Eingeweihten möglich, mit den astralen Augen die
eigene Aura oder die eines anderen Wesens genau
zu erkennen. Der Sehende kann dann mit Hilfe der
Aura bei einem Menschen den Grundcharakter
feststellen. Außer dem Charakter, den
Temperamenten und der Arbeit des
elektromagnetischen Fluids hat der Astralkörper
noch zwei Zentren im Gehirn, und zwar ist im
Großhirn der Sitz des normalen Bewusstseins und
im Kleinhirn das Entgegengesetzte vom
Normalbewusstsein, das Unterbewusstsein. Die
seelischen Funktionen, Kräfte und Eigenschaften
haben auch in der Seele (Astralkörper) ihren Sitz,
respektive bestimmte Zentren analog allen
Elementen, welche die indische Philosophie als
Lotusse bezeichnet. Das Erwecken diese Lotusse
(Chakras) wird in der indischen Lehre Kundalini-
Yoga (15.Kapitel!) genannt. Die sieben goldenen
Chakras sind die sieben Strahlungszentren im
menschlichen Körper, die folgende Bezeichnung
haben. Das unterste Zentrum, das Steißbeinzentrum
ist das so genannte Muladhara oder Erdzentrum und
im untersten Teile der Seele seinen Sitz hat. Das
nächste Zentrum, das Kreuzbeinzentrum ist das des
Wassers und hat seinen Sitz in der Gegend der
Geschlechtsorgane und wird in der indischen

Terminologie als Swadhishthana bezeichnet. Das Zentrum des Feuers, das Lendenzentrum als Mittelpunkt der Seele befindet sich in der Gegend des Nabels und heißt Manipura. Das Zentrum der Luft, das Rückenzentrum des ausgleichenden Elements, befindet sich in der Herzgegend und wird Anahata genannt. Das Zentrum des Äthers, das Nackenzentrum oder Akashaprinzips ist in der Halsgegend zu suchen und heißt Vishuddha. Ein weiteres Zentrum, das des Willens, Verstandes, Intellekts liegt zwischen den Augenbrauen (das verlängerte Mark) und heißt Ajna. Als höchstes und göttlichstes Zentrum gilt der tausendblättrige Lotus, genannt Sahasara, von dem allen anderen Kräfte der Zentren ausgehen und beeinflusst werden. Von dem obersten, dem höchsten Zentrum angefangen verläuft längs dem Rücken bis in das tiefste Erdzentrum hinab gleich einem Kanal das so genannte Sushumna oder das uns schon bekannte Akashaprinzip, dem die Verbindung und Regelung zwischen allen Zentren zufällt.

15. Kapitel

Kundalini

Kundalini- Shakti ist die Macht oder Kraft, welche sich in einem schlangenförmigen oder gebogenen Pfade bewegt. Sie ist das universelle Lebensprinzip, welches sich überall in der Natur offenbart. Diese Kraft schließt die zwei großen Kräfte der Anziehung und Abstoßung in sich. Elektrizität und Magnetismus sind bloß Manifestationen von ihr. Sie ist die Kraft, welche die beständige Anpassung der inneren Verhältnisse an die äußeren Verhältnisse zu Wege bringt, und jene ständige Anpassung der äußeren Verhältnisse an die inneren Verhältnisse, welche die Grundlage der Wanderung der Seelen, Punarjanman (Wiedergeburt), in den Lehren der indischen Philosophen ist. Ein Yogi muss diese Macht oder Kraft vollständig unterwerfen, bevor er Moksha (Befreiung) erlangen kann.

Beim Kundalini- Yoga wird der Schüler vom Guru dazu angehalten, über das Muladhara- Zentrum, das sich im Steißbein befindet, zu meditieren und daselbst Pranajama - Übungen zu machen. Wenn wir uns die Symbolik des Muladhara- Zentrums näher ansehen, kommen wir darauf, dass dieses Zentrum die Form eines Vierecks in gelber Farbe hat, in dem sich ein rotes Dreieck befindet, dessen Mitte der Phallus- männliches Glied- dreieinhalb mal von der Schlange umwunden, einnimmt. Das Muladhara –Zentrum ist das erste, primitivste und grobstofflichste Zentrum, das dadurch versinnbildlicht wird, dass eine Ecke ein Elefant mit der betreffenden Göttin ausfüllt. Dieses Zeichen wird verschiedentlich ausgelegt, aber die richtigste Erklärung ist die, dass das Viereck die Ecke, das Dreieck die drei Spitzen oder Reiche wie die grobstoffliche, astrale und mentale Welt, der Phallus die Zeugungskraft, Imagination, und die Schlange den Weg und das Wissen vorstellen. Das Muladhara – Zentrum wird nicht umsonst das Brahma –Zentrum genannt, denn in diesem Entwicklungsstadium erkennt der Yoga Schüler Brahma, also die Gottheit, in ihrer stabilsten Manifestation. Brahma ist das Ewige, Unerforschbare, Universale, Undefinierbare, das Stete und Ruhige, also der positive Teil. Brahma schafft nicht selbst aus sich heraus, sondern alles Erschaffene wird durch seine Shakti, das weibliche Prinzip, bewerkstelligt. Shakti stellt also im Muladhara- Zentrum die den Phallus umwindende Schlange dar, die sich der Schöpfungskraft des versinnbildlichten Phallus, also der Imagination, bedient.

 Kundalini ist das untere Ende eines Stromes einer gewissen Art der Kraft des Logos, und sie liegt gewöhnlich in dem Chakra oder Kraftzentrum an der Basis des Rückrats. Wenn sie vorzeitig aufgeweckt wird, d.h. bevor der Mensch seinen Charakter und Selbstsucht gereinigt hat, kann sie nach unten schießen und gewisse niedere Zentren im Körper beleben (die nur bei einigen üblen Formen schwarzer Magie benutzt werden) und unwiderstehlich den unglücklichen Menschen in ein Leben unbeschreiblichen Grauens bringen;

bestenfalls wird sie alles intensivieren, was der Mensch in sich hat, einschließlich solche Eigenschaften wie Ehrgeiz und Stolz. Es handelt sich hier in der Tat um gefährliche Dinge, mit denen man nichts machen sollte, trotzdem man sich dazu verpflichtet fühlt; es ist ein Eingriff in das Schicksal, welche ins Tiefste der menschlichen Existenz trifft und eine Quelle von Leiden eröffnen kann, von denen man sich in gesunden Sinnen nichts hätte träumen lassen. In entsprechenden Höllentorturen dieses Zustandes können Bewusstseinzustände geöffnet werden, die so ähnlich anhören: „Der Todesgott schlingt ein Seil um deinen Hals und zerrt dich weg; er schneidet deinen Kopf ab, nimmt dein Herz heraus, reißt deine Eingeweide heraus, leckt dein Hirn aus, trinkt dein Blut, isst dein Fleisch und nagt an deinen Knochen; du aber bist unfähig zu sterben. Selbst wenn dein Körper in Stücke zerhackt wird, erholt er sich wieder. Das wiederholte Zerhacken bereitet furchtbaren Schmerz und Qual." Der absichtlich erzeugte psychotische Zustand, der bei gewissen belasteten Individuen unter Umständen ohne weiteres in eine wirkliche Psychose übergeht, ist diese sehr ernst zu nehmende Gefahr. Das psychologische Äquivalent dieser Zerstückelung ist die psychische Dissoziation, in ihrer deletären Form, die Schizophrenie (Geisteszerspaltung). Hier wird die normale Hemmung, die vom Bewusstsein ausgeht, aufgehoben und damit das ungehemmte Spiel der unbewussten Dominanten ausgelöst. Der Übergang beim Kundalini –Yoga ist also eine gefährliche Umkehrung der Strebungen und Absichten des bewussten Zustandes, eine Opferung der Sicherheit der bewussten Ichhaftigkeit und ein

Sichhingeben an die äußerste Unsicherheit eines chaotisch erscheinenden Spiels phantastischer Figuren. Unser Unterbewusstsein ist unser größter Feind, deswegen sollte man die Pforte nicht öffnen, bevor man sein Charakter nicht gereinigt und veredelt hat! Das Bewusstsein kann die fließende und mysteriöse Welt des Unterbewussten nicht erfassen. Es gibt keine Möglichkeit des Kontakts zwischen den beiden. Wenn sie sich berühren, überlagern sie einander. Das Unterbewusste kann das Bewusste überschwemmen und es ersticken und auslöschen, aber das Bewusste hat keine solche Macht, das Unbewusste auszuschalten und zu zerstreuen. Es ist die Sache eines langen und schweren Kampfes, der nie aufhört und den das Bewusstsein direkt in das Lager des Feindes tragen muss. Die ist nur auf eine Weise möglich, nämlich durch die Annahme einer zähen und furchtbaren Erscheinungsform, die den Mächten angepasst ist, gegen die sich der Kampf richtet. Dementsprechend emaniert jede der Gottheiten der höheren Bewusstseinsebene eine furchtbare Erscheinung, die in monströsen Formen den gewaltsamen Einbruch bewusster Kräfte in die Schatten des Unbewussten symbolisiert , um den Rivalen an der Wurzel abzuschneiden oder zu zersetzen, um ihn unterwürdig und zahm dem Licht entgegenzuführen. In der Meditation geht es um die Überwindung der Wächter des Unterbewussten, von der die Gefahren des Unsichtbaren hervorbrechen, sie zurückzuwerfen und schließlich zu beherrschen. Diese Wächter haben darum nicht nur eine defensive Rolle zu spielen, sondern auch eine offensive. Sie stehen an der Schwelle des Bewusstseins, um in das andere

Reich einzufallen und dort Stellung zu beziehen, nach dem sie wie ich sagte, eine Form angenommen haben, die sie befähigt, den Kräften gegenüberzutreten, die sie überwinden wollen. Aber nicht nur die Kräfte des Unterbewusstseins oder die ihnen gegenüberstehenden Wächter der Schwelle erscheinen in furchtbarer Form, sondern auch die Verkörperungen der höchsten Erkenntnis, die den Schleier der Täuschung uns von den Augen reißen und uns der nackten Wirklichkeit, der Immensität einer alle Begriffe überschreitenden metaphysischen Leere gegenüberstehen, aus der die Fülle aller Erscheinung und alles Lebens unaufhörlich quillt und in die sie wieder eingeht nach dem Gesetz der ewigen Handlung, des Entstehens und Vergehens. Die Mächte der Auflösung und Verwandlung erscheinen aber nur denen furchtbar und zerstörend, die an den Dingen der Welt und an ihrer eigenen beschränkten Daseinsform hängen, während sie für diejenigen, die ihre wahre Natur durchschauen, zu Kräften der Befreiung und Erlösung werden. Die Erleuchteten erscheinen daher in dem uns vertrauten friedlichen Aspekt, als Verkörperung der Güte und Barmherzigkeit, in der heiteren Ruhe ihrer Vollendung, während sie in ihrem furchterregenden Aspekt die Verkörperung jener Erkenntnis sind, die im ekstatischen Durchbruch zur Transzendenz, in der Sprengung aller Ichheitsfesseln besteht.

Die Angst vor dem Selbstopfer lauert in und hinter jedem Ich, denn diese Angst ist der oft nur mühsam zurückgehaltene Anspruch der unbewussten Mächte, zur völligen Auswirkung zu kommen. Keiner Selbstwerdung (Individuation) ist dieser gefährliche Durchgang erspart, denn zur

Ganzheit des Selbst gehört auch das Gefürchtete, die Unter- oder Überwelt der seelischen Dominanten, aus der sich das Ich einst mühsam und nur bis zu einem gewissen Grade zu einer mehr oder weniger illusionären Freiheit emanzipiert hat. Diese Befreiung ist eine gewiss notwendige heroische Unternehmung aber nichts Endgültiges, denn es ist die Erschaffung eines Subjekts, dem zur Erfüllung noch das Objekt gegenüber treten muss.

    Echte Konzentration und Meditation, bewusst und vorsichtig, über das eigene niedere Selbst im Lichte des inneren göttlichen Menschen ist eine gute Sache. Aber „für Yoga zu sitzen", mit einer nur oberflächlichen und oft entstellten Kenntnis der wirklichen Ausübung, ist nahezu ausnahmslos verderblich, denn der Schüler wird entweder mediumistische Kräfte in sich entwickeln oder Zeit verlieren und sowohl der Praxis als auch der Theorie überdrüssig werden. Bevor sich jemand in ein so gefährliches Experiment stützt und über eine eingehende Prüfung seines niederen Selbst und von dessen Wandel im Leben hinauszugehen sucht, würde er gut tun, zum mindesten den Unterschied zwischen den zwei Aspekten der Magie kennen zu lernen, zwischen der Weißen oder Göttlichen und der Schwarzen oder Teuflischen, und sich versichern, dass er durch das „ Sitzen für Yoga" ohne Erfahrung, sowie auch ohne Führung (Guru), die ihm die Gefahren zeigt, nicht täglich die Grenzen des Göttlichen überschreitet, um in das Satanistische zu verfallen! Deswegen sollte Kundalini nur unter der persönlichen Anleitung eines Meisters geweckt werden, der den Schüler in der Benutzung des

Willens unterweisen wird, sie in der Weise aufzuwecken, in der sie bewegt werden sollte, wenn sie geweckt worden ist, und in dem spiraligen Verlauf, den sie durch die Chakras oder Kraftzentren entlang geführt werden muss, von jenem nahe der Basis des Rückrats zu denen, die an der Oberfläche des ätherischen Doppels liegen, bei der Milz, am Nabel, dem Herzen, dem Kehlkopf, zwischen den Augenbrauen und am Scheitel des Kopfes.

Im Astralkörper gibt es auch Chakras, die schon durch die Kundalini erweckt sind, die auf dieser Ebene in allen ziemlich gut entwickelten Menschen arbeiten. Der Entwicklungsprozess jener Zentren hat den Astralkörper für die Ebene sensibel gemacht, indem sie sein Fühlen weckte, seine Kraft, sich hin und herzubewegen, seine mitfühlende Reaktion auf andere Wesen dort, sein Sehen und Hören und astrale Fähigkeiten im Allgemeinen. Aber die Erinnerung an jene Erfahrungen oder der Gebrauch der astralen Fähigkeiten, während man im physischen Körper ist, wird erst dann in einer sicheren und gut kontrollierten Art möglich, wenn die Kundalini im ätherischen Doppel durch die entsprechenden Zentren geführt worden ist. Die besondere Erwähnung der Stelle zwischen den Augen in meinem Text bezieht sich auf die Zirbeldrüse und die Hypophyse. Die Kräfte von beiden, dem sechsten und siebenten astralen Zentrum (die zwischen den Augenraunen und am Scheitel des Kopfes sind) laufen gewöhnlich in der Hypophyse zusammen, wenn das ätherische Zentrum geweckt worden ist, dann werden sie belebt und durch sie bewirkt. Aber es gibt einen gewissen Typus von Menschen, bei denen das siebente astrale

Chakra die Zirbeldrüse belebt anstatt der Hypophyse, und in diesem Falle bildet sie einen direkten Kommunikationsweg mit der niedermentalen Ebene, offensichtlich ohne auf die gewöhnliche Weise durch die Astralebene hindurchzugehen. Durch diesen Kanal kommen für sie die Mitteilungen von ihnen, während sie für den anderen Menschentyp durch die Hypophyse kommen. Wenn die Kundalini von selbst aufwacht, was sie selten tut, oder sie versehentlich aufgeweckt wird, versucht sie gewöhnlich, im Inneren des Rückrats aufzusteigen, statt dem Spiralverlauf zu folgen, in dem der Okkultist unterwiesen wird, sie zu führen. In diesem Falle wird sie wahrscheinlich durch den Kopf herausschießen, und der Mensch wird unter nichts Schlimmerem leiden als einer vorübergehenden Bewusstlosigkeit.

   Im Rückrat vom unteren bis zum oberen Ende verläuft das, was Merudana genannt wird, der Stab des Meru, die zentrale Achse der Schöpfung. In diesem Stab ist der Kanal, der Sushumna genannt wird, und in diesem wiederum ist der Kanal, der Chitrini genannt wird, der so fein ist wie ein Spinnenfaden. Auf diesem sind die Chakras aufgereiht wie die Knoten auf einem Bambusstab. Das unterste der Chakras, Muladhara genannt, liegt an der Basis des Rückrats und in ihm schläft die Kundalini, in dem sie den Mund des Merudana schließt.

   Das Ziel des Kandidaten ist es, die Kundalini durch alle Chakras hoch zuführen, bis sie das zwischen den Augenbrauen erreicht. Dann wird der Kandidat feststellen, dass er sozusagen zurückbleibt,

während sie vorwärtsspringt in das Sahasrara, den großen „tausendblättrigen Lotus" am Scheitel des Kopfes. Wenn er mit ihr geht, wird es ihn aus dem Körper hinaustragen und vorübergehend seine Meditationsübung im Körper unterbrechen. Sie steigt den Chitrini Schritt für Schritt hinauf, wenn der Kandidat seinen Willen in der Meditation benutzt. In einer Übung mag er nicht weit kommen, aber in der nächsten wird er ein bisschen weiter gehen. Wenn sie zu einem der Chakras oder Lotusse kommt, durchdringt sie es und die Blüte, die nach unten gekehrt war, richtet sich jetzt nach oben. Der Kandidat meditiert über sie in irgendeiner Form und über die mit ihr Verbundenen, die in diesem Lotus sitzen. Eine kunstvoll ausgearbeitete Dhyana oder Meditation voller reicher Symbolik ist für jeden Lotus vorgeschrieben. Wenn die Meditation vorüber ist, leitet der Kandidat die Kundalini wieder auf demselben Weg zurück in das Muladhara.
Kundalini kann durch verschiedene Methoden geweckt werden, aber das sollte nur unter der Anleitung eines Gurus oder kompetenten Lehrers gemacht werden, des Meisters, der der Bruderschaft für die Ausbildung des Kandidaten verantwortlich ist. Er wird diese Erweckung wahrscheinlich nicht eher leiten als bis die ersten drei Fesseln auf dem Pfad vom Kandidaten aus eigener Kraft zerbrochen worden sind, so dass er nicht länger in ernster Gefahr ist, durch sinnliche oder materielle Dinge erregt zu werden.

Kundalini wird die Mutter der Welt genannt, weil die nach aufwärts gerichteter Tätigkeit der Bewusstseinskräfte immer als weiblich angesehen wird. So sind Wille, Weisheit und Aktivität weiblich, da sie Shaktis oder Kräfte sind, nach außen gekehrte Aspekte des Göttlichen. Sie ist der Repräsentant von allen diesen, da diese in der Schöpfung der Welt ausgedrückt wurden, in der Aktivität von Brahma. Kundalini ist eine elektrisch-geistige und eine schöpferische Kraft, die, wenn sie in Tätigkeit versetzt wird, ebenso leicht töten wie schöpferisch wirken kann.

Der reine Akasha bewegt sich an Sushumna empor; seine zwei Aspekte strömen in Ida und Pingala. Das sind die drei Lebenswinde, und sie werden durch die Brahmanische Schnur symbolisiert. Ida und Pingala spielen entlang der bogenförmigen Wand des Marktes, worin Sushumna sich befindet. Sie haben ihre eigenen bestimmten Pfade, sonst würden sie über den ganzen Körper ausstrahlen. Sie sind halbmaterielle, positiv und negativ, und treiben den freien und geistigen Strom der Sushimna zur Tätigkeit an. Durch Konzentration auf Ida und Pingala wird das „Heilige Feuer" erzeugt. Sie werden vom Willen beherrscht, denn Wille und Begierde sind der höhere und der niedere Aspekt eines und desselben Dinges. Daher die Wichtigkeit der Reinheit der Kanäle, denn wenn sie die durch den Willen kräftig gemachten Lebenswinde beschmutzen, so würde es daraus Schwarze Magie resultieren.

In der Meditation kann es sein oder auch ausbleiben, dass der Kandidat nacheinander sieben Töne hört, die anzeigen, dass er die sieben Unterebenen der Buddhistischen Ebene erreicht hat;

das hängt von seinem psychischen Temperament ab.
In den alten Schriften heißt:
„ Der erste Ton ist gleich der süßen Stimme der
Nachtigall, die ihrem Gefährten ein Abschiedslied
singt.
Der zweite naht wie der Klang einer Silberzimbel
der Dhyanis der die funkelnden Sterne weckt.
Der nächste ist wie die melodische Wehklage des in
seiner Muschel eingesperrten Meeresgeistes.
Und diesem folgt der Gesang der Vina.
Der fünfte schrillt in deinem Ohr wie der Ton einer
Bambusflöte.
Er wandelt sich alsbald in ein Trompetenschmettern.
Der sechste vibriert wie das dumpfe Dröhnen einer
Gewitterwolke.
Der siebente verschlingt all die anderen Töne.
Sie erstreben und werden danach nicht mehr
gehört."
Die Töne sind nach orientalischer Weise von oben
nach unten in der Reihenfolge ihrer Erzeugung
aufgezählt, so dass der zuerst erzeugte Ton der
siebente ist, wenn der Aspirant sich dem Herrn
dieser Schöpfung nähert. So kommt zuerst das
dumpfe Dröhnen einer Gewitterwolke, ein Ton, der
das physische Prinzip im Menschen darstellt oder
mit ihm in Beziehung steht; in der Mitte ist die Vina,
die das Antahkarana symbolisiert, und zuletzt
kommt die Melodie der Nachtigall, verbunden mit
Atman, der Stille. Das kennzeichnet gut den
siebenten, den tonlosen Ton, in den alle die anderen
erhoben werden müssen, bis sie ersterben und nicht
mehr zu hören sind. Der Kandidat muss lernen, Gott
in dem dumpf grollenden Ton der physischen Ebene
zu hören, dann in dem Trompetenschmettern der

astralen, dann in dem Ton der nieder-mentalen Ebene, der mit der Musik einer Bambusflöte verglichen wird, und so immer weiter nach oben bis zur Welt seines höchsten Prinzips. Die gleichen Töne können andererseits als Kennzeichnung der Intensität aufgefasst werden, mit der der Kandidat die Stimme des Höchsten Selbstes hört. Kundalini erwacht in sieben Schichten oder Graden und ergibt so die schon erwähnten psychischen Wirkungen in zunehmender Stärke. Die Stimme, die gehört wird, wenn Kundalini zu der Stelle zwischen den Augen hinaufsteigt, wird deshalb mit sieben Intensitätsgraden gehört werden, die durch die sieben hier erwähnten Töne gekennzeichnet sind. Wiederum ist es natürlich, dass der Kandidat in der dichtesten Ebene die innere Stimme nur schwach hört, wie die Stimme der Nachtigall. Wenn er zur nächsten Ebene emporsteigt, wo die Verhüllung des inneren Selbstes nicht so dicht ist, wird dessen Stimme leichter gehört; bis schließlich, wenn er das höchste Prinzip erreicht, wie das Grollen einer Gewitterwolke sein wird. Es ist nur die Illusion der niederen Ebenen, die uns veranlasst, den höheren Dingen Zartheit zuzuschreiben. In der Meditation können am Anfang auch andere Töne wahrgenommen werden, wie z. B. ein Ton, der dem Schlagen eines Tam-Tam in einem indischen Dorf gleicht, oder es können Klänge schöner Musik und wie ein silbernes Glockenspiel gehört werden. Im Buch Shiva Samhita kann man ganz andere Töne finden, wie z.B.: „Der erste Ton gleicht dem Summen der Biene im Honigrausch, der nächste dem einer Flöte, dann einer Harfe; danach hört er durch die allmähliche Übung von Yoga, dem

Zerstörer der Dunkelheit der Welt, den Ton klingender Glocken; dann Töne wie das Grollen von Donner. Wenn jemand seine ganze Aufmerksamkeit auf diesen Ton richtet und frei von Furcht ist, erreicht er Versunkenheit, o mein Liebstes! Wenn der Sinn des Yogi völlig beschäftigt ist mit diesem Ton, vergießt er alle äußeren Dinge und geht in diesem Ton auf."

16. Kapitel

Shaktis und andere magische Kräfte

Kanya, das sechste Zeichen des Tierkreises, oder Virgo, bedeutet eine Jungfrau und stellt Shakti oder Mahamaya dar. Das fragliche Zeichen ist der sechste Rashi oder Abteilung und bedeutet, dass es sechs ursprüngliche Kräfte in der Natur gibt, die in der siebenten Vereinigung finden.
Diese Shaktis heißen folgendermaßen:

Parashakti – wörtlich die große Kraft oder Macht, sie schließt in sich die Kräfte des Lichtes und der Wärme.

Jnanashakti – wörtlich die Kraft des Intellektes, der wirklichen Weisheit oder Erkenntnis. Sie hat zwei Aspekte:
1. Die folgenden sind einige von ihren Manifestationen, wenn sie unter den Einfluss und Zwang materieller Bedingungen gebracht ist.
    a) Die Kraft des Gemütes im Auslegen unserer Empfindungen.
    b) Seine Kraft im Zurückrufen vergangener Ideen und im Hervorrufen zukünftiger Erwartung.
    c) Seine Kraft, wie sie in den von den modernen Psychologen so genannten „Gesetzen der Association" zu Tage tritt, welche es befähigt dauernde Verbindungen zwischen verschiedenen Gruppen von

Gefühlen und Gefühlsmöglichkeiten herzustellen, und so den Begriff oder die Idee eines äußeren Gegenstandes zu erzeugen.
d) Seine Kraft, unsere Ideen durch das geheimnisvolle Band des Gedächtnisses zu verknüpfen, und so den Begriff des Selbst oder der Individualität zu erzeugen.
2. Die folgenden sind einige von ihren Manifestationen, wenn sie von den Banden des Stoffes befreit ist.
a) Hellsehen
b) Psychometrie

Ichchashakti – wörtlich die Kraft des Willens. Ihre allergewöhnlichste Offenbarung ist die Erzeugung gewisser Nervenströme, welche die Muskeln in Tätigkeit setzen, welche zur Vollendung einer beabsichtigten Wirkung benötigt werden.

Kriyashakti – Die geheimnisvolle Kraft des Gedankens, welche denselben befähigt, äußere, wahrnehmbare, phänomenale Resultate durch die ihm innewohnende Energie hervorzubringen. Auf ähnliche Weise wird einer intensiven Willensbewegung das verlangte Resultat folgen. Ein Yogi bewirkt im Allgemeinen seine Wunder mit Hilfe von Ichchashakti und Kriyashakti.

Kundalinishakti - ist die Macht oder Kraft, welche sich in einem schlangenförmigen oder gebogenen Pfade bewegt. Sie ist das universelle Lebensprinzip, welches sich überall in der Natur offenbart. Diese Kraft schließt die zwei großen Kräfte der Anziehung und Abstoßung in sich. Elektrizität und Magnetismus sind bloß Manifestationen von ihr. Sie ist die Kraft, welche die beständige Anpassung der inneren Verhältnisse an die äußeren Verhältnisse zu Wege bringt, und jene ständige Anpassung der äußeren Verhältnisse an die inneren Verhältnisse, welche die Grundlage der Wanderung der Seelen, Punarjanman (Wiedergeburt), in den Lehren der indischen Philosophen ist. Ein Yogi muss diese Macht oder Kraft vollständig unterwerfen, bevor er Moksha (Befreiung) erlangen kann.

Mantrikashakti – wörtlich die Kraft oder Macht der Buchstaben, Sprache oder Musik. Der Gesamtinhalt des alten Mantra Shastra hat diese Kraft oder Macht in allen ihren Offenbarungen zu ihrem Gegenstande vereinigt. Der Einfluss ihrer Musik ist eine von ihnen gewöhnlichen Offenbarungen. Die Kraft, die zum wunderwirkenden unaussprechlichen Namen wird.

Die Welt wirkt durch die Sinne auf uns ein, und durch unsere Fähigkeiten zu sehen, zu hören und die übrigen; aber wir wirken auch auf die Welt ein. Diese Dualität trifft auch in Bezug auf überphysisches Wirken zu. Wir empfangen Eindrücke durch die neu entfalteten Kräfte unserer astralen und mentalen Träger, aber wir können auch durch sie handeln.
Die Siddhis sind solche niedere und höhere Kräfte und Fähigkeiten, die insgesamt 8 von ihnen gibt.

Anima – die Kraft, sich in die Lage eines Atoms zu versetzen, so klein zu werden, dass man mit diesem winzigen Ding umgehen kann.

Mahima – die Kraft, so wie von ungeheuerer Größe zu sein, so dass man mit riesigen Dingen umgehen kann, ohne benachteiligt zu sein.

Laghima – die Kraft, so leicht zu werden wie ein Watteflöckchen, das vom Wind getragen wird.

Garima – die Kraft, so dicht und schwer zu werden wie irgendetwas nur sein kann.

Prapti – die Kraft, nach etwas Entferntem zu greifen, sogar bis zum Mond.

Prakamya – die Willenskraft, mit der man alle Wünsche und Begierden verwirklichen kann.

Ishatwa – die Kraft, zu beherrschen und zu erschaffen.

Vashitwa – die Befehlsgewalt über alle Dinge.

Diese werden „die großen Kräfte" genannt, aber es werden noch andere erwähnt, solche wie Ruhe und Strahlkraft im Körper, Kontrolle über die Sinne und Lüste, Schönheit und Anmut.

In der indischen Tantristik haben die Elemente folgende tantrische Formeln: **LAM** entspricht dem

Erd-Prinzip, die Formel **VAM** entspricht dem Wasser-Prinzip, die Formel **PAM** entspricht dem Luft-Prinzip, die Formel **HAM** entspricht dem Akasha-Prinzip. Diese Terminologie bringt den Leser als die universale Mantra- Formel **AUM**, welche die so genannte Brahma-Formel ist. Alle diese Formeln sind traditionelle Formeln (der Dreier-Schlüssel) und wurden seit jeher von sehr hohen Intelligenzen nur einzelnen Eingeweihten anvertraut.

Während die Sanskrit und Hindu-Philosophie im Allgemeinen von nur fünf Tattwas (Elemente) sprechen, nennen die Schüler der Theosophie sieben und bringen sie so mit jeder Siebenheit in der Natur in Entsprechung. Die Tattwas stehen in derselben Reihenfolge, wie die sieben makro- und mikrokosmische Kräfte, und sind nach der Lehre der Esoterik wie folgt:

1. ADI TATTWA, die ursprüngliche, universale Kraft, die am Anbeginne der Offenbarung oder der schöpferischen Periode aus dem ewigen unveränderlichen SAT hervorgeht, das Substrat des Alls. Es entspricht des Brahmas Ei, das jede Kugel umgibt, ebenso wohl wie jeden Menschen, jedes Tier und Ding. Es ist das Vehikel, das potenziell alles enthält; Geist und Substanz, Kraft und Stoff.

2. ANUPADAKA TATTWA, die erste Differentiation auf dem Plane des Daseins, oder das was durch Umwandlung aus etwas höherem, als er selbst ist, geboren wird.

3. AKASHA TATTWA, das ist der Punkt, von dem alle exoterischen Religionen und Philosophien ausgehen. Akasha Tattwa wird in ihnen erklärt als ätherische Kraft, Äther. Daher wurde Jupiter, der „höchste" Gott, später Pater Äther genannt, Indra, einstmals der höchste Gott in Indien, ist die ätherische oder himmlische Ausdehnung und dasselbe gilt von Uranus usw.

4. VAYU TATTWA, der luftige Plan, wo die Substanz gasig ist.

5. TEJAS TATTWAS, der Plan unserer Atmosphäre ist von Tejas leuchtend.

6. APAS TATTWAS, wässerige oder flüssige Substanz oder Kraft.

7. PRITHIVI TATTWA, feste erdige Substanz, der irdische Geist oder Kraft, das Niederste von allen.

Alle diese entsprechen unseren Prinzipien und den sieben Sinnen und Kräften im Menschen. Je nach dem in uns erzeugten oder eingeleiteten Tattwas (Elemente) oder Kraft werden unsere Körper handeln.
In der indischen Lehre werden die Elemente oder Tattwas durch Gottheiten symbolisiert. Auch die Göttinnen **Maha-Swari**, **Maha-Kali**, **Maha-Lakshmi** und **Maha-Saraswati** sind universale abstrakte Ideensymbole die sich in gewisser Hinsicht auf die Elemente beziehen.

Levitations - Phänomene. Unter Levitation versteht man die Aufhebung der Schwerkraft. Nach dem Studium der Universalgesetze kommt der Magier darauf, dass die Schwerkraft von der magnetischen Anziehungskraft der Erde abhängt. Die Aufhebung der Schwerkraft im eigenen Körper kann auf zweierlei Art geschehen. Erstens, dass durch andauernde Übungen und Ladungen (Stauungen) des Luft-Elements (Waju-Tattwas) die Grundeigenschaft dieses Elementes in sich derart verwirklicht wird, dass sich der Mensch gleich einem Ballon von der Erde erhebt. Die zweite Methode liegt in der Beherrschung des elektromagnetischen Fluids. Durch Erreichung einer ausgiebigen Dichtigkeit in der Stauung des magnetischen Fluids im Körper, die dem Körpergewicht, also der Anziehungskraft der Erde entspricht, hört die Einwirkung der Anziehungskraft der Erde, also die Schwerkraft, auf. In dieser Ladung sich befindend, wird der Magier die Erde kaum berühren und kann sich getrost selbst auf der Oberfläche des Wassers fortbewegen, ohne Rücksicht auf dessen Tiefe. Verdichtet er noch mehr das magnetische Fluid, kann er sich nach Belieben von der Erde in die Luft erheben und sich mittels des verdichteten Luftelements oder des selbst hervorgerufenen Windes in jeder Richtung bewegen. Die Geschwindigkeit eines solchen Lufttransporters hängt dann nur noch von seinem Willen ab. Diese Levitationsphänomene beherrschen viele Yogis, und auch in der Bibel sagt uns, dass Jesus auf dem Meere wandelte. Dass auf diese Art auch Gegenstände oder magisch ungeschulte Personen von einem Magier nach Wunsch levitiert werden können, ergibt sich aus dem soeben Geschilderten. Die Stauung des hierzu notwendigen magnetischen Fluids kann durch magisch geschulte Imagination oder durch andere Praktiken, wie Kabbala (Tantras), der Wesen, Geister usw. auf gleiche Art ausgeführt werden. Die magnetische Überladung während des Schlafes bei Mondsüchtigen ist auf den Einfluss des Mondes zurückzuführen. Jedenfalls ist es eine Disharmonie, eine Störung des elektromagnetischen Fluids und infolgedessen ein pathologischer Zustand, also eine Krankheit. Behandeln könnte man eine derart heimgesuchte Person nur durch die Harmonisierung des elektrischen Fluids, das in dem auf diese Weise erkrankten Körper verstärkt werden müsste.

Macht über Leben. Der Magier sieht durch seine geschulten Sinne das Arbeiten der Elemente in Körper, Seele und Geist, ferner die Wirksamkeit des elektromagnetischen Fluids, er sieht das Verbindungsband zwischen dem grobstofflichen, astralen und mentalen Körper und weiß, wie alles laut den Universalgesetzen zu beeinflussen ist. Es ist für ihn eine Leichtigkeit, die beiden Verbindungsglieder mittels der Elemente und des elektromagnetischen Fluids wiederherzustellen. In einem Falle, wo kein lebenswichtiges Organ zerstört wurde, kann der Magier eine Auferweckung oder Zurückführung ins Leben veranlassen vorausgesetzt, dass er von der Göttlichen Vorsehung die Erlaubnis dazu bekommt. Einen vom Blitz verursachten oder durch ähnliche Ereignisse herbeigeführten Tod eines Menschen oder Tieres kann der Magier ungültig machen. Er braucht mit dem Geist im Akasha herzustellen, das elektromagnetische Fluid zwischen Geist und Seele bewusst einzuleiten, um das

Bindeglied zwischen Seele und Geist zu befestigen. Dasselbe vollführt er dann mit Geist und Seele in Bezug auf den Körper und schafft durch das elektromagnetische Fluid und mittels der Elemente die richtige Harmonie. Durch blitzartige Füllung des Körpers mit dem Lichtprinzip wird dann der Verstorbene ins Leben gerufen. Dies ist die Synthese der Totenerweckung auf magische Art, die durch die Kräfte der Elemente und des elektromagnetische Fluids in die Wege geleitet wird, ganz gleich, ob es durch den Willen oder auf Grund anderer Methode geschieht.

17. Kapitel

Magie

Durch die spezifische Eigenschaft eines jeden Körpers, die von der Zusammensetzung der Elemente (Tattwas) bedingt ist, hat jeder Gegenstand in Bezug auf das elektrische Fluid bestimmte Ausstrahlungen, so genannte Elektronenschwingungen, die vom allgemeinen magnetischen Fluid der gesamten materiellen Welt angezogen werden. Diese Anziehung wird das Gewicht genannt. Demnach ist das Gewicht eine Erscheinung der Anziehungskraft der Erde. Das, was wir auf unserer Erde als Magnetismus und Elektrizität kennen, ist eine Erscheinung des vierpoligen Magneten, denn wie wir wissen, lässt sich durch willkürliche Umpolung aus Magnetismus Elektrizität und auf mechanische Art und Weise wiederum aus Elektrizität Magnetismus erzielen. Jeder Magier weiß gemäß dem Gesetz um das Problem des Magnetismus und der Elektrizität nicht nur im Körper, sondern auch in der grobmateriellen Welt, dass das, was oben ist, auch das ist, was unten ist. Jeder Eingeweihte, der die Kräfte der Elemente oder das große Geheimnis des Tetragrammatons auf allen Ebenen anzuwenden versteht, ist auch imstande, auf unserer materiellen Welt Großes zu leisten, was in den Augen der Uneingeweihten als Wunder gelten würde. Für den Magier sind es jedoch keine Wunder, und auch die größte Merkwürdigkeit kann er aufgrund der Kenntnis der

Gesetze erklären. Von den hier beschriebenen Grundsätzen hängt auf unserer Erde alles Gedeihen, alles Reifen, alles Leben und auch alles Sterben ab. Alles was geschieht, ist das Ergebnis eines Gesetzes, das ewig, unwandelbar und immer tätig ist. Magie als Wissenschaft ist die Kenntnis jener Prinzipien und des Weges, auf welchem die Allwissenheit und Allmacht des Geistes und seine Kontrolle der Naturkräfte von dem Individuum erlangt werden kann, während es noch im Körper ist. Magie als eine Kunst ist die Anwendung dieser Wissenschaft in der Praxis. Geheimes Wissen, schlecht angewendet ist Zauberei; wohl angewandt ist es wahre Magie oder Weisheit. Der Eckstein der Magie ist die praktische Kenntnis des Magnetismus und der Elektrizität, ihrer Eigenschaften, Wechselbeziehungen und Potenzen. Besonders notwendig ist eine Vertrautheit mit ihren Wirkungen auf das Tierreich und den Menschen. Vom hermetischen Standpunkt aus ist Magie nichts anders als höhere Metaphysik, die Kräfte, Stoffe und Substanzen feinerer Art behandelt, jedoch mit der heutigen allgemeinen Wissenschaft ohne Unterschied des Wissenszweiges dennoch in analogem Zusammenhang. Spricht der Eingeweihte über Magie, so spricht er über Kräfte, Feinstoffe und Substanzen, ferner über ihre Gesetzmäßigkeiten, über ihr Wirken und Walten im Mikrokosmos (im Menschen), in der Natur und im ganzen Universum, und in den drei Aggregatzuständen des physischen Körpers, des Astral- und Mentalkörpers. Wahre Magie ist demnach die höhere Kenntnis feinerer, von der Wissenschaft bis heute noch nicht anerkannter Kräfte, weil für ihr Verstehen, Begreifen und für ihre Nutzbarmachung die bisherigen Prüfungsmethoden nicht ausreichen, obwohl die magische Gesetzmäßigkeit allen offiziellen Wissenschaften unserer Erde analog ist. Es gibt keine Magie ohne Mystik, d.h. keinen Stoff ohne Einflüsse, Wirkungen und Äußerungen, da diese beiden Grundbegriffe voneinander abhängig sind. Magie lässt sich von Mystik nicht absondern, und beide müssen gleichzeitig und gleichmäßig behandelt werden. Der Hermetiker muss bei seinem Studium immer magisch-mystisch vorgehen, d.h. er muss Quantität und Qualität jederzeit berücksichtigen und muss genau zu unterscheiden verstehen, wann es sich um Quantität, Kraftstoff, Substanz und wann es sich um Qualität, d.h. um Eigenschaften, Auswirkungen, Einflüsse und dergleichen handelt. Magie ist Quantität und Mystik ist Qualität, diese beiden Unterschiede dürfen niemals verwechselt werden. Die universalen Gesetze, ob nun in guter oder böser Absicht berücksichtigt oder angewendet, bleiben immer ein und dieselben. Die Anwendungsweise eines Gesetzes hängt vom Charakter und von der Absicht des einzelnen ab. Gebraucht der Magier die Kräfte für gute Zwecke, mag er für sich selbst den Ausdruck „weiße" Magie wählen, verfolgt er aber unedle Zwecke, nenne er es „schwarze" Magie. Bei guten wie bei bösen Handlungen kommen stets ein und dieselben Gesetze in Betracht. Die schwarze Magie ist wahrlich nichts als eine Reihe von Entheiligungen und abgestuften Morden, gut um auf immer den menschlichen Willen zu verderben und im lebendigen Menschen das verabscheuungswürdige Trugbild eines Dämons wachzurufen. Deshalb sollten wir immer unseren

Charakter im Gleichgewicht halten und uns ständig veredeln. Wenn wir unsere Schwingung erhöhen, lassen wir das Schwingungsfeld der zerstörerischen Kräfte hinter uns und dadurch können wir verhindern, dass in unserem Geist die Ängste oder Depressionen nicht auftreten. Der Eckstein der Magie ist die praktische Kenntnis des Magnetismus und der Elektrizität, ihrer Eigenschaften, Wechselbeziehungen und Potenzen. Besonders notwendig ist eine Vertrautheit mit ihren Wirkungen auf das Tierreich und den Menschen.

Der menschliche Magnet wirkt auf große Entfernungen und durch alle Körper hindurch, mit Ausnahme der Holzkohle und Seide, die das terrestrische Astrallicht in all seinen Umwandlungen absorbieren und neutralisiert. Deswegen ist das Tragen von Kleidern aus Seide ein Muss bei der Abwehr magischen Angriffen oder bei der Ausübung von magischen Ritualen. In Indien sowohl als auch in Russland und in einigen anderen Ländern, herrscht ein instinktiver Widerwille gegen das Händeschütteln mit Personen anderer Rasse. Jede Person lässt eine magnetische Ausströmung oder Aura aus sich heraustreten. Ein Mensch kann sich vollkommener, physischer Gesundheit erfreuen und doch kann zur selben Zeit seine Ausströmung einen verderblichen Charakter für anderen haben, die für solche feine Einflüsse empfänglich sind. Das Händeschütteln ist deshalb am besten geeignet, antipatische magnetische Einflüsse mitzuteilen, und der Hindu tut weise daran, seinen alten Aberglauben- abgeleitet aus dem Manu- Buch – beständig im Gedächtnis zu behalten. Die orientalische Erfahrung hat während der Jahrhunderte gezeigt, dass die Keime der moralischen Ansteckung über Ortschaften lagern und reiner Magnetismus durch Berührung übertragen werden kann. Ein vorherrschender Glaube in manchen Teilen Russlands, besonders Georgiens (Kaukasus) und auch in Indien und in Amerika ist schon auffindbar, dass im Falle der Körper einer ertrunkenen Person nicht anders gefunden werden kann, dass ein Kleidungsstück derselben Person ins Wasser geworfen wird, und es solange schwimmt, bis es genau über dem Punkt, wo der Ertrunkene liegt, stehen bleibt und dann versinkt. Die Tatsache, dass das Tuch oder Kleiderstück einer ertrunkenen Person, wenn man ins Wasser wirft, dem Körper folgt, wird dem Umstand zugeschrieben, dass die Gegenstände mit dem Magnetismus eines organischen Systems (z. B mit einem Mensch) durchtränkt ist.

Bei der Magie muss man einige Punkte immer vor Augen führen und sie nicht als Aberglaube oder wie es die Wissenschaft fälschlicherweise als „Plazebo –Effekt" (Suggestion) bezeichnet, hinnehmen, und zwar, dass:

1. Der durch seinen Willen gelenkte magnetische Einfluss des Menschen sich an irgendwelche erwählten und durch diesen Willen beeinflussten Gegenstände heftet. Es können Fetische, Bilder, Kleider, Haare, Fotos, Handschriften mit Geburtsdatum, Anhänger, Brieftaschen usw. sein.

2. Der menschliche Magnetismus über Entfernungen hin wirkt und sich mit Kraft auf die magnetisierten Gegenstände zentralisiert.
3. Der Wille des Magnetiseurs umso mehr Kraft aufnimmt, als er die diesen Willen ausdrückenden Handlungen vervielfacht.
4. Wenn die Handlungen ihrer Natur gemäß die Einbildung stark beeindrucken, und wenn zu ihrer Erfüllung große äußere Hindernisse und große innere Widerstände zu überwinden sind, der Wille wie bei Wahnsinnigen fest, hartnäckig und unbezwingbar wird.
5. Allein die Menschen kraft ihres freien Willens dem menschlichen Willen widerstehen können, während die Tiere demselben nicht lange aushalten. (der menschliche Wille ist Bestandteil des Ich-Bewusstseins, was bei den Tieren nicht vorhanden ist)
6. Wenn der Zauber durch Gegenmaßnahmen abgewendet ist, wendet er sich gegen seinen Urheber. Der böswillige Magnetiseur erleidet dann solch unerträgliche Qualen, dass er gezwungen wird sein schlechtes Werk zu zerstören und seinen Pakt selbst auszugraben.
7. Ein Verlangen ist ein „Ansichziehen", das der Macht der Ausstrahlung entgegenwirkt, sie sogar aufhebt. Deshalb kann beispielsweise ein Eifersüchtiger niemals seinen Nebenbuhler wirksam behexen, und ein habgieriger Erbe wird die Lebensdauer eines geizigen, langlebigen Onkels niemals durch die alleinige Tatsache seines Willens verkürzen. Unter solchen Bedingungen versuchte Behexungen fallen auf den zurück, der sie ausübt.

8. In der schwarzen Magie ist es nichts Ungewöhnliches, den „Geist" einer schlafenden Person heraufzubeschwören. Der Zauberer kann dann von einer solchen Erscheinung jedes gewünschte Geheimnis erfahren, ohne dass der Schlafende merkt, was mit ihm geschieht. Es besteht dabei immer die Gefahr, dass im lebenden Menschen eine Erinnerung an die Beschwörung zurückbleibt, die er für die Erinnerung an einen lebhaften Traum hält.
9. Bei vielen schwarzmagischen Angriffen wirkt der negative Strom - plötzliche Stiche oder plötzliche Schmerzen - über den linken oder rechten Schulterbereich des Opfers ein, je nachdem ob der Opfer rechts - oder linkshändler ist. Es kann aber auch über den Solarplexus, über das Herz oder über das dritte Auge einwirken, daher kann sich das Tragen eines Schutzamulettes lebensnotwendig erweisen.
10. Um den eigenen Charakter zu veredeln und dadurch Schutz gegen schwarzmagischen Angriffen zu erhalten, ist das wichtigste Gebot zu folgen; auf keine Weise zu fluchen, denn der Fluch fällt auf denjenigen, der ihn ausstößt, zurück und oft auf seine unschuldigen Verwandten - auch wenn es manchmal 10 bis 20 Jahre dauert -, die dieselbe Atmosphäre mit ihm einatmen. Jeden anderen zu lieben und selbst die bittersten Feinde; unser Leben selbst für anderen zu opfern, bis ins Extreme; keine Waffen zu gebrauchen; den größten Siege durch Beherrschung seiner selbst zu gewinnen; alle Laster zu meiden; alle Tugenden zu üben, besonders Menschlichkeit und Milde; Eltern zu

lieben und zu ehren, ebenso alte, gelehrte, tugendhafte und heilige Menschen.

Man kann das magische Wissen in drei Gruppen einteilen, und zwar: In eine niedere Magie, die die Naturgesetze, deren Wirken, Walten und Beherrschen angibt und gleichsam als Naturmagie bezeichnet werden kann. Ferner in die mittlere Magie, die das Walten und Wirken und auch das Beherrschen der Universalgesetze im Menschen, im so genannten Mikrokosmos, also in der kleinen Welt, behandelt, und schließlich: In die hohe Magie, die das Wirken und Walten sowie das Beherrschen im Makrokosmos, womit das ganze Universum gemeint ist, umfasst.

Die Magie des Wassers. Die Tatsache ist uns bekannt, dass Wasser magnetisiert geladen werden kann. Nicht nur das Wasser, sondern alle Flüssigkeiten haben die spezifische Eigenschaft, anzuziehen und infolge der Zusammenziehung festzuhalten, ganz gleich, ob es sich dabei um gute oder schlechte Einflüsse handelt. Je kälter das Wasser ist, umso akkumulationsfähiger ist es. Beim vollsten spezifischen Gewicht bei 4 Grad über Null ist es am empfänglichsten. Wird das Wasser infolge seiner ansteigenden Wärme lauer, nimmt die Aufnahmefähigkeit rapid ab, und bei 37 Grad über Null wird es für Magnetismus neutral. Hier ist nur von der spezifischen Eigenschaft der Anziehungskraft und deren praktische Bedeutung hinsichtlich des Magnetismus die Rede. Dieses Wissen in Praxis umzusetzen heißt, dass man z. B. bei schwarzmagischen Angriffen oder auch bei jedem Händewaschen, intensiv daran denken sollte, dass man durch das Waschen nicht nur den Schmutz von den Händen abstreift, sonder auch von der Seele. So kann man durch starke Konzentration beim Händewaschen Misserfolg, Unruhe, Krankheit oder magische Angriffe respektive in das Wasser übertragen werden, und sich dadurch von allen negativen Energien, Ängsten und Schwächen befreien. Man sollte überzeugt sein, dass die astralmagnetsiche Anziehungskraft alle an sich zieht und in das Wasser übergeht. Es sollte womöglich unter der Wasserleitung gemacht werden, wo das schmutzige Wasser gleich abfließen kann oder noch wirksamer ist es beim Baden im Fluss zu vornehmen, wo der ganze Körper mit Ausnahme des Kopfes unter Wasser ist.

Auch das Reinigungsbad mit Salz ist sehr wirksam und sehr effektiv bei einem schwarzmagischen Angriff. Das Salz hat die gute Eigenschaft alles aus der Atmosphäre zu binden und auch aus dem Körper die ätherischen Substanzen – die als Spuke in der Aura des Körpers sich aufhalten - aufzusaugen. Bevor man Salz in die Wanne gibt, sollte man eine Kerze anzünden, um die Atmosphäre durch das Feuer – Element zu reinigen. Danach nimmt man am besten Salz vom Toten Meer, im Notfall kann man auch auf Bergsalz zurückgreifen. Man sollte nicht mehr als 500 g Salz in das Badewasser geben, wobei das Wasser darf nicht zu warm sein, damit es die Aufnahmefähigkeit nicht verliert. Nachdem man sich in die Wanne gelegt hat, sollte man 18 Minuten lang in der Wanne liegen und bei starker Konzentration neunmal Gebete oder Mantras sprechen. Dabei stelle man sich vor, wie alle negativen Energien aus dem Körper im Salzwasser gebunden bleiben. Nach Ablauf der Zeit sollte man noch kurz abduschen, damit nichts am Körper hängen bleibt. Anschließend nach so einem Reinigungsbad sollte man mit einem Harz die Wohnung gründlich räuchern (reinigen). Das bekannteste und effektivste Harz ist der Weihrauch „Gummi – Olibanum" oder als Boswellia: -carteri, -sacra, - frereana, - papyrifera bekannt, aber es gibt noch andere Harze, die auch die Atmosphäre genauso reinigen, wie z. B. Benzoe, Copalharz, Elemi, Mastix oder Myrrhe. Vor dem Schlafen gehen, sollte man in einer Untertasse etwas Salz direkt am Bett in der Höhe des Kopfes hinstellen und nach einer Woche erneut auswechseln. Ihr werdet schon nach kurzer Zeit vom Erfolg dieser Reinigung überrascht sein.

Die Magie des Feuers. Nehmen wir an, dass jemand eine längere Zeit gegen Angriffe niederträchtiger Menschen anzukämpfen hat und nicht immer die Zeit für ein Reinigungsbad hat. Auch durch die Einwirkung eines Feuerrituals kann die negative Beeinflussung schwarzmagischer Angriffe ganz aufgehoben werden. Ihr solltet in so einem Notfall ein Stück gewöhnliches Papier nehmen in der Größe von ca. 20 x 20 cm und alles Negative, was einem zugefallen ist wie z. B. finanzielle Probleme, Angriffe, Krankheit, Misserfolg, Probleme mit Behörden, Ängste, Depressionen usw. auf das Blatt aufschreiben. Es dürfen auf keinen Fall Namen oder Geburtsdatum eines Menschen darauf geschrieben werden, sonst würde man im Astralkörper der betroffenen Person Schaden zufügen! Ihr konzentriert mittels Imagination euren Wunsch, den ihr erfüllt haben möchtet in das Papier hinein. Dabei ist die Wirkung der Terminierung nämlich das „Jetzt" nicht zu vergessen, d.h. sobald das Blatt verbrannt ist auch die negativen Energien, Ereignisse sofort sich aufzulösen haben und nicht irgendwann in der Zukunft! Ihr sollt das Papier nie zu Hause verbrennen, sondern immer draußen unter freiem Himmel am besten am Flussufer oder an einem Bach, wo man die Asche anschließend hineinwerfen kann. Dabei sollte man schon ein bisschen Ausdauer haben, weil der Angreifer mit einem Gegenschlag ausholen wird und dadurch die Situation sich etwas in die Länge ziehen kann. Aber das soll niemanden abschrecken, weil der Erfolg immer auf der Seite der Guten ist.

Um eine große Wirkung bei magischen Aufgaben - nicht unbedingt bei einem Reinigungsritual, denn sie können immer ausgeführt werden - zu erzielen, sind die zeitlichen Intervalle der Elemente zu berücksichtigen. Ein Ritual ist nicht nur unter der Berücksichtigung des Vollmondes auszuführen, sonder auch unter der Berücksichtigung der Aufteilung der elektromagnetischen Einflüsse im Laufe des Tages und die Planetenstellung des Tages. Alle vierundzwanzig Minuten wechselt die Wirksamkeit, der Einfluss, die Herrschaft eines bestimmten Elementes ab. Die ganze Abfolge der vorherrschenden Elemente wechseln sich alle zwei Stunden ab. Während der Vorherrschaft des Elementes Feuers gelingen uns am besten die optischen Übungen, beim Element Luft die akustischen, beim Element Wasser die gefühlsmäßigen, beim Element Erde die Übungen,

welche das Bewusstsein erweitern, also Geruch und
Geschmack mit den optischen, akustischen und
Gefühlsübungen zusammen. Beim Akasha werden
uns der negative Zustand und die Bewusstwerdung
des ganzen Gegenwärtigen, das „Ewige Jetzt", am
besten gelingen.

Außerdem es ist von großer Bedeutung zu
wissen, dass vom Sonnenaufgang angefangen
nämlich alle vier Minuten ein anderer Vorsteher in
der Astralebene herrscht. Die ersten vier Minuten
nach Sonnenaufgang sind jenem Vorsteher
vorbehalten, der auf unsere Erde den größten
Einfluss ausübt. Die nachfolgenden vier Minuten
herrscht der zweite Vorsteher, dem dritten Vorsteher
gelten weitere vier Minuten usw.

Die Wochentage werden in vier Viertel
aufgeteilt, wo verschiedene Planeten vorherrschen,
d.h. in alle sechs Stunden hat ein anderer Planet
seinen Einfluss. Ich habe eine kleine Übersicht über
die Stunden und der Wochentage zusammengestellt,
mit der man durchaus erfolgreich magisch arbeiten
kann. Die Stunden richten sich nach dem Element
Erde sowie nach der Jupiterstellung des Tages in der
Woche und nicht nach dem größten Vorsteher der
Astralebene!

1. Sonntag: – Jupiter belegt Drittes Viertel, Element
Erde herrscht um 13.12 Uhr bis 13.36 Uhr, 15.12
Uhr bis 15.36 Uhr, 17.12 Uhr bis 17. 36 Uhr.

2. Dienstag: - Jupiter belegt Zweites Viertel, Element Erde herrscht um 07.12 Uhr bis 07.36 Uhr, 09.12 Uhr bis 09.36 Uhr, 11.12 Uhr bis 11. 36 Uhr.

3. Donnerstag: – Jupiter belegt Erstes Vierte, Element Erde herrscht um 01.12 Uhr bis 01.36 Uhr, 03.12 Uhr bis 03.36 Uhr, 05.12 Uhr bis 05.36 Uhr.

4. Freitag: - Jupiter belegt Viertes Viertel, Element Erde herrscht um 19.12 Uhr bis 19.36 Uhr, 21.12 Uhr bis 21.36 Uhr, 23.12 Uhr bis 23.36 Uhr.

Kabbalistische oder tantrische Schöpfung. Vom hermetischen Standpunkt aus ist ein wahrer Kabbalist der höchste Eingeweihte, denn er vertritt die Gottheit im Kleinen, also im Mikrokosmos und kann auf Grund der Analogiegesetze auch im Makrokosmos wirksam sein. Hierin liegt der Unterschied zwischen einem Magier und einem Kabbalisten. Ein am großen Werk beteiligter Kabbalist wird dann von der Göttlichen Vorsehung gewöhnlich für bestimmte Missionen ausersehen. Der wahre Kabbalist ist somit ein Vertreter der Schöpfung, den Universalgesetzen gegenüber bleibt er jedoch der untergebenste Diener. Der wahre Kabbalist ist der höchste Eingeweihte, für den es vom universalen Standpunkt aus nichts Unmögliches gibt und ein von ihm ausgesprochenes Wort muss sich ausnahmslos verwirklichen. Jedes Wort besteht aus Buchstaben und jeder Buchstabe drückt in esoterischer Hinsicht eine Idee und somit eine Kraft, Eigenschaft usw. aus, die nicht nur mit dem Buchstaben allein, sondern mit der dem Universalgesetz entsprechenden Zahl ausgedrückt werden kann. Demnach wird durch Zahlen die Gesetzmäßigkeit verständlich gemacht und durch Buchstabenwerden die Ideen kundgetan. Die Bedeutung eines jeden Buchstabens ist den uns bekannten drei Welten analog. Dadurch, dass der Kabbalist den Sinn einer Idee in Buchstaben auszudrücken versteht und die für jede Idee in Betracht kommende Zahl genau weiß, haben dann die Buchstaben eine ganz andere Bedeutung, als nur in der intellektuellen Sprache. Der Buchstabe wird demnach den Universalgesetzen gemäß kabbalistisch gewertet. Die Kenntnis der Universalgesetze gibt dem Kabbalisten die Möglichkeit, mehrere Ideengänge mit den ihnen analogen Buchstaben und somit Zahlen auszudrücken. Die eigentliche Grundlage der praktischen kabbalistischen Mystik bildet die richtige Aussprache der Buchstaben im Geiste, in der Seele und später auch im Körper. In der mentalen, astralen und grobstofflichen Welt, selbst in den verschiedenen Ebenen und Hierarchien haben die Buchstaben ihre analoge Bedeutung, welche der Kabbalist kennen und beherrschen muss. Gott hat aus sich durch Schaffung von Ideen, die er in universalen Gesetze einteilte, Buchstaben und mit Buchstaben Zahlen gebildet, die in einem genauen analogen Zusammenhang bis zum Niedrigsten darstellen. Bei der Schöpfung entstanden vor allem zehn Grundideen, welche in der Kabbala durch die so genannten zehn Sefiroth wiedergegeben sind. Die Zahl Zehn z.B. ist eine Spiegelung der Zahl eins, d.h. eine Widerspiegelung Gottes in seiner höchsten Form und niedrigsten Emanation. Die Kabbala zu verstehen und praktisch zu gebrauchen heißt die kosmische Sprache an Hand der universalen Gesetzmäßigkeit zu lernen. Die kosmische Sprache ist demnach eine Sprache des Gesetzes, eine Sprache der Macht und Kraft und gleichzeitig auch der Dynamik, somit der Verdichtung, Materialisierung und Verwirklichung. Kosmisch zu sprechen heißt vom kabbalistischen Standpunkt aus im Rahmen der universalen Gesetze zu bilden und zu schaffen. Auf Grund systematischer Übungen unter Zuhilfenahme des Willens, Intellekts Gefühls und des Bewusstseins, zusammen mit der Imagination bekommt ein jeder Buchstabe eine ganz andere Bedeutung, als nur intellektuell ausgesprochen. Auf kabbalistische Art zusammengesetzte, den Universalgesetzen genau entsprechend Worte sind Schöpfungsworte mit der gleichen Wirkung, wie Gott selbst ausgesprochen. Kabbalistisch sprechen heißt aus dem NICHTS etwas schaffen. Dies ist das größte, einem Menschen sich offenbarende und verständliche Mysterium, nämlich, dass der Mensch gleich dem Schöpfer bewusst die Universalgesetze in Bewegung zu setzen imstande ist. Kabbalistische Magie ist erst dann durchführbar, wenn Körper, Seele und Geist den Universalgesetzen gemäß, d.h. durch den tetragrammatonischen Schlüssel entsprechend vorbereitet sind. Der Unterschied zwischen einem Magier und einem Kabbalisten besteht darin, dass der Magier die gewünschten Wirkungen den von Wesen herbeigeführten Ursachen verdankt, wohingegen der kabbalakundige Magier, der wahre Kabbalist, alles durch sein schöpferisches Wort, ohne Unterschied der Sphäre und Ebene bewirkt, ohne irgendein Wesen in Anspruch nehmen zu müssen. In der kabbalistischen

Magie gibt es viele Systeme, wenn man bedenkt, dass sich z.B. eine Grundeigenschaft des Geistes mit Hilfe von 32 Systemen durchführen lässt und da der menschliche Geist vier Grundeigenschaften besitzt, so gibt es 128 Systeme, die laut der sefirotischen Schlüsselskala in 10 Stufen einzuteilen wären. Kabbalistisch zu sprechen heißt: nicht mit dem Intellekt und mit dem Mund zu sprechen, sondern eine vierpolige Ausdrucksweise zu haben und die Fähigkeit der vierpoligen Ausdrucksweise wird eben wahre Kabbala genannt. Ohne eine vierpolige Schulung des Geistes, der Seele und des Körpers wäre es unmöglich, die kabbalistische, d.h. die Universalsprache zu beherrschen. Der angehende Kabbalist muss die Buchstaben einzeln visionär, später akustisch und schließlich gefühlsmäßig üben, um dann mit dem vollen Bewusstsein kabbalistisch auszusprechen. Die universale Ausdrucksweise eines Buchstabens ist nicht seine Form, sondern seine Farbe, besser gesagt Farbenschwingung. Nachdem die Farbenschwingung der Buchstaben ihre sichtbarste Ausdrucksform ist, kann sich mit Kabbala ein jeder Mensch befassen, ohne Rücksicht darauf, welcher intellektuellen Sprache er mächtig ist. Die richtige Farbe der Buchstaben kann sich sowohl ein Morgenländer, als auch ein Abendländer vorstellen. Sich einen Buchstaben in seiner wahren Farbe vorzustellen, heißt, ihn gleichzeitig in der mentalen Welt oder Sphäre mit einer bestimmten Lichtschwingung auszusprechen. Ob es sich nun um eine dunklere oder lichtere Farbenschwingung handelt, fällt nicht so sehr ins Gewicht, immer wird dabei der Grundton der Farbenschwingung die größte Rolle spielen und den betreffenden

Buchstaben angeben. Der Kabbalist gibt durch sein geschultes Willensprinzip diejenige Kraft in die Farbenschwingung, die dem betreffenden Buchstaben zusteht.

Gott hat das ganze Universum, und damit seine Wesenheit in Bezug auf die Schöpfung, mit seiner Gesetzmäßigkeit, d.h. mit dem vierpoligen Magneten, also mit vier Buchstaben zum Ausdruck gemacht. Die hebräische Kabbala wählte für diese vier Buchstaben die Benennung Jod-He-Vau-He. Deshalb ist auch der Geist eines jeden Menschen, der das vollkommene Bild Gottes in der Schöpfung darstellt, vierpolig und hat vier dem Namen Gottes entsprechende Grundprinzipien. Das erste aktive dem Feuerelement unterstellte Prinzip ist der Wille (Jod), das zweite dem Luftelement unterstellte Prinzip ist der Intellekt (He), das dritte dem Wasserelement unterstellte Prinzip ist das Gefühl (Vau) und alle drei Grundprinzipien des Geistes, also alle drei Elemente zusammen, bilden das viert aktive Prinzip, welches sich im Bewusstsein äußert und dem Erdelement analog ist. In der kabbalistischen Terminierung wird das vierte Prinzip durch das zweite He ausgedrückt. Der vierpolige Magnet, also das Jod-He-Vau-He, ist der Grundschlüssel, ist das höchste Wort der Schöpfung, welches die Zahl der Verwirklichung – vier - darstellt. Das kabbalistische Jod-He-Vau-He, also der vierpolige Magnet im Universum wird meist durch ein gleichseitiges Viereck, durch das wahre Quadrat symbolisiert. Die Zahl vier wird dem Planeten Jupiter zugesprochen und versinnbildlicht die Weisheit auf die vier Himmelsrichtungen.

Der Kabbalist muss in der Lage sein, durch das, was der hebräische Kabbala Gematra nennt, also durch Zahlenkombinationen auf die Zahlen 1–10 und somit auf die entsprechende Ur- Ideen zu kommen. Die einzelnen Zahlen 1-10 vertreten alle Ur-Ideen in ihrer höchsten und reinsten Form. Zweistellige Zahlen bedeuten alles Astrale, drei- und mehrstellige Zahlen deuten auf die grobstoffliche Welt mit ihren gesetzmäßigen Wirkungen hin. Die Zahl 10 ist die Zahle der grobstofflichen Materie, der Kohäsion, des Erdelementes mit allen seinen Aspekten. Sämtliche Einflüsse der Ur-Ideen, von der verkörperten Gottheit auf unserer Erde angefangen, bis zur tiefsten Materialisierung, also Verdichtung, werden durch die Zahle Zehn zum Ausdruck gebracht. Als der Schöpfer sein vollkommenes Ebenbild- den Menschen – schuf, verlieh er ihm eine den zehn Grund-Ideen entsprechende sichtbare Form durch die zehn Finger- an den Händen- und die zehn Zehen- an den Füßen- als Beweis seiner Vollkommenheit. Die fünf Finger der rechten Hand deuten auf die Zahlen 1-5 hin, und die Finger der linken Hand deuten auf die Zahlen 6-10. Die Hände mit ihren zehn Fingern entsprechen daher den Ur-Ideen der Zahlen 1-9, und die zehn Zehen beziehen sich allein auf die Zahl zehn, wodurch die niedrigste Stufe, die Erde, symbolisch zum Ausdruck kommt.

Bei der Zusammenstellung von kabbalistischen Machtworten, Formeln, usw. ist dies Kenntnis überaus wichtig, denn Zahlenworte drücken die Gesetzmäßigkeit und die mit ihr zusammenhängende Kräfte aus. Die kabbalistische Kenntnis der Buchstaben und ihrer Analogien hängt vom Verstehen der zehn kabbalistischen Schlüssel, also der Zahlen 1-10 ab. Der Gebrauch des ersten Schlüssels besteht darin, aus dem Akashaprinzip heraus Buchstaben kabbalistisch auszusprechen, damit sich diese entweder auf der mentalen, astralen oder auf der grobstofflichen Ebene realisieren. Wenn der Kabbalist sein Bewusstsein ins Akashaprinzip versetzt und mit Hilfe der Dreisinnen- Konzentration daselbst einen Buchstaben mit dem Wunsch ausspricht, eine zeit- und raumlose Ursache zu schaffen, so löst sich die dem Buchstaben analoge Wirkung in der mentalen Welt im Mentalkörper aus, wo weder Zeit noch Raum bestehen. Spricht der Kabbalist hingegen im Akashaprinzip einen Buchstaben aus, welchem er eine bestimmte Form verleiht, erhält die geschaffene, dem Buchstaben analoge Ursache eine Form, und die entsprechende Wirkung löst sich auf der Astralebene, also im Astralkörper des Menschen aus, weil Astralebene und Astralkörper an Raum, d.h. an Form gebunden sind. Spricht nun der Kabbalist im Akashaprinzip einen Buchstaben kabbalistisch aus und schafft er dadurch Ursachen, welchen er Zeit und Raum bemisst, diese also zeitlich und räumlich terminiert, dann wirken sich die Ursachen analog dem Akashaprinzip über die mentale und astrale Welt direkt auf der grobstofflichen Ebenen aus, ohne erst in der astralen Welt geeignete Situationen zu ihrer Verwirklichung zu bilden. Das Raum- und Zeitverhältnis bei der Schaffung von Ursachen mit einem Buchstaben ist also der erste Schlüssel, mit welchem man in allen drei Ebenen der kleinen und großen Welt, in sämtlichen planetarischen Sphären kabbalistisch, d. h. schöpferisch wirken kann.

Der zweite kabbalistische Schlüssel bedingt den Gebrauch von zwei Buchstaben auf einmal, welche die gewünschte Ursache hervorrufen und die Wirkung auslösen. In der mentalen Welt wird die Ursache keine Zeit und kein Raum verlegt. In der astralen Welt wird durch die zwei Buchstaben bei Schaffung der Ursachen die Form, also die zu wirkende Ausdrucksweise bei der kabbalistischen Aussprache der Buchstaben gebildet, um direkt entweder in der astralen Welt oder im Astralkörper Wirkungen zu erzielen. Handelt es sich dagegen um eine Realisierung in der grobstofflichen Welt, dann werden die zur Realisierung notwendigen Situationen direkt von der Astralwelt aus durch die Elemente geschaffen, welche dann auf der grobstofflichen Ebene die gewünschte Wirkungen auslösen. Verlegt man beim kabbalistischen Gebrauch von zwei der Wirkungen analogen Buchstaben diese in ihre Ursache in der mentalen Welt bei gleichzeitiger Formulierung der Äußerung und Terminierung der Zeit, dann vollzieht sich die Realisierung in der Mentalwelt, und die Wirkung geht durch das Astrale direkt auf die grobstoffliche Welt, ohne erst die hierzu nötigen Situationen aus der Astralwelt herbeizuführen. Es ist logisch, dass auf diese Weise auch auf alle drei Reiche: Mineral-, Pflanzen- und Tierreich in der grobstofflichen Welt direkt kabbalistisch gewirkt werden kann. Beherrscht der Kabbalist auch den zweiten kabbalistischen Schlüssel vollkommen, versucht er es mit dem dritten Schlüssel, dessen Gebrauch darin besteht, dass Ursachen in der Astralwelt geschaffen werden, welche ihre Wirkungen sowohl in der mentalen, als auch in der astralen und in der grobstofflichen Welt realisieren. Bei diesem Schlüssel werden drei Buchstaben kabbalistisch verwendet, d.h. stets mit Hilfe der Dreisinnen-Konzentration werden die Buchstaben ausgesprochen. Spricht der Kabbalist drei Buchstaben in der astrale Welt ohne Raum- und Zeitverhältnis, so entstehen die Ursachen zwar in der Astralwelt, sie wirken sich aber weder auf dieser noch auf der grobstofflichen Welt aus, sondern nur und direkt auf der Mentalebene. Wird beim Gebrauch von drei Buchstaben das Raumverhältnis bei der kabbalistischen Aussprache berücksichtigt, so entfällt die Wirkung in der mentalen Welt, und Ursache und Wirkung entwickeln sich lediglich in der Astralsphäre oder im Astralkörper. Verlegt man drei Buchstaben kabbalistisch in die astrale Welt und berücksichtigt dabei, dass das Raumverhältnis analogen Wirkungen der geschaffenen Ursache nicht astralischer, sondern grobstofflicher Natur sind, so bewirken die Realisierung in der grobstofflichen Welt die Elemente und ihre Fluide. Werden drei Buchstaben kabbalistisch in die astrale Welt verlegt und wird dabei auf das Zeit- und Raumverhältnis Rücksicht genommen, so wirkt der Einfluss direkt von der Astralwelt aus in der grobstofflichen Ebene, ohne dass erst die zur Realisierung erforderlichen Situationen geschaffen werden müssen. Beim letzten, dem so genannten Viererschlüssel, arbeitet man mit vier Buchstaben, mit welchen man direkt von der grobstofflichen Ebene aus wirken kann. Auch in diesem Falle ist, wie bei den vorhergehenden Schlüsseln derselbe Vorgang zu berücksichtigen, indem man von der grobstofflichen Welt auf die Mentalebene wirkt, falls man ohne

Raum- und Zeitbegriff arbeitet; bei Gebrauch des Raumbegriffes auf die Astralebene wirkt und beim Gebrauch des Zeit- und Raumbegriffes zusammen man direkt auf die grobstoffliche Welt einwirken kann. Hiermit habe ich den praktischen Gebrauch des Viererschlüssels, das Geheimnis um Tetragrammaton, das so genannte Jod- He- Vau- He, vom kabbalistischen Standpunkt aus mit Rücksicht auf seine Anwendung beschrieben. Beim Gebrauch des Einser-Schlüssels muss der Kabbalist den Buchstaben nur im Geist, also mit dem Bewusstsein des Geistes kabbalistisch aussprechen. Beim Zweier- und Dreier-Schlüssel müssen die Buchstaben mit dem Buchstaben mit dem Bewusstsein, also der Einstellung des Geistes, des Astralkörpers und des grobstofflichen Körpers kabbalistisch ausgesprochen werden. Der Kabbalist muss sich also dieser drei Daseinsformen im Körper bewusst sein. Es gibt noch weitere sechs Schlüssel, die aber für den kabbalistischen Gebrauch unserer Erde und unserer Astralebene nicht in Betracht kommen, sondern lediglich der Sphären- Kabbalistik dienen.

18. Kapitel

Mentalebene und andere Hierarchien

So wie der Körper seine irdische und der Astralkörper oder die Seele die Astralebene hat, so hat auch der Geist seine eigene Ebene, die Mentalebene. So wie der Astralkörper durch das elektromagnetische Fluid der astralen Welt eine Astralmatrize, das so genannte Astralod bildet, ebenso bildet das elektromagnetische Fluid der mentalen Welt eine Mentalmatrize, die den Mentalkörper an den Astralkörper bindet. Dieser Mentalod oder Mentalstoff gilt als Leiter der Gedanken und Ideen zum Bewusstsein des Geistes, der es dann mittels des Astral- und grobmateriellen Körpers in Tätigkeit setzt. Der Mentalkörper hat die Grundeigenschaft, sich jeder Form anzupassen, jede Form annehmen zu können. Der Mentalstoff, des Öfteren auch als Urstoff genannt, hat zwei Grundkräfte, das elektrische und magnetische Fluid, die beide dem Dichtigkeitsgrad des Mentalkörpers angepasst sind. Die wechselseitige Wirkung des elektrischen und des magnetischen Fluids im Mentalkörper nennt man das unsterbliche Leben. Direkt im Mentalkörper befindet sich das so genannte Ich-Bewusstsein, das eine Verbindung von Wille, Intellekt (Verstand) und Gefühl ist. Ohne eines dieser drei Grundprinzipien gäbe es kein Ich-Bewusstsein, denn gerade diese Dreiheit im Mentalkörper macht das Ich-Bewusstsein im Geist des Menschen aus. Wird von diesen drei Prinzipien

das eine oder das andere ausgeschaltet, so hört das
Bewusstsein auf zu funktionieren. Die Entfaltung
dieser drei Grundprinzipien hängt von der
allgemeinen Entwicklung und Reife ab. Die
Quantität des Willens liegt in der Willenskraft und
seine Qualität beruht auf dem Inhalt des Willens.
Das gleiche Gesetz gilt für den Intellekt, bei dem es
sich um ebenfalls um eine intellektuelle Kraftseite
und um eine qualitative Form handelt. Die
quantitative Form des Intellekts hängt von der
Ausdauer im Gebrauch sämtlicher intellektueller
Fähigkeiten ab, die qualitative Form bestimmt die
Entwicklung und den Reifegrad des Geistes durch
den Inhalt der Gedanken. Das dritte Prinzip ist das
Gefühlsleben und unterliegt denselben Gesetzen,
indem die quantitative Seite die Tiefe und Intensität
des Empfindens und die qualitative Seite den Inhalt
des Fühlens zum Ausdruck bringt. Maßgebend ist
die Stärke des Gefühls oder Empfindens, die von der
jeweiligen Entwicklung des Menschen abhängt. Im
Mentalkörper ist das elektromagnetische Fluid durch
seine Wechselwirkung beständig in Bewegung,
welcher Umstand zu einem gewissen Verbrauch
beider Fluide führt. Durch Sinneseindrücke
entweder aus den mentalen, astralen oder
grobstofflichen Ebenen wird dieser Verbrauch
wieder ausgeglichen. Werden aber die Sinne
überanstrengt, so tritt eine unnatürliche
Abschwächung oder Annahme der mentalen Kraft
ein, ohne Rücksicht darauf, welche Körperregion
dadurch in Mitleidenschaft gezogen wird. Der
normale Gebrauch der Sinne hat einen gewissen
Verlust des elektromagnetischen Fluids zur Folge,
kann jedoch seine induktive Form dadurch

ausgleichen, dass sie den Mentalkörper durch die Sinne wieder neuen Geiststoff aufnehmen lässt, wodurch der Mentalkörper genährt wird. Es handelt sich hier natürlich um keine spezifische Nahrung, sondern das elektromagnetische Fluid des Mentalkörpers wird durch die fünf Sinne stets neu geladen. Auch hierbei spielt die qualitative und die quantitative Seite eine große Rolle, denn durch die Sinneseindrücke wird dem Mentalkörper das Quantitative d.h. der Kraftstoff zugeführt, der wiederum bestimmte Qualitätsform annehmen kann. Die vom Mentalkörper durch die Sinneseindrücke aufgenommenen Qualitäten hängen in der Hauptsache vom Gedankengang des Menschen ab und außerdem von der Situation, die der Mentalkörper zu durchleben hat. Im konstruktiven Wirken sind beide Fluide das Aufbauende im Geiste, sie sind somit das Gute und Edle. Das destruktive Wirken des elektromagnetischen Fluids bezweckt wieder das Entgegengesetzte. Dem Meister müssen beide Wirkungen vollends klar sein, und er muss sowohl das Konstruktive als auch das Destruktive gut durch Meditationenbearbeiten, denn es ist das, was alle Religionssysteme das Gute und das Böse im Menschen nennen. Wille, Verstand und Gefühl im Zusammenwirken machen das Ich-Bewusstsein des Menschen aus, und dieses Bewusstsein ist die eigentliche Persönlichkeit des Menschen.
Die Mentalebene ist gleichzeitig die Sphäre der Gedanken, die ihren Ursprung in der Ideenwelt, also im Akasha des Geistes haben. Jedem Gedanken geht eine Grundidee voran, die je nach ihrer Eigenschaft eine bestimmte Form annimmt und als Gedankenform oder plastisches Bild durch das

Ätherprinzip, also durch die Mentalmatrize, zum Bewusstsein des Ichs gelangt. Demnach ist der Mensch nicht selbst der Gründer der Gedanken, sondern der Ursprung eines jeden Gedankens ist in der höchsten Akashasphäre oder Mentalebene zu suchen. Der Geist des Menschen ist gleichsam der Empfänger, er ist eine Antenne der Gedanken aus der Ideenwelt, je nach Lage und Situation, in der er sich befindet. Da die Ideenwelt ein Alles in Allem ist, wird jeder neue Gedanke, jede neue Erfindung, kurz alles das, was der Mensch aus sich selbst erschaffen zu haben glaubt, aus dieser Ideenwelt herausgeholt. Dieses Herausholen neuer Ideen hängt von der Einstellung und Reife des Geistes ab. Jeder Gedanke hat ein vollkommen reines Element in sich, namentlich dann, wenn der Gedanke abstrakte Ideen beinhaltet. Liegen dem Gedanken mehrere Kombinationen aus der Ideenwelt vor, so sind mehrere Elemente wie in ihrer Form, so in ihrer Ausstrahlung untereinander wirksam. Nur abstrakte Gedanken haben reine Elemente und reine Polstrahlungen, da sie direkt aus der Ursachenwelt einer Idee stammen. Wenn es sich nicht direkt um eine abstrakte Idee handelt, können mehrere Gedankenformen zum Ausdruck gelangen. Solche Gedanken sind entweder elektrisch oder magnetisch oder elektro-magnetisch, je nachdem, welche Elemente - Eigenschaft des Gedankens vorliegt. Aufgrund dieser Erkenntnis ist zu ersehen, dass es reine elektrische, reine magnetische indifferente und neutrale Gedanken in ihrer Wirkung gibt. Der Idee entsprechend hat jeder Gedanke in der Mentalebene seine eigene Form, Farbe und Schwingung. Durch den vierpoligen Magneten des Geistes kommt auf diese Art und Weise der Gedanke zum Bewusstsein und wird von ihm bis zur Realisierung weitergeleitet. Jedes in der grobmateriellen Welt geschaffene Ding hat also durch den Gedanken und das Bewusstsein des Geistes in der Ideenwelt seine Ursache. Die grobmaterielle Welt ist an der Zeit und Raum gebunden, die Astralebene, die Sphäre des vergänglichen oder umwandelbaren Geistes, ist an den Raum gebunden, und die Mentalebene ist raum- und zeitlos. Nur die Auffassung eines Gedankens bedarf durch das Bindeglied der mentalen und astralen Matrize, die in der Gesamtform an Zeit und Raum gebunden sind, einer gewissen Zeitspanne, um sich dieses Gedankens bewusst zu werden.

So wie die Astraleben ihre Bewohner hat, so hat sie auch die Mentalebene. Außer den Gedankenformen sind es vor allen Dingen die Verstorbenen, deren Astralkörper sich in Folge ihrer Reife durch die Elemente aufgelöst haben und die ihren Aufenthalt je nach dem Grade ihrer Vollkommenheit in den ihnen entsprechenden analogen Regionen der Mentalebene zugewiesen erhalten. Die Mentalebene ist außerdem noch die Sphäre der Elementale. Das sind Wesen, die vom Menschen infolge eines wiederholten intensiven Denkens bewusst oder unbewusst geschaffen wurden. Ein Elementalwesen ist noch nicht derart verdichtet, um sich eine astrale Hülle zu bilden oder dieselbe anzunehmen. Der Unterschied zwischen einer Gedankenform und einem Elemental ist der, dass der Gedankenform eine oder mehrere Ideen zugrunde liegt. Das Elemental dagegen ist mit einem

Quantum von Bewusstsein und somit Selbsterhaltungstrieb ausgestattet.

    Die mentalen Wünsche können nur durch geistige Wahrnehmungen erfüllt werden. Die nahezu freien Wesen, die nur noch in die Mentalhülle eingeschlossen sind, nehmen den ganzen Kosmos als projizierte Traumgedanken Gottes wahr. Sie können alles und jedes durch bloße Gedanken materialisieren. Daher empfindet ihre sensible Seele jede körperliche Lust oder astrale Freude als grob und beklemmend. Die Mentalwesen befreien sich von ihren Wünschen, indem sie diese augenblicklich materialisieren. Da sie nur noch von dem feinen Schleier des Mentalkörpers umgeben sind, können sie wie der Schöpfer ganzes Universum ins Leben rufen. Wenn das grobstoffliche, körperliche Gefäß im Tode zerstört wird, bleiben noch die beiden anderen Behälter (astrale und mentale) bestehen und hindern die Seele daran, sich bewusst mit dem Allgegenwärtigen Leben zu vereinigen. Erst wenn man Weisheit und dadurch Wunschlosigkeit erlangt hat, lösen sich die anderen beiden Gefäße auf. Dann endlich ist die kleine Menschenseele frei und wird eins mit der unermäßlichen Unendlichkeit. Alles, was der Mensch in seiner Phantasie tun kann, kann ein Mentalkörper in Wirklichkeit tun. Die Mentalwesen können ihre Gedanken mühelos materialisieren, und dies ohne irgendwelche stofflichen und astralen Widerständen oder karmischen Begrenzungen. Seelen in der Mentalebene nehmen sich gegenseitig als individualisierte Funken des glückseligen Geistes wahr. Diese einzigen Dinge, mit denen sie sich umgeben, sind Gedankenbilder. Für die Mentalwesen besteht der Unterschied ihren Körper und Gedanken nur in der Vorstellung. Genauso, wie sich der Mensch mit geschlossenen Augen ein weißes Licht oder einen bläulichen Nebeldunst vorstellen kann, so können die Kausalwesen allein durch ihre Gedanken sehen, hören, riechen, schmecken und fühlen. Sie erschaffen alles aus der Kraft ihres kosmischen Geistes und lösen es auf dieselbe Weise wider auf. Geburt und Tod vollziehen sich in der Mentalwelt nur in Gedanken. Die einzige Speise, welche die Mentalwesen zu sich nehmen, ist die Ambrosia ewig neuer Erkenntnis. Sie trinken aus dem Quell des Friedens, schweben über den unberührten Boden göttlicher Wahrnehmungen und treiben im endlosen Meer der Freude dahin. Viele Wesen bleiben mehrere tausend Jahre im Mentalkosmos. Durch immer tiefere Ekstase befreit sich die Seele schließlich von ihrem kleinen Mentalkörper und geht in den unermäßlichen Mentalkosmos ein. Alle einzelnen Gedankenwellen (Schwingungen) wie Macht, Liebe, Wille, Freude, Frieden; Intuition, Stille, Selbstbeherrschung und Konzentration lösen sich dann im unerschöpflichen Meer der Glückseligkeit auf. Nicht länger mehr braucht die Seele ihr Glück in einer individuellen Bewusstseinswelle zu suchen, sie ist in das Große Kosmische Meer eingegangen, das alle Wellen in sich bringt, wie ewiges Freude, ewiges Lachen und ewiges Leben. Wenn die Seele aus dem Kokon der drei Körper hinausgelangt ist, entrinnt sie auf immer dem Gesetz der Relativität (Karma) und wird zum unnennbaren Ewigen Dasein. Die Seele, die zum GEIST geworden ist, bleibt allein in der Sphäre des lichtlosen Lichts, des dunkellosen Dunkels, des gedankenlosen Gedankens und berauscht sich ekstatischer Freude am Kosmischen Schöpfungstraum Gottes. Vom Standpunkt der Objektivität betrachtet, ist Licht und Finsternis nur eine Illusion. (Maya) In diesem Fall handelt es sich nicht um Finsternis als ein Nichtvorhadensein von Licht, sondern es ist ein nicht zu verstehendes Prinzip, das die Absolutheit selbst ist, weshalb es für unsere intellektuellen Wahrnehmungsmöglichkeiten weder Form, Farbe und Substanz, noch etwas anderes hat, das in Worte gefasst werden könnte.

    Nur wer sich nach keinen weitern Erlebnissen in dem für das Auge so verlockende Astralebene sehnt und nicht in Versuchung geführt werden kann, zu ihr zurückzukehren, darf in der Mentalebene bleiben. Dort sühnt die eingeschlossene Seele ihr noch verbleibendes mentales Karma, d.h. sie zerstört die Saat aller ehemaligen Wünsche und entfernt den letzten der drei Korken der Unwissenheit. Dann endlich wirft sie ihre letzte Hülle, den Mentalkörper ab, um mit dem Ewigen zu verschmelzen.

Einem Meister, der seine endgültige Freiheit erlangt hat, steht es frei, als Prophet zur Erde zurückzukehren und andere Menschen auf den Weg zu Gott zu führen. Oder er kann in der Astralebene bleiben und den dortigen Bewohnern einen Teil ihres Karmas abnehmen, dadurch hilft er ihnen, den Kreislauf der Wiedergeburten im astralen Kosmos zu beenden und für immer in die Mentalebene einzugehen. Auch kann eine befreite Seele in der Mentalebene bleiben, um den dortigen Wesen zu

helfen, ihre Zeitspanne im Mentalkörper zu verkürzen und endgültig befreit zu werden.
Leben und Tod sind nicht anders als relative Vorstellungen. Der „Vedanta" erklärt, dass Gott die einzige Wirklichkeit ist, dass die ganze Schöpfung, d.h., alles individuelle Dasein, Maya oder Illusion sei. Diese Philosophie des Monismusgipfelte in Sri Shankaracharyas Kommentaren zu den uralten „Upanishaden".

Der nächststehende Überblick entspricht esoterisch den kosmischen Rangordnung /Hierarchien und den menschlichen **Bewusstseinszuständen** und ihren Unterabteilungen. Die Zonen/Sphären tragen zwar astrologische Benennungen, haben aber mit den einzelnen Gestirnen des Universums direkt nichts zu tun, obwohl ein gewisser Zusammenhang mit den Gestirnen und eventuellen Konstellationen besteht, wonach die Astrologen für mantische Zwecke oder bei der Eruierung von ungünstigen Einflüssen ihre Schlüsse ziehen. Eine jede über der Erdzone liegende Sphäre vom Mond bis zum Saturn hat eine dreifache Wirkung, und zwar 1. auf die mentale, 2. auf die astrale und 3. auf die grobstoffliche Welt. Eine jede Zone ist genauso wie die uns schon bekannte Erde bevölkert. Die Wesen der Zonen haben ihre bestimmten Aufgaben und sind den Gesetzen ihrer Zonen in Ursache und Wirkung unterworfen. Nach unserer Auffassung bestehen Millionen von Wesen in einer jeden Zone. Es ist unmöglich, diese Wesen kategorisch in Stufen einzuteilen. Jedes dieser Wesen hat einen gewissen Grad seiner geistigen Entwicklung, seiner Reife, auf

Grund dessen ihm eine bestimmte Aufgabe zugewiesen ist.

Die grobstoffliche **Welt (unsere Erde)** ist der Ausgangspunkt, wo der Mensch durch seine Sinne, seinen Geist, seine Seele und mit seinem Körper lebt und sich bewegt. Das ist die unterste Sphäre mit den drei Reichen; Mineral-, Pflanzen- und Tierreich.

Die nächstfolgende, über unsere grobstofflichen Welt sich befindende Zone ist die **Astralebene**. Diese Zone hat verschiedene Dichtigkeitsgrade, so genannte Unterebenen, in die sich die Menschen nach dem Ableben des grobstofflichen Körpers begeben. Die Astralebene ist nicht begrenzt und erstreckt sich auf den ganzen Kosmos, also nicht nur auf unsere Erdkugel. Diese Zone ist räumlich nicht aufzufassen, sie bezieht sich auf unseren ganzen Mikro- und Makrokosmos und ist mit diesem in analogen Zusammenhang.

Der Astralebene am nächsten liegt die **Mondzone**. Der Mond ist unserer Erdkugel am nächsten und als Trabant von dieser vollkommen abhängig. Auch den Mond umgibt, ähnlich wie es bei der Astralebene der Fall ist, eine Sphäre, die als Mondsphäre bezeichnet wird. Diese wird gleich der Astralebene von unzähligen Wesenheiten verschiedenen Ranges bewohnt. Als Planet beeinflusst er alles Flüssige auf unserer Erde. Die Mondsphäre ist dem Astralkörper und der Astralmatrize analog. Die Astralebene hingegen wirkt wiederum auf die Lebenskraft des Menschen ein. Die 28 Genien der Mondsphäre haben verschieden Aufgaben zu erfüllen, sie sind mit besonderen Kräften und Mächten ausgestattet und vermögen bestimmte Ursachen und Wirkungen sowohl direkt in der Mondsphäre als auch auf unserer Erde auszulösen. Diese Intelligenzen werden vielfach als die Herrscher der 28 Mondstationen angesehen, die dem Astrologen im guten und im bösen Sinn bekannt sind. Es gibt demnach 28 positive und 28 negative Vorsteher der Mondsphäre. Die positiven Vorsteher haben die Aufgabe, gute Ursachen und Wirkungen zu schaffen, die negativen Vorsteher das Gegenteil. Dadurch üben sie sowohl auf die Astralebene als auch auf unsere grobstoffliche Welt in allen drei Ebenen des menschlichen Daseins den größten Einfluss aus.

Nach der Mondzone kommt die **Merkurzone** an die Reihe. Der Merkurplanet beeinflusst den gasförmigen Zustand unserer Erde. Die Merkurzone ist **die Sphäre der Mentalebene** des Menschen. Die 72 Genien der Merkursphäre üben auf den Geist (Mentalkörper) eines jeden Menschen den größten Einfluss aus. Wollte jedoch ein Genius der Merkurzone z. B. auf die Astralebene eines Menschen einwirken, so müsste er seinen Einfluss den Analogiegesetzen gemäß über die Mondsphäre und Astralebene geltend machen. Die Mentalebene oder Mentalsphäre ist von unbeschreiblicher Feinheit, um sie zu verstehen, müsste man über eine derartig starke Konzentrationskraft verfügen, dass man sich bei geschlossenen Augen den unermäßlichen Astralkosmos sowie den physischen Kosmos nur noch als Idee vergegenwärtigen kann. Wenn es einem durch eine solch übermenschliche Konzentration gelänge, diese beiden Welten und ihre verwirrende Mannigfaltigkeit in reine Ideen zu verwandeln oder aufzulösen, würde man die Mentalwelt, das Grenzgebiet zwischen Welt und Materie, erreichen. Dort nimmt man alle erschaffene Dinge; feste, flüssige und gasförmige Stoffe, Elektrizitäten, Energie und alle Lebewesen wie Götter, Menschen, Tiere, Pflanzen und Bakterien lediglich als Bewusstseinsformen wahr, ähnlich wie man bei geschlossenen Augen noch weiß, dass man existiert, obgleich man seinen Körper nicht mehr sehen kann.

Nach der Merkurzone kommt die **Venuszone**. Als Planet beeinflusst die Fruchtbarkeit unserer Erde im Pflanzen- und Tierreich. Der Venussphäre fallen wiederum die Sympathie, Liebe und Befruchtung des Menschen zu. Die Venus-Sphäre hat eine liebestrunkende Schwingung, die mit einer Liebesekstase zu vergleichen ist. Den Planeten Venus bewohnen wunderschöne Menschen, die überdies im Wissen und in der Weisheit, in der Magie, Kunst, Literatur, Technik usw. evolutionsmäßig fortgeschrittener sind als die Bewohner unserer Erde.

Nach der Venussphäre kommt die **Sonnenzone**. Diese beeinflusst auf unserer Erde das grobstoffliche Leben in allen drei Reichen. Die Sonnensphäre erhält durch die einzelnen Matrizen den Mental-, Astral- und grobstofflichen Körper am Leben. Die Sonnensphäre hat wieder eine ganz andere Schwingung als die Venussphäre, es ist die so genannte Lichtsphäre, die in unserem Kosmos am schwierigsten zu beherrschende Sphäre ist. Die

Urgenien der Sonnensphäre sind in ihren Machtbereich nach in der kosmischen Rangordnung als Vermittler des Urschöpfers zum planetarischen System anzusehen. In der Sonnensphäre herrschen 45 Ur- Genien, hermetisch ausgedrückt „Herr der Sonnensphäre" und in der Kabbala Mettatron genannt wird.

Nach der Sonnenzone kommt die **Marszone.** Diesem unterliegt die Beeinflussung aller Kräfte in den drei Reichen. Als Planet wirkt er sich durch den Selbsterhaltungstrieb sowohl im Tierreich als auch beim Menschen am meisten aus. Im Menschen selbst weckt die Marssphäre den Impuls und den Hang zum Leben. Sie wirkt auf seinen Charakter, seine Eigenschaften, auf alle seine Kräfte und Fähigkeiten. Unter den Einflüssen der Marssphären fallen leidenschaftliche Liebe, übermenschliche Kräfte usw. Die gefährlichsten negativen Intelligenzen gehören in der Sonnen- und in der Marssphäre, die es in unserer kosmischen Rangordnung überhaupt gibt. Zu ihrem Wirkungsbereich gehören: Kriege, Mord, Totschlag, Raub, Brände, Vernichtung usw. Anzahl der Ur- Genien beträgt 36.

Nach der Marszone kommt die **Jupiterzone.** Jupiter bewirkt als Planet die Harmonie und Gesetzmäßigkeit. Die Jupitersphäre hingegen regiert die schicksalsmäßige Evolution und die Gerechtigkeit im Menschen, lenkt seinen Weg zur Vervollkommnung und zum Streben nach dem Höchsten, je nach Reife eines jeden einzelnen. Die Schwingungen der Jupitersphäre und ihr Einfluss um vieles erträglicher, als dies bei der Sonnen- und bei der Mars der Fall sind. Ihr Einfluss, der gewissermaßen abstrakter Natur ist, dringt durch alle untergeordneten Sphären hindurch bis auf unsere Astralebene und wirkt somit auch auf alle drei Ebenen; Mental, Astral, Materie unserer grobstofflichen Welt. Von allen Wesen, Engeln und Genien der Jupitersphäre gelten ihrem unbegrenzten Machtbereich nach zwölf Genien als die höchsten. Ihr Einfluss erstreckt sich auf die ganze kosmische Weltordnung und auf deren sämtliche Bewohner. Jeder von diesen 12 Urgenien hat einen gewissen Zusammenhang mit unseren Tierkreiszeichen, und seine Analogiegesetze sind mit alle Sphären und Ebenen unserer kosmischen Rangordnung identisch.

Zu guter Letzt kommt die Saturnzone. Der Planet Saturn wirkt auf das Schicksal aller drei Reich- Mineral-, Pflanzen- und Tierreich auf unserer Erde. In seiner subtilsten Form ist er bei uns als der so genannte **Äther (Akasha)** bekannt. Die Saturnsphäre hingegen lenkt das Schicksal des Menschen, das wir als **Karma** kennen. Dem größten Einfluss dieser Sphäre verdankt der Mensch die Gabe der Intuition, in der sich nach der Reife jedes einzelnen die Göttliche Vorsehung offenbart. Im Ungeschulten äußert sie sich im Gewissen. Die Schwingungen der Saturnsphäre sind vergleichbar drückend, als ein tonnenschwerer Klotz auf dem Menschen liegen würde. Die 49 Ur –Intelligenzen der Saturnsphäre haben das karmische Urprinzip aller Sphären zu überwachen, namentlich aber das Wirken und Walten aller negativen Wesen sämtlicher Sphären, von unserer grobstofflichen

Welt angefangen, verfolgen. Laut Gott lassen sie Wirkungen von negativen Wesen zu und in der ganzen kosmischen Weltordnung walten sie über Wirkung und Kräfte des vernichtenden Prinzips. Dadurch sorgen sie für Gerechtigkeit und gestatten Kriege nicht nur auf unserem Planeten, sondern überall dort, wo es Liebe und Hass gibt. Sie lassen das negative Prinzip bis zu einer gewissen Grenze sich auswirken und sind diejenigen, die Menschen und Wesen aller Sphären laut Göttlicher Ordnung und Gesetzmäßigkeit streng richten. Deshalb gelten die Saturn- Intelligenzen als die so genannten Richter und Schicksalsvollstrecker höchster Art.

Uranus: diesem Planeten fällt die magische Entwicklung auf unserer Erde zu. Seine Sphäre lässt den Menschen alle Phänomene der Magie erkennen.

Neptun: hält in der kosmischen Rangordnung den Erdplaneten im Gleichgewicht. Dem Einfluss der Neptunsphäre verdankt der Mensch die Kenntnis des Weges zur Vollendung, aber auch die Kenntnis der kosmischen Sprache, die so genannte Kabbala.

Über diesen Sphären ist dann nur noch das Göttliche Licht, das Unbegreifliche und Unbeschreibliche, was wir als Gott nennen. Es gibt's nichts Höheres mehr in unserer kosmischen Rangordnung, **aber** es gibt außer unserem Universum, also unserem Makrokosmos, unserem planetarischen System, außer den Hierarchien und Sphären, die ich alle hier aufgezählt habe, noch viele und bei weitem größeren Kosmen, die ganz andere Kräfte, andere Gesetze und auch andere Analogien haben.

19.Kapitel

Die Lokas und andere Bewusstseinszustände

Die östliche Mystiker lokalisieren sieben Daseins
- Ebenen, die sieben geistigen Lokas oder Welten innerhalb des Körpers von Kala Hamsa, dem Schwan außerhalb von Zeit und Raum, der sich in den Schwan innerhalb der Zeit verwandeln kann, wenn er Brahma wird anstelle von Brahman. Alle Manifestationen der Sieben in der Natur, wie die sieben Prinzipien im Menschen oder die sieben Ebenen in der Welt, kommen von einer siebenfachen Aufteilung, die von Parabrahman herrührt. Drei der sieben Prinzipien sind im universalen Bewusstsein offenbar und drei weitere in Mulaprakriti. Eines bleibt an seiner Quelle und schließt alle die anderen mit ein, denn die Gegenwart vieler mindert nicht die Einheit dessen was wahrhaftig Eines ist. In der indischen Philosophie haben die Bewusstseinszustände Sanskritbezeichnungen, die man den kosmischen Hierarchien (Bewusstseinszustände) entsprechend zugeordnet hat. Auf dem Wege zur Göttlichkeit gibt es die eben bezeichneten sieben Sphären oder Stadien der Schöpfung, die von den orientalischen Weisen als „Swargas" oder „Lokas" bezeichnet werden. In ihren exoterischen Masken rechnen die Brahmanen zusätzlich vierzehn (7 x 2) Lokas (einschließlich der Erde), von denen sieben objektiv sind, obschon nicht sichtbar, und sieben subjektiv, aber dem Inneren Menschen durchaus nachweisbar. Es gibt sieben

göttliche Lokas und sieben höllische (irdische) Lokas. Die allgemeine exoterische, ortodoxe, tantrische, vedantische und Schankaya Kategorien zu illustrieren, werde ich sie in drei Klassifikationen angeben: 1. Kategorie sind die sieben göttliche Lokas:

1. Sphäre - Bhuloka (die Erde), die Sphäre der grobstofflichen Schöpfung, Materie, die allen jederzeit sichtbar ist.

2. Sphäre - Bhuvarloka (zwischen der Erde und der Sonne), die Sphäre der feinstofflichen Materie oder elektrischen Eigenschaften;
- **Bhuvarloka,** da in dieser Sphäre der Schöpfung keine grobstofflichen Dinge existieren und nur die feinen Stoffe wahrnehmbar sind, wird sie Sunya (die gewöhnliche Leere) genannt. Wenn der Mensch zum Ewigen Vater zurückzukehren beginnt, wenn er sein Selbst von der grobstofflichen Welt (Bhuloka) zurückzieht, betritt er die Welt der feinstofflichen Materie (Bhuvarloka) und gehört zur Klasse der Dvijas oder Wiedergeborenen. In diesem Zustand versteht er die ihm innewohnenden Elektrizitäten, den zweiten, feinstoffliche Teil der Schöpfung, und erkennt, dass das Dasein der äußeren Welt in Wirklichkeit nichts anders ist als eine Verschmelzung oder Vereinigung der feinen inneren Sinnesgegenstände (der negativen elektrischen Eigenschaften) mit den fünf Sinnesorganen (den positiven Eigenschaften) durch die fünf Organe des Handelns (die neutralisierenden Eigenschaften), die ein Erzeugnis seines Geistes und Gewissens (Bewusstsein) sind. Dieser Zustand des Menschen

heißt Dwapara und wenn er zum allgemeinen natürlichen Zustand der menschlichen Wesen irgendeines Sonnensystems wird, bezeichnet man das Zeitalter dieses ganzen Systems als Dwapara-Yuga. (siehe 5.Kapitel „Die Macht der Zyklen")

3. Sphäre - Swarloka (zwischen der Sonne und dem Polarstern - „Yogis"), die Sphäre der magnetischen Pole und Auren (Elektrizitäten);
- **Swarloka,** da diese Sphäre durch die Abwesenheit der ganzen Schöpfung – sogar der Sinnesorgane und ihrer Gegenstände (der feinstofflichen Dinge) gekennzeichnet ist, wird sie Mahasunya (die große Leere) genannt. In diesem hingebungsvollen Zustand, in dem der Mensch sein Selbst von Bhuvarloka, der Welt der elektrischen Eigenschaften zurückzieht, gelangt er zu Swarloka, der Welt der magnetischen Eigenschaften, der Elektrizitäten und Pole. Dann ist er fähig, Chitta (das Herz), den dritten, magnetischen Teil der Schöpfung zu verstehen. Dieses Chitta ist das vergeistigte Atom (die Unwissenheit), ein Teil der Dunkelheit (Maya). Wenn der Mensch dieses Chitta erfasst hat, kann er sowohl die Welt der Dunkelheit (Maya) selbst, zu der das Chitta gehört, als auch die ganze Schöpfung verstehen. Dann wird er Vipra genannt und gehört zur nahezu vollkommenen Menschenklasse. Dieser Zustand des menschlichen Wesens wird Treta genannt; und wenn er zum allgemeinen, natürlichen Zustand der Menschen irgendeines Sonnensystemes wird, so bezeichnet man das Zeitalter dieses Systems als Treta-Yuga. (Zyklus)

4. Sphäre - Maharloka (zwischen der Erde und der äußeren Grenze des Sonnensystems), die Sphäre der Magneten oder des Atoms; Alle diese Räume bedeuten die besonderen magnetischen Ströme, die Wellen der Substanz und die Grade der Annährung, die das Bewusstsein des Yogi in die Richtung zur Assimilation mit den Bewohnern der Lokas durchmacht.
- **Maharloka,** die Sphäre des Atoms, der Beginn der Erschaffung der Dunkelheit (Maya), die den GEIST widerspiegelt. Diese ist das Bindeglied, der einzige Weg, der von der geistigen zur materiellen Schöpfung führt, und wird Dasamadwara (Tür) genannt. Wenn sich der Mensch Gott immer mehr nähert, erhebt er sein Selbst zu Maharloka, der Region des Magneten und des Atoms. Dort ist der Zustand der Unwissenheit überwunden, und das Herz isst vollkommen frei von allen äußeren Vorstellungen. Dann ist der Mensch fähig, das geistige Licht (Brahma) oder das wahre Wesen des Universums, den letzten und ewig während geistigen Teil der Schöpfung zu erkennen. In diesem Stadium des menschlichen Wesens heißt Satya; und wenn er zum allgemeinen und natürlichen Zustand der Menschen irgendeines Sonnensystemes wird, bezeichnet man das Zeitalter dieses ganzen Systems als Satya-Yuga. (Zyklus)

5. Sphäre - Janaloka (jenseits des Sonnensystems, die Wohnung der Kumaras), die Sphäre der Geistigen Widerspiegelung, der Söhne Gottes;
- **Janaloka,** die Sphäre der geistigen Strahlung oder der Söhne des Gottes, in der die Vorstellung von einem getrennten Daseins des SELBST entsteht. Da

die Sphäre sich jenseits des Fassungsvermögens irgendeines Wesens in der Schöpfung der Dunkelheit (Maya) befindet, wird sie Alakshya, die Unbegreifliche genannt. In diesem Stadium wird er Jivanmukta Sannyasi genannt, wie **Jesus von Nazareth.**

6. Sphäre - Tapoloka (noch jenseits der Mahatmischen Region, die Wohnung der Vairaja Gottheiten), die Sphäre des Heiligen oder Universalen Geistes;
– **Tapoloka**, die Sphäre des Heiligen Geistes, der ewigen Geduld, denn sie bleibt ewig von allen begrenzten Vorstellungen unberührt. Da sie selbst für die Söhne Gottes nicht erreichbar ist, wird sie Agma (die Unzugängliche) genannt. In diesem Stadium erkennt der Mensch, dass er nichts weiter ist als ein flüchtiger Gedanke, der auf einen Bruchteil des universalen Heiligen Geistes Gottes ruht, und er opfert sein Selbst auf diesem Altare Gottes, des Heiligen Geistes, d.h. er gibt die nichtige Vorstellung seines getrennten Daseins auf, und verschmilzt mit dem universalen Heiligen Geist, So erreicht er Tapoloka, die Region des Heiligen Geistes.

7. Sphäre - Satyaloka (die Wohnung der Nirvanis und Mokshas), die Sphäre Gottes oder des Höchsten Wesens – Sat. Von diesen sieben Sphären bilden die ersten drei (Bhuloka, Bhuvarloka und Swarloka) die materielle Schöpfung oder das Reich der Dunkelheit (Maya) und die letzten drei (Janaloka, Tapoloka und Satyaloka) das geistige Reich oder Reich des Lichts. Maharloka, die Sphäre des Atoms, die in der Mitte liegt, ist die vermittelnde „Tür" zwischen der materiellen und ideellen Schöpfung und wird Dasamadvara (die zehnte Tür) oder Brahmaranda (der Weg zur Göttlichkeit) genannt.

– **Satyaloka**, die Sphäre Gottes des einzig wahren Wesens (SAT) im ganzen Universum. Kein Name kann sie beschreiben, noch kann sie mit irgendetwas in der Schöpfung der Dunkelheit oder des Lichts bezeichnet werden. Daher wird die Sphäre Anama (die Namenlose) genannt. Wenn man die nichtige Vorstellung seines getrennten Daseins aufgibt und Satyaloka betritt, wird er den Zustand endgültiger Befreiung oder Kaivalya, d.h. Vereinigung mit dem GEIST, erreichen.

Die nächsten sieben sind die „**Schankhya Kategorie**". Diese zweite Reihe wird reflektiert.

Brahmaloka, Pitriloka, Somaloka, Indraloka, Gandharvaloka, Rakschasaloka, Yakschaloka.

Die nächsten sieben sind die **Vedantische**, die Annährung an die esoterische Lokas; 3.Kategorie sind die höllische (irdische) Lokas:

7. Sphäre - Atala, Der Atmische oder Aurische Zustand oder Ort, er emaniert unmittelbar aus der Absolutheit und ist das Etwas im Weltall. Seine Entsprechung ist die Hierarchie der nichtsubstanziellen ursprünglichen Wesen, an einem Ort, der (für uns) kein Ort, in einem Zustande, der kein Zustand ist. Diese Hierarchie enthält den ursprünglichen Plan, alles, was war, ist und sein wird, vom Anfang bis zum Ende des

Mahamanvantara. Hier sind die Hierarchien der Dhyani Buddhas. Ihr Zustand ist der von Parasamadhi, des Dharmakaya, ein Zustand, in dem kein Fortschritt möglich ist.

6. Sphäre – Vitala, Hier sind die Hierarchien der himmlischen Buddhas oder Bodhisattva, von denen es heißt, dass sie aus den sieben Dhyani Buddhas emanieren. Es wird auf Erden mit Samadhi, mit dem Buddhischen Bewusstsein im Menschen in Beziehungen gebracht. Kein Adept, außer einem kann höher sein als dieses und dabei leben, wenn er in den Atmischen oder Dhaymakaya-Zustand übergeht, kann er nicht mehr auf die Erde zurückkehren. Diese zwei Zustände sind hypermetaphysisch.

5. Sphäre - Sutala, Ein Differenzialzustand, der auf Erden dem Höheren Manas entspricht, und daher dem Shabda (Ton), dem Logos unserem Höheren Ich, und auch dem Manushi Buddha Zustand, gleich dem des Gautama auf Erden. Das ist das Studium von Samahi; hierhin gehören die Hierarchien der Kumaras.

4. Sphäre – Talatala (oder Karatala), entspricht Sparsha (Berührung) und den Hierarchien der ätherischen, halbobjektiven Chohans der Astralmaterie der Manas oder des reinen Strahles von Manas, das mit Niedere Manas vor seiner Vermischung mit Kama ist. Sie werden Sparsha Devas, die mit Gefühl begabten Devas genant. Diese Hierarchien der Devas sind progressiv, die ersten haben einen Sinn, die zweiten zwei, und sofort bis sieben. Ein jeder enthält alle Sinne potentiell, aber noch nicht entwickelt

3. Sphäre - Rasatala, entspricht den Hierarcheien der Rupa oder Gesichtgötter, die drei Sinne besitzen; Gesicht, Gehör und Gefühl. Diese sind die Kama-Manasishen Wesenheiten und die höheren Elementale. Es entspricht auf Erden einem künstlichen Bewusstseinszustand, wie er durch Hypnotismus und Drogen hervorgebracht wird.

2. Sphäre - Mahatala, entspricht den Hierarchien der Rasa- oder Geschmack- Devas und begreift einen Bewusstseinszustand in sich, der die niederen fünf Sinne und Emanationen des Lebens und Daseins umfasst. Es entspricht dem Kama und Prana im Menschen, und den Salamandern und Sylphen in der Natur.

1. Sphäre – Patala, entspricht den Hierarchien der Ganha, oder Geruch-Devas; Der Unterwelt oder den Antipoden; Myalba. Die Sphäre der unvernünftigen Tiere, die kein Gefühl haben außer dem der Selbsterhaltung und der Befriedigung der Sinne, auch der intensiv wachenden oder schlafenden Menschenwesen. Das ist der Grund, warum von Narada gesagt wird, dass er Patala besucht habe, als er verflucht wurde, wiedergeboren zu werden. Es ist der irdische Zustand und entspricht dem Geruchssinne. Hier sind auch animalische Dugpas, Elementale von Tieren und Naturgeister.

Nun sind alle diese **vierzehn Pläne** von außen nach innen, und die **sieben Göttlichen**

Bewusstseinszustände, durch die Mensch hindurchgehen kann und hindurchgehen muss, sobald er entschlossen ist die sieben Pfade und Pforten des Dhyani zu durchschreiten. Man braucht nicht entkörpert zu sein, denn all das wird auf Erden erreicht und in einer oder vielen der Inkarnationen. Die vier niederen Welten werden von dem Inneren Menschen mit der vollen Mitwirkung der göttlicheren Teile oder Element des Niederen Manas (Sinnesbewusstsein), und bewusst vom persönlichen Menschen durchgemacht. Die drei höheren Zustände können von den letzteren nicht erreicht und im Gedächtnis behalten werden, wenn er nicht ein voll initiierter Adept ist. Ein Hatha Yogi wird niemals psychisch über den Maharloka und über das Talatala hinausgehen. Um ein Radscha Yogi zu werden, muss man bis zur siebenten Pforte, bis zum Satyaloka emporsteigen. Denn so, sagen uns die Meister-Yogis ist das Genus des Yajna oder Opfers. Wenn die Bhu, Bhuvar und Svarloka (Zustände) einmal durchschritten sind und das Bewusstsein des Yogis in Maharloka zentriert ist, dann ist es auf dem letzten Plane oder Zwischenzustand vor der gänzlichen Identifikation des Persönlichen und des Höheren Manas. Während die irdischen Zustände auch die sieben Abteilungen der Erde als Pläne und Zustände sind, ebenso sehr wie sie Kosmische Abteilungen sind, sind die göttlichen Saptaloka rein subjektiv, und beginnen mit dem psychischen Atrallichtplane und endigen mit dem Satya- oder Jivanmukta- Zustand. Die vier niederen sind mit allen ihren Bewohnern vergänglich und die drei höheren ewig d.h. die ersteren Zustände dauern nur einen Tag des Brahma und ändern sich mit jedem

Kapla (Zyklus); die letzteren dauern durch ein Zeitalter des Brahma.

Es gibt Millionen und Millionen von Bewusstseinzuständen, so wie es Millionen und Millionen von Blättern gibt, aber so wie ihr nicht zwei gleiche Blätter finden könnt, so könnt ihr auch nicht zwei gleiche Bewusstseinzustände finden; niemals wiederholt sich ein Zustand genau wieder. Das Gehirnbewusstsein hängt von der stärke des Höheren Selbst über das Niedere ausgesogenen Lichte ab. Das Gehirngemüt ist bedingt durch das bereitwillige Antworten des Gehirns auf diesem Licht.

Das Ego. Einer der besten Beweise dafür, dass es ein Ego, ein wahres Feld des Bewusstseins gibt, dass ein Bewusstseinszustand niemals genau wiederholt wird, wenn man hundert Jahre lebt und durch Milliarden über Milliarden hindurchgehen sollte. Wie viele Zustände und Unterzustände gibt es an einem Tag, es wäre unmöglich Zellen genug für alle zu haben. Das wird euch zu dem Verständnisse verhelfen, warum einige Zustände und abstrakte Dinge dem Ego nach Devachen folgen, und warum sich andere nur im Raum zerstreuen. Z. B. eine edle Handlung ist unsterblich und geht mit in Devachen ein, indem sie einen wesentlichen Bestandteil der Lebensgeschichte der Persönlichkeit bildet.

Kama - Pranisches Bewusstsein. Das allgemeine Lebensbewusstsein, das der ganzen objektiven Welt angehört, sogar den Steinen, den wenn die Steine nicht lebendig wären, könnten sie nicht verfallen,

Funken sprühen usw. Verwandtschaft zwischen chemischen Elementen ist eine Offenbarung dieses Kamischen Bewusstseins.

Kama - Manasisches Bewusstsein. Das instinktive Bewusstsein der Tiere und Idioten in seinen niedersten Graden, die Pläne der sinnlichen Empfindungen: im Menschen sind diese rationalisiert, z.B. ein in einem Zimmer eingeschlossener Hund hat den Instinkt herauszukommen, aber er kann nicht, weil sein Instinkt nicht genügend vernünftig geworden ist, um die notwendigen Mittel zu ergreifen, während ein Mensch sofort die Situation erfasst und sich frei macht. Der höchste Grad dieses Kama - Manasischen Bewusstseins ist der psychische, und so gibt es sieben Grade vom instinktiven animalischen bis zum rationalisierten instinktiven und psychischen.

Objektives Bewusstsein. Sinnliches objektives Bewusstsein schließt alles in sich, was zu den fünf körperlichen Sinnen im Menschen gehört und herrscht in Säugetieren, Vögeln, Fischen und einigen Insekten.

Astrales Bewusstsein. Die Wirbeltiere im Allgemeinen sind ohne dieses Bewusstsein, aber die plazentalen Säugetiere haben alle Möglichkeiten des menschlichen Bewusstseins, obwohl sie gegenwärtig natürlich schlummern. Idioten leben auf diesem Plane, der gewöhnliche Ausdruck „ er hat seinen Verstand verloren" ist eine geheime Wahrheit. Denn wenn durch Entsetzen oder eine andere Ursache das

niedere Gemüt gelähmt wird, dann ist das
Bewusstsein auf dem Astralplane. Dieser Sinn ist
sehr entwickelt bei Tauben und Stummen.

Die Zirbeldrüse. Das besondere körperliche
Werkzeug der Wahrnehmung ist das Gehirn und der
Ort der Wahrnehmungen liegt in der Aura der
Zirbeldrüse. Diese Aura antwortet auf alle Eindrücke
mit Schwingungen, aber sie kann beim lebendigen
Menschen nur empfunden, nicht wahrgenommen
werden. Während eines sich im Bewusstsein
offenbarenden Gedankenvorganges findet eine
beständige Schwingung in dem Lichte dieser Aura
statt, und ein Hellsehender, der auf das Gehirn eines
lebendigen Menschen sieht, kann die sieben Stufen,
die sieben Schattierungen des Lichtes, die von der
gedämpftesten bis zur hellsten übergehen, nahezu
zählen und mit dem geistigen Auge sehen. Ihr
berührt eure Hand, bevor ihr sie berührt, die
Schwingung ist bereits in der Aura der Zirbeldrüse
und hat ihre eigene Farbenschattierung. Diese Aura
ist es, die durch die von ihr eingeleiteten
Schwingungen die Abnützung des Organs
verursacht. Das in Schwingung versetzte Gehirn
überträgt die Schwingungen auf das Rückenmark
und so auf den Rest des Körpers. Sorge sowie
Glücklichkeit veranlassen diese starken
Schwingungen und nützen so den Körper ab.
Mächtige Schwingungen der Freude oder Sorge
können auf diese Art töten, z. B. Schlaganfall.

Die Ursprünglichen Ursachen der Schöpfung bilden
den Kausalkörper, **Pancha Tattwa**. Dieses
vergeistigte Atom (Chitta, das Herz) ist die

manifestierte Abstoßung und erzeugt aus seinen fünf verschiedenen Teilen fünf Arten von elektrische Auren: eine aus der Mitte, zwei aus der den beiden äußeren Enden und zwei aus den Zwischenräumen zwischen der Mitte und den beiden äußeren Enden. Da diese fünf Arten von Elektrizität unter dem Einfluss der universalen Liebe (des Heiligen Geistes) stehen und zum wahren Wesen (SAT) hingezogen werden, erzeugen sie ein magnetisches Feld, das Intelligenzkörper (Sattva Buddhi) genannt wird. Und da diese fünf Elektrizitäten die Ursache aller anderen erschaffenen Dinge sind, werden sie Pancha Tattwa, die fünf ursprünglichen Ursachen genannt und als Mentalkörper des Purushas (des Sohnes Gottes) betrachtet.

Drei Gunas, die elektrischen Eigenschaften. Diese Elektrizitäten, die sich aus dem polarisierten Chitta entwickelt haben, befinden sich daher ebenfalls in einem polarisierten Zustand und besitzen seine drei Eigenschaften oder Gunas: Sattva, die positive, Tamas, die negative, und Rajas, die neutralisierende.

Jnanendriyas, die fünf Sinnesorgane. Diese Positiven Eigenschaften dieser fünf Elektrizitäten sind die Jnanendrayas oder Sinnesorgane, d.h. die Geruchs-, Geschmacks-, Seh-, Tast- und Hörorgane. Und da sie durch den Einfluss von Manas, den Sinnesbewusstsein, welches der gegenüberliegende Pol des vergeistigten Atoms ist, angezogen werden, bilden sie einen Körper aus ihm.

Karmendriyas, die fünf Organe des Handelns. Die neutralisierenden Eigenschaften der fünf

Elektrizitäten sind die Karmnedriyas oder Organe des Handelns, d.h. die Organe der Ausscheidung, Zeugung, Sprache, Fortbewegung (Füße) und Fingerfertigkeit (Hände). Da diese Organe die Offenbarungen der neutralisierenden Energie des vergeistigten Atoms (Chitta, des Herzens) sind, bilden sie einen energetischen Körper, welcher Energiekörper oder Prana, Lebenskraft genannt wird.

Vishaya oder Tanmatras, die fünf Sinnesgegenstände. Die negativen Eigenschaften der fünf Elektrizitäten sind die fünf Tanmatras oder Gegenstände der Sinne des Riechens, Schmeckens, Sehens, Fühlens und Hörens, die durch die neutralisierende Kraft der Organe des Handelns mit den Sinnesorganen verbunden werden und so die Wünsche des Herzens befriedigen.

Lingasaria, der feinstoffliche Körper. Diese fünfzehn Eigenschaften mit den zwei Polen des vergeistigten Atoms (Sinnesbewusstsein und Intelligenz) bilden den Lingasaria oder Sukshmasaria, den feinstofflichen Körper des Purusha (des Sohns Gottes):

Wenn die vorerwähnten fünf Gegenstände, die negativen Eigenschaften der fünf Elektrizitäten, sich miteinander verbinden, erzeugen sie die Vorstellung der groben Materie mit ihren fünf Formen Kshiti (feste Stoffe), Ap (Flüssigkeit), Tejas (Feuer), Marut (gasförmige Stoffe) und Akasha (Äther).
Diese fünf Formen der groben Materie mit den vorerwähnten 15 Eigenschaften und Manas (dem

Geist oder Sinnesbewusstsein), Buddhi (der unterscheidenden Intelligenz), Chitta (dem Herzen oder der Gefühlskraft) und Ahamkara (dem Ich) bilden die 24 ursächlichen Kräfte der Schöpfung.

Grobstofflicher Körper. Wenn die vorerwähnten fünf Gegenstände, die negativen Eigenschaften der fünf Elektrizitäten, sich miteinander verbinden, erzeugen sie die Vorstellung der groben Materie, die wir in fünf verschieden Formen wahrnehmen, nämlich als Kshiti, Ap, Tejas, Marut und Akasha. Diese bilden die äußere Hülle, die Sthulasarira oder grobstofflicher Körper des Purusha (des Sohnes Gottes) genannt wird.

Die 24 Grundgedanken/Ältesten. Diese fünf grobstofflichen Formen und die vorerwähnten 15 Eigenschaften plus Manas, Buddhi, Chitta, und Ahamkara bilden die in der Bibel erwähnten 24 Urkräfte oder Ältesten. Diese 24 Grundgedanken, welche die Erschaffung der Dunkelheit (Maya) vollenden, sind nicht anders als die Evolution der Unwissenheit (Avidya). Und da diese Unwissenheit nur aus Vorstellungen besteht, hat die Schöpfung kein wirkliches Dasein, sondern ist nur ein Gedankenspiel des Höchsten Wesens, Gottvaters.

Der Purusha wird von fünf Koshas (Hüllen) umgeben. Dieser Purusha oder Sohn Gottes wir von fünf Hüllen, den sogenannten Koshas, verdeckt. Herz – das erste Kosha. Die erste dieser fünf ist das Herz (Chitta), das zuvor beschriebene, aus vier Vorstellungen bestehende Atom, das fühlt und genießt und somit der Sitz der Glückseligkeit (Ananda) ist und Anandamaya Kosha genannt wird.

Buddhi – das zweite Kosha. Die zweite ist die magnetische Aura der Elektrizitäten, der Manifestation des Buddhi (der Intelligenz), welche die Wahrheit erfassen kann. Daher ist sie der Sitz des Wissens (Jnana) und wird Jnanamaya Kosha genannt.

Manas – das dritte Kosha. Die dritte ist der Körper des Manas oder Sinesbewusstseins, der sich, wie zuvor beschrieben, aus den Sinnesorganen zusammensetzt und Manamaya Kosha genannt wird.

Prana – das vierte Kosha. Die vierte ist der Energiekörper (Lebenskraft oder Prana), der sich aus Organen des Handelns zusammensetzt und daher Pranamaya Kosha geannt wird.

Grobe Materie – das fünfte Kosha. Die fünfte und letzte dieser Hüllen ist die große Materie, die äußere Hülle des Atoms, die zu Anna (Nahrung) wird, um die sichtbare Welt zu erhalten, und daher Annamaya Kosha genannt wird.

Tätigkeit der Liebe. Wenn der Vorgang der Abstoßung, der Manifestation der allmächtigen Kraft, beendet ist, beginnt der Vorgang der Anziehung (die Offenbarung der allmächtigen Liebe im innersten Herzen). Da sich die Atome unter dem Einfluss dieser allwissenden Liebe oder Anziehungskraft gegenseitig anziehen, kommen sie sich immer näher und nehmen ätherische, gasförmige, feurige, flüssige und feste Formen an.

Unbeseeltes Reich. Auf diese Weise wird diese sichtbare Welt mit Sonnen, Planeten und Mondes ausgestattet, die wir als das unbeseelte Reich der Schöpfung bezeichnen.

20. Kapitel

Zeitlose Weisheit

Es gibt drei Kategorien von Menschen auf dem Weg des spirituellen Fortschritts menschlicher Entwicklung und sie sind wie folgt einzuteilen:

1. Der Mensch, der unwissend in der Welt lebt, angezogen und abgestoßen von den Dingen um ihn der, zu Taten getrieben durch seine eigenen unbeherrschten Leidenschaften und Begierden, dies ist die unwissende Phase.
2. Der Mensch, der gerade lernt, dass die Natur feste Gesetze hat, und feststellt, dass er dadurch, dass er mit ihnen arbeitet, viel mehr Macht gewinnt als er in den Tagen seiner Unwissenheit, dies ist die Phase des Lernens.
3. Der Mensch, der erkannt hat, dass es geistige Gesetze gibt und jetzt lernt, ihnen zu gehorchen. Er weiß Bescheid über Reinkarnation und Karma und die ethischen und moralischen Gesetze, die den Fortschritt seiner eigenen Seele und die anderer bestimmen. Er ist sich bewusst, dass äußere Dinge nur zum Zwecke der sich entwickelnden Seele existieren, und lebt gemäß dieses Wissen. Er ist am Ziel auf dem Weg der Weisheit angekommen und er anerkennt die folgenden Weisheiten:

Maya oder Täuschung. So wie sich die Dinge, die wir im Traum sehen, beim Erwachen als unwirklich erweisen, so sind auch unsere Wahrnehmungen im Wachzustand unwirklich und nichts anders als Schlussfolgerungen.

Schlaf- und Wachzustand. Wenn der Mensch seine Vorstellung von der grobe Materie, die er im Wachzustand wahrnimmt, mit seinen Wahrnehmungen während des Traumzustands vergleicht, führt ihn die Ähnlichkeit zwischen beiden zu der Schlussfolgerung, dass diese äußere Welt ebenfalls nicht das ist, was sie zu sein scheint. Nach weiteren Erklärungen suchend, stellt er fest, dass alle Wahrnehmungen im Wachzustand in Wirklichkeit nicht anders als bloße Vorstellungen sind, die durch die Vereinigung der fünf Sinnesgegenstände (der negativen Eigenschaften der fünf inneren Elektrizitäten) mit den fünf Sinnesorganen (der positiven Eigenschaften derselben) verursacht werden, und zwar durch Vermittlung (den neutralisierenden Eigenschaften der Elektrizitäten). Diese Vereinigung wird durch die Tätigkeit des Sinnesbewusstseins (Manas) bewirkt und von der Intelligenz, dass alle Vorstellungen, die der Mensch im Wachzustand bildet, nur abgeleiteter Natur d.h. das Ergebnis bloßer Schlussfolgerungen sind.

Befreiung, das oberste Ziel. Wenn der Mensch- sei es auch nur durch Schlussfolgerung- das wahre Wesen dieser Schöpfung und sein wahres Verhältnis zu ihr erkennt, wenn er ferner weiß, dass er durch den Einfluss der Dunkelheit (Maya) gänzlich in die Irre geführt worden ist und in Knechtschaft gelebt hat und dass es einzig und alleine diese Dunkelheit ist, die ihn sein zweites SELBST vergessen lässt und all sein Leiden verursacht, sehnt er sich natürlich danach, von allen diesen Übeln befreit zu werden. Dann wird die Erlösung von dem Übel, die Befreiung aus der Knechtschaft der Dunkelheit (Maya) zum obersten Ziel seines Lebens.

Verweilung im SELBST ist Befreiung. Wenn sich der Mensch über die Ideen-Schöpfung der Dunkelheit (Maya) erhebt und sich ganz ihrem Einfluss entzieht, wird er aus der Knechtschaft befreit und findet zu seinem wahren SELBST, dem Ewigen GEIST.

Befreiung bedeutet Erlösung. Wenn der Mensch auf diese Weise erlöst worden ist, wird er von allen Sorgen befreit und alle Wünsche seines Herzens werden erfüllt. Dann hat er sein höchstes Ziel erreicht.

Warum der Mensch leidet. Solange sich der Mensch jedoch mit seinem stofflichen Körper identifiziert und keine Ruhe in seinem wahren SELBST findet, solange rufen die unbefriedigten Wünsche seines Herzens eine entsprechende Sehsucht hervor. Und um diese zu befriedigen, muss er viele Male in Fleisch und Blut auf der Bühne des Lebens erscheinen, wo er dem Einfluss der Dunkelheit (Maya) unterworfen ist und nicht nur gegenwärtig, sondern auch zukünftig alle Leiden des Lebens und des Todes durchmachen muss.

Unwissenheit. Unwissenheit (Advidya) ist die falsche oder irrtümliche Vorstellung von der Existenz dessen, was nicht existiert. Aufgrund von Avidya glaubt der Mensch, dass diese Welt der Materie das einzige sei, was wirklich existiert, und

dass es darüber hinaus nichts gebe. Dabei vergießt er, dass diese irdische Schöpfung kein wirkliches Dasein hat und nichts anders ist als ein Gedankenspiel des Ewigen GEISTES, des einzig wahren Wesens, dass niemand in der Welt der Materie erfassen kann. Diese Unwissenheit ist nicht nur ein Leiden an sich, sondern auch die Quelle alle anderen menschlichen Leiden.
Unwissenheit ist die Quelle aller Leiden. Um zu verstehen, warum diese Unwissenheit die Quelle alle anderen Leiden ist, müssen wir uns vergegenwärtigen, dass Unwissenheit (Avidya) individuelle Täuschung bedeutet und nichts anderes ist als ein Partikel der Dunkelheit (Maya) und dass es als solches auch beide Eigenschaften der Maya besitzt. Die eine besteht in der Macht, Dunkelheit zu verbreiten, durch deren Einfluss der Mensch gehindert wird, irgendetwas jenseits der Welt der Materie zu begreifen. Und diese Macht der Dunkelheit erzeugt Asmita (Egoismus), eine Identifizierung des SELBST mit dem grobstofflichen Körper; dieser aber ist nichts als eine Entfaltung des Atoms, der Partikel der universellen Kraft. Ferner erzeugt sie Abhinivesa oder blindes Beharren in dem Glauben, dass diese grobstoffliche Schöpfung letzte Gültigkeit hat. Die zweite Eigenschaft der Maya bewirkt, dass die Unwissenheit in ihrem polarisierten Zustand gewisse Dinge anzieht und andere abstößt. Die Dinge, die auf diese Weise angezogen werden, sind die Gegenstände des Genusses, zu denen eine Neigung (Raga) entsteht. Die Gegenstände, die abgestoßen werden, erzeugen Schmerz und ihnen gegenüber entsteht eine Abneigung (Dweska).

Warum der Mensch gebunden ist. Durch den Einfluss dieser fünf Übel (Unwissenheit, Egoismus, Zuneigung, Abneigung und beharrliches Festhalten an der grobstofflichen Schöpfung) wird der Mensch zu egoistischen Handlungen verleitet, und folglich leidet er.

Das oberste Ziel des Herzens. Die Überwindung allen Leidens ist das nächstliegende Ziel (Artha) des menschlichen Herzens. Dieses Leiden völlig aufzuheben und ihre Wiederkehr zu verhindern ist das oberste Ziel.

Die wahren Bedürfnisse. Der Mensch hat von Natur aus großes Verlangen nach SAT (Dasein), Chit (Bewusstsein) und Ananda (Glückseligkeit): Diese drei sind die wahren Bedürfnisse des menschlichen Herzens und haben nichts mit den Dingen außerhalb seines Selbst zu tun. Sie sind die wesentlichen Eigenschaften seines wahren SELBST.

Wie der Mensch Glückseligkeit erlangt. Wenn der Mensch das Glück hat, die Gunst eines heiligen Wesens zu gewinnen und wenn er dessen heilige Lehren hingebungsvoll befolgt, wird er fähig, seine ganze Aufmerksamkeit nach innen zu richten und alle Wünsche seines Herzens zu befriedigen. Dann erlangt er Zufriedenheit oder Ananda (wahre Glückseligkeit).

Wie das Bewusstsein in Erscheinung tritt. Wenn das Menschen Herz auf diese Weise befriedigt worden ist, kann er seine Aufmerksamkeit auf irgendeinen beliebigen Gegenstand richten und ihn von jedem Standpunkt aus verstehen. Dann entwickelt sich allmählich Chit, die Kenntnis von den verschiednen Entwicklungsstufen der Natur – bis zurück zur ersten und ursprünglichen

Offenbarung des Wortes (OM) und sogar bis zum Bewusstsein seines eigenen wahren SELBST. Und wenn der Mensch in diesem Strom versinkt und getauft wird, beginnt er Reue zu empfinden und zu seiner Göttlichkeit, dem Ewigen Vater, von dem er abgefallen war, zurückzukehren.

Wie das Dasein verwirklicht wird. Wenn sich der Mensch seiner wirklichen Lage und des Wesens dieser Schöpfung der Dunkelheit (Maya) bewusst wird, gewinnt er absolute Macht über sie und kann nach und nach alle Hüllen der Unwissenheit abwerfen. Wenn er sich dann von der Herrschaft dieser Schöpfung der Dunkelheit (Maya) befreit hat, erkennt er sein eigenes SELBST als das unzerstörbare, ewig bestehende, wahrhaftige Wesen. Dann tritt Sat, das Dasein des SELBST, ans Licht.

Wie das obere Ziel des Herzens erreicht wird. Wenn alle Bedürfnisse des Herzens- Sat (Dasein), Chit (Bewusstsein) und Ananda (Glückseligkeit) befriedigt worden sind, wird die Unwissenheit, die Mutter allen Übels beseitigt. Und dann schwinden alle materiellen Sorgen (die Ursachen unzähliger Leiden) für immer und das oberste Ziel des Herzens ist erreicht.

Wie der Mensch Erlösung findet. In diesem Zustand, in dem alle Wünsche befriedigt worden sind und das letzte Ziel erreicht ist, wird das Herz vollkommen geläutert; anstatt das geistige Licht nur wiederzuspiegeln, offenbart es dieses in voller Kraft. Wenn der Mensch so durch den Heiligen Geist geweiht oder gesalbt worden ist, wird er zum Christus einem Erlöser.

Dann betritt er das Reich des geistigen Lichtes und wird zum Sohn Gottes.

In diesem Zustand erkennt der Mensch, dass sein SELBST ein Bruchteil des universellen Heiligen Geistes ist. Dann gibt er die nichtige Vorstellung eines gesonderten Daseins auf und vereinigt sich mit dem ewigen Geist, d.h. wird eins mit Gottvater. Diese Vereinigung des SELBST mit Gott wird Kaivalya genannt und ist das höchste Ziel aller erschaffenen Wesen.

Geduld, Glaube und heilige Werke. Tapas bedeutet religiöse Buße oder Geduld in Freud und Leid. Swadhyay bedeutet Sravana (Studium mit Manana, tiefer Aufmerksamkeit). So entsteht Nididhyasana (echter Glaube) oder die richtige Vorstellung vom SELBS d.h. von dem, was ich bin, woher ich komme, wohin ich gehe, warum ich kam, und ähnliche Fragen, die das SELBST betreffen. Brahmanidhana ist die Taufe oder das Versinken des SELBST im Strom des heiligen Lautes (Pranava, OM), das heilige Werk, das zur Erlösung führt, und das einzige Mittel durch das der Mensch zu seiner Göttlichkeit, dem Ewigen Vater, von dem er abgefallen ist, zurückkehren kann.

Wie der heilige Laut entsteht. Dieser heilige Laut (Pranava - Sabda) entsteht von selbst, wenn man Sraddha (die Kraft der natürlichen Liebe des Herzens), Virya (sittlichen Mut), Smriti (echtes Verstehen) und Samadhi (wahre Konzentration) entwickelt.

Die Tugend der Liebe. Die natürliche Liebe des Herzens ist die erste Voraussetzung für einen heiligen Lebenswandel. Wenn das Herz diese Liebe, das himmlische Geschenk der Natur zu fühlen beginnt, werden alle Ursachen körperlicher Erregung beseitigt und alle körperlichen Funktionen normalisiert. Auch regt diese Liebe die Lebenskraft an, so dass alle Fremdstoffe auf natürliche Weise ausgeschieden werden, Körper und Geist des Menschen vollkommen gesunden und er die weise Lenkung der Natur richtig verstehen kann. Durch die Entfaltung dieser Liebe kann er sein eigenes SELBST sowie seine Umwelt richtig erkennen. Hat sich diese Liebe entfaltet, wird ihm die große Gunst zuteil, mit heiligen Menschen zusammenzukommen und dadurch für immer erlöst zu werden. Ohne diese Liebe kann der Mensch weder natürlich leben noch Umgang mit den richtigen Menschen pflegen, die im Stande sind, ihm zu helfen. Hingegen wird er oft durch die Fremdstoffe, die er seinem Körper unwissend zuführt in Erregung versetzt und leidet folglich an Körper und Geist. Er findet nirgendwo Frieden und das Leben wird ihm zu Last. Daher ist die Entwicklung dieser himmlischen Gabe der Liebe Voraussetzung zur Erlösung. Ohne diese Liebe ist es dem Menschen unmöglich auch nur einen Schritt in dieser Richtung zu tun. Ausdauer des sichtlichen Mutes erreicht man durch Yama d.h. durch strenges Vermeiden von: Grausamkeit, Unaufrichtigkeit, Begierde, unnatürlicher Lebensweise und unnötigem Besitz, ferner durch Niyama d.h. durch Befolgen der religiösen Gebote wie körperliche und geistige Reinheit (d.h. äußere und innere Reinigung des Körpers von allen Fremdstoffen, die wenn sie in Gärung geraten, allerlei Krankheiten im Körper hervorrufen, und Reinigung des Geistes von allen Vorurteilen und Dogmen, die den Menschen engherzig machen), Zufriedenheit in allen Lebenslagen und Befolgen der von den Heiligen gegebenen Gebote.

Die acht niedrigen Eigenschaften des Herzens. Wenn der sittliche Mut beständig geworden ist, werden alle Hindernisse auf dem Weg zur Erlösung überwunden. Es gibt acht verschiedene Hindernisse, nämlich Hass, Schuldgefühl, Furcht, Kummer, Verachtung, Rassenvorurteil, Ahnenstolz und Geltungsbedürfnis. Dies sind die acht niedrigen Eigenschaften des menschlichen Herzens.
Wie Großmut des Herzens entwickelt wird. Nach Überwindung dieser acht Hindernisse erlangt man Viratwan oder Mahattwam (Großmut des Herzens), die den Menschen befähigt, Asana (Verharren in einer ruhigen und bequemen Stellung), Pranayama (Herrschaft über Prana oder die elektrische Kraft in den unwillkürlichen Nerven) und Pratyahara (Zurückziehen der willkürlichen Nervenströme nach innen) zu üben. Durch diese Übungen kann der Mensch sein Herz befriedigen und sich an den Sinnesgegenständen freuen, wie es für Garhasthyasrama, den Familienstand, vorgesehen ist.
Wert des Pranayama. Der Mensch kann seine willkürlichen Nerven je nach Wunsch aktivieren oder wenn sie ermüden ruhen lassen. Wenn alle Nerven der Ruhe bedürfen, schläft er automatisch ein. Und da alle willkürlichen Nerven durch den Schlaf erfrischt werden, können sie danach wieder mit voller Kraft tätig sein. Die unwillkürlichen Nerven jedoch sind seinem Willen nicht unterworfen und seit seiner Geburt ununterbrochen in Tätigkeit. Da er keine Herrschaft übe sie hat, kann er ihre Tätigkeit in keiner Weise beeinflussen. Wenn diese Nerven ermüden, verlangen sie ebenfalls nach Ruhe und schlafen auf natürliche Weise ein. Dieser Schlaf

der unwillkürlichen Nerven wird Mahanidra, der große Schlaf oder Tod genannt, bei welchem Kreislauf, Atmung usw. aufhören und der stoffliche Körper langsam zu verfallen beginnt. Nach einer Weile, wenn dieser großer Schlaf vorüber ist, erwacht der Mensch mit all seinen Begierden und wird in einem neuen physischen Körper wiedergeboren, um seine verschiedenen Wünsche zu erfüllen. Auf diese Weise bleibt er an Leben und Tod gebunden und kann keine endgültige Befreiung finden.

Herrschaft über den Tod. Wenn der Mensch diese unwillkürlichen Nerven jedoch durch das vorerwähnte Pranayama unter seine Herrschaft bringt, ist er in der Lage, den natürlichen Verfall seines stofflichen Körpers aufzuhalten und die unwillkürlichen Nerven (in Herz, Lunge und anderen lebenswichtigen Organen) zeitweise zur Ruhe zu bringen, ähnlich wie während des Schlafs die willkürlichen Nerven. Nach einer solchen Ruhepause durch Pranayama werden die unwillkürlichen Nerven erfrischt und arbeiten wieder mit voller Kraft. Ebenso wie man nach dem Schlaf, wenn sich die willkürlichen Nerven ausgeruht haben, ganz von selbst wieder aufwacht, so erwacht am nach der vollkommenen Ruhepause des Todes wieder in einem neuen irdischen Körper. Der Yogi, der beharrlich Pranayama übt, gewinnt Herrschaft über Leben und Tod. Auf diese Weise verhindert er, dass der Körper frühzeitig verbraucht wird, was bei den meisten Menschen der Fall ist, und kann beliebig lange in seinem physischen Körper leben d.h. er kann sein Karma in seinem gegenwärtigen Körper austragen, all seine

Herzenswünsche befriedigen und sie so endgültig überwinden. Wenn er dann völlig geläutert ist, braucht er nicht mehr unter dem Einfluss der Dunkelheit (Maya) in diese Welt zurückzukehren und einen „ zweiten Tod" zu erleiden.
Notwendigkeit von Pratyahara. Der Mensch kann, wenn er will, jeden Gegenstand genießen. Wenn er während des Genusses jedoch seine Sinnesorgane auf den Wunschgegenstand richtet, kann er niemals Befriedigung finden, sondern wird feststellen, dass seine Wünsche sich ständig vermehren. Wenn er seine Sinnesorgane zu diesem Zeitpunkt aber sein inneres SELBST sichtet, ist sein Herz augenblicklich befriedigt. Darum ist das Üben Pratyahara - das die willkürlichen Nervenströme nach innen lenkt - ein wirkungsvolle Mittel zur Befriedigung irdischer Wünsche. Der Mensch muss sich so lange wiederverkörpern, bis er all seine irdischen Sehnsüchte befriedigt hat und frei von Wünschen ist.
Notwendigkeit von Asana. Ein Mensch kann nur dann normal fühlen oder denken, wenn er sich in einem heiteren Geisteszustand befindet. Die verschiedenen Körperteile des Menschen sind so harmonisch aufeinander abgestimmt, dass selbst bei der geringsten Verletzung der ganze Körper in Mitleidenschaft gezogen wird. Um also das Wesen eines Dinges richtig verstehen d.h., um es mit dem Herzen erfassen zu können, muss man Asana, ruhige und bequeme Stellung üben.
Smriti, das wahre Erfassen. Wenn der Mensch die oben erwähnten Übungen meistert, kann er alle Dinge im Herzen wahrnehmen oder fühlen. Dieses wahre Erfassen wird Smriti genannt.

Samadhi, wahre Konzentration. Wenn er dann seine Aufmerksamkeit fest auf einen so erfassten Gegenstand richtet und sich ganz mit ihm identifiziert als ob er seiner eigenen Natur ledig wäre, erreicht er den Zustand des Samadhi, der wahren Konzentration.
Pranava Sabda, das Wort Gottes. Und wenn er all seine Sinnesorgane auf deren gemeinsames Zentrum, das Sensorium oder Sushumnadwara (das Tor der inneren Welt) richtet, gewahrt er seinen gottgesandten Lichtkörper Radha und vernimmt den eigentümlich „pochenden" Laut (Pranava Sabda), das Wort Gottes.
Samayama, die Konzentration des Selbst. Aufgrund dieser Wahrnehmung glaubt der Mensch ganz von selbst an die Existenz des wahren geistigen Lichtes und zieht deshalb sein Selbst von der äußeren Welt zurück, um sich auf das Sensorium zu konzentrieren. Diese Konzentration des Selbst wird Samayana genannt.
Bhakti - Yoga, die Taufe oder die zweite Geburt des Menschen. Durch dieses Samayama, die Konzentration des Selbst auf das Sensorium wird der Mensch im heiligen Strom des Göttlichen Lautes getauft, d.h. darein versenkt. Diese Taufe wird Bhakti- Yoga genannt. In diesem Zustand fühlt der Mensch Reue, d.h. er wendet sich von der grobstofflichen Schöpfung der Dunkelheit ab und kehrt langsam zu seiner göttlichen Natur, dem Ewigen Vater, von dem er abgefallen ist, zurück; und indem er das Sensorium (das Tor) durchschreitet, tritt er in die innere Sphäre (Bhuvarloka) ein. Dieser Eintritt in die innere Welt

ist die zweite Geburt des Menschen. In diesem Zustand wird er Devata oder göttlichen Wesen. In der Bhagavad Gita Krishna sagt: „ Und schließlich, Arjuna: Yogis wissen, dass ich die Gottheit, das Brahman und der Adhyatma bin, der den ganzen Kosmos beherrscht, einschließlich des materiellen Universums, der Gottheiten, die göttlichen Zwecken dienen (der Adhidaivas), und der Geister, die alle Opferungen und Rituale durchdringen. Die Weisheit und Hingabe dieser Yogis, dieser weisen Seelen, nützt ihnen in ihrem ganzen Leben- und insbesondere in der Todesstunde, dem Zeitpunkt, wo die meisten Menschen verängstigt und verwirrt sind. Ebendarum ist spirituelle Weisheit so wichtig. Diese Yogis kennen wirklich ihren eigenen Atman, und so nehmen sie den Tod ruhig als selbstverständlich hin. Ihre Gotteserkenntnis ist auf ihrem Gipfelpunkt, wenn sie ihren Körper abwerfen. In diesem Augenblick wird ihr ganzes Bewusstsein eins mit meinem kosmischen Bewusstsein, und somit werden sie von der Wiedergeburt befreit".

Yoga. Die Yogis des Altertums entdeckten, dass der Schlüssel zum kosmischen Bewusstsein hauptsächlich in der Herrschaft über dem Atem liegt. Hierin besteht Indiens einzigartiger und zeitloser Beitrag zum Wissensschatz der Welt. Die Lebenskraft, die gewöhnlich durch die Herztätigkeit verausgabt wird, muss mit Hilfe einer atemberuhigenden Methode für höhere Funktionen frei gemacht werden.

Der Kriya -Yogi lernt, seine Lebenskraft geistig in einem Bogen um die sechs Rückenmarkzentren auf- und abwärts kreisen zu lassen (das Mark-, Nacken-,

Lenden-, Kreuzbein- und Steißbeinzentrum), die den zwölf astralen Tierkreiszeichen, d.h. dem symbolischen Kosmischen Menschen, entsprechen. Diese eine halbe Minute lang um das empfindsame Rückenmark des Menschen fließende Energie bewirkt einen subtilen Fortschritt in seiner Evolution; denn eine halbe Minute Kriya entspricht einen Jahr natürlicher geistiger Entwicklung. Das astrale Nervensystem des Menschen mit seinen sechs (durch Polarität zwölf) inneren Konstellationen, die um die Sonne des allwissenden geistigen Auges kreisen, steht in Wechselbeziehung zur physischen Sonne und den zwölf Tierkreiszeichen. Alle Menschen unterliegen daher dem Einfluss eines inneren und eines äußeren Universums. Die alten Rishis (Weisen) entdeckten, dass der Mensch sowohl durch seine irdische als auch durch seine himmlische Umgebung in einer Reihe von Zwölf Jahres-Zyklen auf dem natürlichen Entwicklungsweg vorangetrieben wird. Den heiligen Schriften zufolge benötigt der Mensch normalerweise eine Million Jahre krankheitsfreier Entwicklung, um seine menschliches Gehirn zu vervollkommnen und in das kosmische Bewusstsein einzugehen. Tausend in achteinhalb Stunden geübte Kriyas ermöglichen es dem Yogi, an einem einzigen Tag den gleichen Fortschritt zu erzielen, für den er auf dem natürlichen Entwicklungsweg tausend Jahre gebraucht hätte; mit anderen Worten: 365.000 Jahre geistiger Entwicklung in einem Jahr. In drei Jahren kann der Kriya - Yogi daher durch anhaltende geistige Bemühungen dasselbe Ergebnis erzielen, wozu die Natur eine Million Jahre benötigt. Dieser abgekürzte Kriya - Weg kann selbstverständlich nur von hoch entwickelten Yogis beschritten werden, die ihren Körper und ihr Gehirn unter der Führung eines Gurus sorgfältig vorbereitet haben und somit der Energie, die durch ein derartig intensives Üben erzeugt wird, standhalten können. Der Anfänger im Kriya- Technik morgens und abends nur 14 bis 24 Mal. Eine Anzahl von Yogis erreicht ihre Befreiung nach 6, 12, 24 oder 48 Jahren. Wenn ein Yogi stirbt, bevor er höchste Verwirklichung erreicht hat, strebt er aufgrund seines guten Karmas im nächsten Leben ganz von selbst wieder dem höchsten Ziel entgegen. Der Atem ist das Band, das die Seele an den Körper fesselt; Kriya aber durchtrennt dieses Band und bewirkt somit eine Verlängerung des Lebens und eine unendliche Erweiterung des Bewusstseins. Das ständige Tauziehen, das zwischen dem Geist und den körperverhafteten Sinnen stattfindet, kann durch Anwendung der Yoga- Technik beendet werden. Dann ist der Gottsucher endlich frei und kann das Erbe seines ewigen Reiches antreten. Dann weiß er, dass sein wahres Selbst weder an die körperliche Hülle noch an den Atem- Sinnbild seiner Versklavung durch den Sauerstoff und die natürlichen Triebe- gebunden ist.

Ein wahrer Yogi ist kein spiritueller Einsiedler, sondern ein Gott zugewandter, von Disziplin durchdrungener Mensch der ganz und gar in der Welt lebt. Der Yogi ist wahrlich überragend, der Heilige oder Sünder, Verwandte oder Fremde, Freunde oder Widersacher, ihm wohl Gesinnte oder sogar jene, die ihm Schlimmes wünschen, mit dem gleichen Blick ansieht.

Der wahre Yogi, dessen Denken, Wollen und Fühlen nicht mehr von körperlichen Trieben bestimmt wird, verbindet seinen Geist mit den überbewussten Kräften in der Wirbelsäule und lebt in dieser Welt so, wie Gott es für ihn geplant hat, er lässt sich weder von seinen alten Gewohnheiten noch von neuen unvernünftigen Beweggründen zwingen. Er hat seine höchste Erfüllung gefunden und ruht geborgen im Letzten Hafen, in der unerschöpflichen Glückseligkeit des GEISTES. Krishna hat die unbestreitbare Wirksamkeit der praktischen Yoga - Methoden mit folgenden Worten hervorgebracht. „Der Yogi ist größer als der enthaltsam lebende Asket, größer selbst als der Schüler auf dem Wege der Weisheit (Jnana- Yoga) oder dem Wege des Handelns (Karma-Yoga). Darum sei du, so mein Jünger Arjuna, ein Yogi."

Karma - Yoga (selbstloses Handeln). Der Yogi bringt alle Werke und alle Begierden nach den Früchten seiner Werke dem Göttlichen dar und er erlangt ewigen Frieden im Göttlichen. Jede Arbeit, die dieser Karma - Yogi verrichtet, wird leidenschaftslos ausgeführt und dies steigert die spirituelle Entfaltung.

Jnana - Yoga (richtiges Erkennen). Diese Yogis sind Menschen von Weisheit, sie vertreiben die Unwissenheit des Geistes und tilgen so vergangene Unreinheiten. Sie richten ihren geläuterten Geist immerzu auf die Göttlichkeit und bleiben vollständig ins Göttliche, ihr einziges Ziel, versunken. Dadurch gehen sie auf in Gott befreit, um nie wieder geboren zu werden.

Sannyasa (der Weg der Entsagung). Ein Mensch, der in der Welt arbeitet, ohne eine Belohnung zu erwarten oder zu brauchen, ist ein Sannyasin. Niemand kann mit der Gottheit eins werden, ohne

seine Begierden hinter sich zu lassen und sein Anhaften an den Früchten seiner Handlungen aufzugeben. Der Weg begierdelosen Handelns (Karma-Yoga) und der Weg der Entsagung (Sannyasa) mögen sich dem Anschein nach voneinander unterscheiden, aber das stimmt nicht. Alles spirituelle Wachstum beruht auf der Preisgabe von Anhaftungen und egoistischen Beweggründen.
„Bhagavad Gita" - Die Formen der Hingabe 6-7.
„Doch wisse, Arjuna, dass ich rasch zu jenen komme, die mir alle ihre Handlungen darbringen, ihren Sinn mit unbeirrbarer Hingabe auf mich ausrichten, mich als ihre höchste Wonne verehren und als ihr einziges Ziel im Leben betrachten. Weil sie mich so herzlich lieben, rette ich sie vor dem Kummer des Todes und dem endlosen Ozean der Wiedergeburt.
8. Es stimmt, dass ein Mensch dort ist, wo seine Gedanken sind. Also richte deinen Sinn auf mich. Sei in mich allein versunken. Lenke alle deine Hingabe auf mich. Finde deine Ruhe in mir. Unzweifelhaft wirst du dann zu mir gelangen und künftig in mir leben.
9. Wenn du noch nicht in der Lage bist, das Versunkensein in mich zu realisieren, dann löse dein Denken von der Welt ab und erreiche mich, indem du dich immer wieder auf mich konzentrierst. Ich weiß, auch dies mag dir Undurchführbar erscheinen, aber wie ich schon sagte: das Undurchführbare kann mit Hilfe regelmäßiger Übungen durchführbar gemacht werden.
10. Wenn du feststellst, dass du nicht genügend diszipliniert bist, um dich auf diese Weise zu konzentrieren, dann wandle zumindest all deine

weltlichen Handlungen in Verehrung um. Führe sie um meinetwillen aus. Verwende die Kraft der Gewohnheit, sodass sie deinem wahren Nutzen dient; mach es dir zur Gewohnheit, all deine Handlungen dem höchsten Herrn zu weihen. Auf diese Wiese wirst du zu meinem Werkzeug, und dein Denken, dein Bewusstsein, wird schrittweise geläutert; auch dies wird dich zu mir führen.
11. Aber wenn du nicht einmal das zu Stande bringst, dann verfolge eine andere Möglichkeit, die gleichermaßen wirkungsvoll ist. Suche Zuflucht bei mir, zähme deinen Geist und gib die Begierde nach den Früchten deiner Handlungen auf.
12. Wissen ist besser als der bloße Vollzug von Ritualen. Meditation ist besser als Wissen. Der Verzicht auf die Früchte der eigenen Taten ist besser als Meditation. Warum? Weil dem Aufgeben von Erwartungen sofort Frieden folgt!
„Bhagavad Gita" - Die meistgeliebten Gottesverehrer 13-14. „Arjuna, ich werde jetzt die Kennzeichen der Gottesverehrer aufzählen, die ich am herzlichsten liebe. Ich liebe denjenigen, der keine Feindschaft gegen irgendein Lebewesen hegt, der Hass mit Liebe vergilt, der allen gegenüber freundlich und mitfühlend ist. Ich liebe den Gottesverehrer, der über „ich" und „mein" hinaus ist, nicht beunruhigt durch Schmerz und nicht hoch gestimmt durch Freude; der einen festen Glauben hat, versöhnlich ist, immer zufrieden und immer über mich meditiert.
15. Ich liebe den friedlichen Gottesverehrer, der weder die Welt in Unruhe versetzt noch sich von der Welt beunruhigen lässt. Ich liebe jene, die frei von Furcht, Neid und anderen Störungen sind, welche

die Welt hervorbringt; die die Schläge des Lebens als verkappten Segen hinnehmen.

16. Ich liebe jene, die ihre weltlichen Pflichten erfüllen und sich dabei von den Lebensumständen nicht bekümmern und irritieren lassen. Ich leibe jene, die absolut nichts erwarten. Jene, die sowohl innerlich als auch äußerlich rein sind, sind mir gleichfalls sehr lieb. Ich liebe die Gottesverehrer, die bereit sind, mein Werkzeug zu sein, allen Forderungen nachkommen, die ich an sie stelle und doch nichts von mir erbitten.

17. Ich liebe jene, die nicht frohlocken oder Abscheu empfinden, die sich nicht grämen, sich nicht nach Besitztümern sehnen, sich nicht vom Schlechten oder Guten, das ihnen widerfährt und rings um sie geschieht, beeinflussen lassen und außerdem voller Hingabe mir zugewandt sind. Sie sind mir lieb, weil sie im Selbst (Atman) ruhen und nicht im Tumult der Welt.

18-19. Ich liebe Gottesverehrer, deren Einstellung gegenüber Freund oder Feind die gleiche ist, denen Ehre oder Schande, Hitze oder Kälte, Lob oder Kritik gleichgütig sind- die nicht bloß ihre Zunge im Zaun halten, sondern die auch innerlich still sind. Sehr lieb sind mir auch jene, die mit allen zufrieden und nicht an Dinge der Welt, nicht einmal an ein Zuhause, gebunden sind. Ich liebe jene, denen es im Leben einzig und allein darum geht, mich zu lieben. Wirklich, diese und all die anderen, die ich erwähnte, sind mir sehr leib.

20. Sieh mich als dein höchstes Ziel an. Lebe dein Leben in Übereinstimmung mit der unsterblichen Weisheit, in der ich dich hier unterwiesen habe, und setze diese Weisheit mit großem Glauben und hingebungsvollem Eifer in die Tat um. Ergib dich mir mit deinem ganzen Herzen und Sinn. Dann werde ich dich innig leiben, und du wirst über den Tod hinaus zur Unsterblichkeit gelangen.

„Bhagavad Gita" - Die Vereinigung des Feldes und sein Kenners 28.

„ Tatsächlich fügen die Seher des Wahren, die in jedem Menschen das Göttliche wahrnehmen, niemanden Schaden zu. Diejenigen, die diese Einheit nicht wahrnehmen, trennen sich von anderen ab und betrachten mithin manche als Freund und andere als Widersacher. Das sind diejenigen, die Schaden zufügen. Ebendiese Illusion der Getrenntheit verursacht alle Übeltaten, die der Mensch begeht! Wie kann einer, der den Atman wirklich kennt, denselben Atman in einem anderen verletzen? Wie ich schon oft wiederholte: Der wahre Atman - Seher erreicht die Gottheit und lässt Tod und Wiedergeburt hinter sich.

31. Das wahre Selbst (der Atman) hat, wie schon sagte, weder Anfang noch Ende. Es übersteigt die Prakriti. Obwohl es im Feld (dem Körper) wohnt, handelt dieser Kenner des Feldes nicht. Daher bleibt er unberührt von den Früchten des Handelns und unbefleckt von gutem oder schlechtem Karma

32. Dieses wahre innere Selbst ist tatsächlich geheimnisvoll, Arjuna. Es ist subtiler als das Subtilste. Wie Wasser, wenn es dampft (also in seinem subtilsten Zustand) ist, sich durch seine Umgebung nicht verschmutzen lässt, wird der Atman niemals befleckt, obwohl er in jedem Geschöpf wohnt.

34. Wisse schließlich Arjuna, dass das Ziel darin besteht, sich nicht in die Welt zu verstricken, sondern die Welt zu gebrauchen, um zur Göttlichkeit zu gelangen. Gebrauche dein Auge der Weisheit, deine Intuitionsgabe, dazu, zwischen dem Feld und dem Kenner zu unterscheiden. Dann kannst du dich wirklich vom Feld, von der Fesselung an das Weltliche, frei machen und zu mir, dem höchsten Ziel, gelangen."

Zum Schluss noch ein Hinweis an alle, die nach Glück suchen. Glück ist nicht etwas, was wir verdienen, bekommen und besitzen werden; es ist unser wahrer Selbst-Zustand. Alle die nach Glück suchen, sie suchen sich selbst.

21. Kapitel

Mantras oder Gebete

Mantras sind Sätze, die eine Idee oder auch mehrere Ideen in einem einzigen Satz, in der so genannten Mantra- Formel beinhalten und die Kraft oder Eigenschaft einer zu verehrenden Gottheit hervorheben. Wir können alle Mantras als Gebetsätze betrachten und sie in der Praxis als Meditationsstützen verwenden. Mantras sind also keine Zauberformeln und rufen auch keine solche und ähnliche Kraft hervor. Mantras sind Ideenausdrücke, die zur Verehrung, zur Verbindung mit der ihnen zugesprochenen Kraft, Wesenheit, Macht, Eigenschaft usw. dienen. Im Orient wird derjenige, der Mantras benützt, ohne Unterschied welchen Weg der Erkenntnis er schreitet, ob er sich mit Hatha-Yoga, Raja-Yoga oder mit einem anderen Yoga-System befasst, Mantra-Yogi genannt. Mantra-Yoga ist also der Gebrauch von Verehrungsformeln für Gottheiten und ihre Aspekte. Mantras dienen nicht nur dazu, eine Gottheit zu verehren, sondern mit der betreffenden Gottheit eine innige Verbindung herzustellen oder eine göttliche Idee mit wenigen Worten zum Ausdruck zu bringen. Welche Wesenheit von diesem oder jenem angebetet wird, ist Sache des einzelnen und richtet sich nach seiner geistigen, seelischen und karmischen Entwicklung. Wichtig dabei ist, dass er die Grundidee seiner Gottheit in Form von universalen Eigenschaften ohne Unterschied des Aspektes anerkennt und verehrt. Wenn man Mantras benützt werden die betreffenden Gottheiten die Verehrenden nicht mit Gaben überschütten, sonder dadurch wird der Astral- und Mentalkörper gereinigt. Wenn man die falsche Einstellung zu der das Mantra ausdrückenden göttlichen Eigenschaft hat, so bekommt man einen inneren Widerspruch und ist man außerstande in die Kraftsphäre der entsprechenden Gottheit einzudringen und wird entweder gar keinen Erfolg oder nur einen geringen Erfolg erzielen können. Falls einem eine orientalische Gottheit sympathisch ist, so dass er sich einem auf unserem Kontinent bestehenden Religionssystem und seiner Gottheit nicht anfreunden kann, so steht es ihm frei, eine ihm am besten zusagende orientalische Gottheit zu verehren. Dies ist ein Zeichen dafür, dass der Betreffende schon in einer früheren Inkarnation in der gewählten Religionssphäre gelebt hat.

Es gibt zwei Grundarten von Mantras a) die dualistische und b) die monistische Art, was sich stets nach der geistigen Entwicklung und dem angestrebten Zweck richtet. Dualistische Mantras sind solche, die einen die Gottheit Verehrenden auf die Basis stellen, dass er der Anbetende sei, und dass sich die von ihm verehrte Gottheit oder Wesenheit außerhalb seiner Persönlichkeit befindet. Mantras mit monistischem Inhalt geben dem Anbeter die Möglichkeit sich mit der zu verehrenden Gottheit oder Idee zu verbinden, und zwar nicht außerhalb sich, sondern in sich selbst, so dass sich der Anbeter als ein Teil, respektive direkt als die ihm verehrte Gottheit fühlt. Dualistische Mantras können allerdings auch monistischen Einschlag haben, indem sie die zu verehrende Gottheit in oder außerhalb sich personifizieren. Diese Mantras werden in Indien Saguna-Mantras genannt. Dagegen Mantras, die abstrakte Ideen, also universale Eigenschaften ausdrücken, mit welchen sich der Anbeter identifiziert, heißen in Indien Nirguna-Mantras. Der Anfänger wird dort zuerst mit Saguna-Mantras vertraut gemacht, ehe er sich soweit entwickelt, dass er in der Lage ist abstrakte Ideen zu bilden und sie in nirgunische Weise zu gebrauchen. Nur der wahren, der Mantra-Mystik bewanderte Guru ist in der Lage, dem Schüler ein seiner Reife entsprechendes Mantra zu erteilen. Bei dieser Gelegenheit gibt der Lehrer seinem Schüler auch die richtige Erklärung eines Mantras und die symbolische Bedeutung desselben. Er weiht ihn sozusagen in die Kraft des Wortes, also des Mantras ein und erklärt ihm die praktischen analogen Zusammenhänge des Mantras mit der entsprechenden Gottheit. Dadurch, dass der Guru dem Schüler die Mantras erklärt, wird dem Schüler der geheime Sinn plötzlich ganz klar und der Schüler lernt die zu verehrenden Gottheit zu verstehen. Diese Erleuchtung oder Einweihung in das entsprechende Mantra nennt die indische Terminologie das Abhiskea in Mantra-Yoga. Dadurch, dass der Schüler das Abhisheka von seinem Guru bekommt, also die Zusammenhänge versteht, ist er sogleich befähigt, einen Kontakt mit der ihm zugewiesenen Gottheit durch die Mantra-Mystik, ob nun sagunisch oder nirgunisch-monistisch herzustellen.

Unter einem Guru-Mantra sind zwei Möglichkeiten zu verstehen a) ein Mantra, das vom Guru durch Abhisheka dem reifen Schüler gegeben wird. Auch hier kann es sich um verschieden Arten von Mantras handeln, welche alle die Erreichung eines Zieles verfolgen. B) wird unter einem Guru-Mantra ein Mantra verstanden, welches der Guru einstmals selbst für bestimmte Zwecke verwendete und welches er vielleicht durch jahrelanges Wiederholen stark wirksam gemacht hat. Ein solches Mantra wird selbstverständlich nur von Mund zu Ohr, vom Guru auf den Schüler übertragen, sonst aber niemand anderem anvertraut. Viele Mantras sind auch in besonderen Stellungen, den so genannten Asanas entweder laut, im Lispelton oder nur in Gedanken zu wiederholen und haben keinen anderen Zweck, als die das Mantra ausdrückende Idee im Geist durch das Wiederholen festzuhalten, um nicht abgelenkt zu werden. Im Lispelton wiederholte Mantras haben natürlich eine größere Wirkung, als die laut ausgesprochenen. Die größte Wirkung haben jene Mantras, welche nur in Gedanken wiederholt werden. Damit man bei den Mantra- Übungen eine Übersicht über die Zahl der Wiederholungen hat, kann ein Rosenkranz oder eine Perlenschnur zu Hilfe genommen werden und jedes Mal wird eine Perle des Rosenkranzes mit zwei Fingern und dem Daumen weiter geschoben. Das Durchgehen eines indischen Rosenkranzes von 108 Perlen wird Lhok genannt. Warum ein Lhok gerade die Ziffer 108 und etwa nicht 100 ausweist, hat eine kabbalistisch- mystische Bedeutung. 108 lässt sich auf 9 zusammenzählen und die Zahl 9 ist die Rhythmuszahl, und Rhythmus ist ununterbrochene

Bewegung. Jedes Religionssystem bedient sich bei seinen Ritualen, Gebten und Mantras gleicher Methoden, um die göttlichen Ideen, Eigenschaften usw. entweder zu verehren sich mit ihnen zu verbinden oder dieselben auch praktisch für andere Zwecke zu gebrauchen. In manchen über Mantras handelnden Büchern ist auch von Bidju-Mantras und Bindu-Mantras die Rede. Diese Mantras drücken keine göttliche Idee der intellektuellen Sprache aus, sondern sind nach den Universalgesetzen zusammengestellte und in ein Wort gefügte Buchstaben, welche eine den Gesetzen entsprechende Idee kosmologisch ausdrücken. Infolgedessen ist ein Bidju-Mantra tantristischen Ursprunges und vom hermetischen Standpunkt aus ist kabbalistsich. Das richtige Aussprechen eines Bidju-Mantras wird durch ein Abhisheka vom Guru dem Schüler anvertraut, wie z.B. die bekannten Tattwas (Elemente): Ham, Ram, Pam, Vam, Aum usw. Erteilt der Lehrer das Abhisheka, lehrt er gleichzeitig den Schüler das Mantra zu dynamisieren und später auch vierpolig zu gebrauchen. Dasselbe ist auch in der buddhistischen Religion der Fall, wo die Tantras der fünf Elemente durch die Bidju-Formeln kha, ha, ra, va, a versinnbildlicht sind und vom Lehrer dem reif gewordenen Schüler für den praktischen Gebrauch erklärt werden. Beim Gebrauch der Mantras kann zu vielen anderen Hilfsmitteln zwecks Erleichterung gegriffen werden, wie z.B. zu Gebeten, Reinigungen, Opfergaben, die alle dazu bestimmt sind, das Gemüt des Schülers zu jener der Gottheit entsprechenden Ebene zu erheben. Es gibt Mönche, welche für ihre Meditationen so genannte Gebetsmühlen verwenden. Diese

Gebetsmühlen sind den Grammophonlpatten ähnliche Vorrichtungen, auf welchen Mantras (eventuell Tantras) aufgenommen sind, welche sie tausendmal, ja mitunter sogar Hunderttausend Mal durch das Drehen der Mühle wiederholen. Der Glaube dieser Mönche geht dahin, dass sie umso größere Fortschritte auf dem Wege der Glückseligkeit machen, je öfter sie das Mantra durch das Drehen der Mühle herunterleiern. Dient eine derartige Mühle den Buddhisten oder Mönchen nur als eine Art Befehl für ihre Konzentrationsübungen und werden die Gebetsmühlen ähnlich wie die Rosenkränze der indischen Mantra-Yogis angewendet, so mag dies vom hermetischen Standpunkt aus seine richtige Begründung haben. Leiert aber ein Mönch sein Mantra gedankenlos herunter, währenddessen sich sein Geist mit etwas anderem beschäftigt, ist diese Ansicht verfehlt, und der wahre Eingeweihte wird in einem solchen Menschen nur einen religiösen Fanatiker, einen Sektierer, sehen und ihn aufrichtig bemitleiden.

Wissenschaftlich lässt sich Mantra durch die Kenntnis des Schwingungsgesetzes verstehen. Jeder Organismus weist sein eigenes Schwingungsmaß auf, und das trifft auch zu für jeden unbelebten Gegenstand, vom Sandkorn bis zu Berge und sogar für jeden Planeten und jede Sonne. Ist dieses Maß bekannt, so kann mit dessen okkulter Anwendung der Organismus oder die Form zerlegt werden. Nur wenn die Mantras richtig intoniert werden, üben sie ihre Wirkung aus; gedruckt und mit den Augen des Uneingeweihten gesehen, erscheinen sie ganz sinnlos, und das sind sie wirklich ohne die Führung eines menschlichen Gurus. Ferner erfordert das korrekte Aussprechen des Mantras einer Gottheit sowohl körperliche Sauberkeit wie auch Kenntnis seiner richtigen Intonation. Deshalb muss der Gläubige erst mittels Reinigungs-Mantras den Mund und die Zunge säubern und dann das Mantra selbst durch ein Verfahren, das als Beleben oder Erwecken der schlafenden Macht des Mantra bezeichnet werden. Die okkulte Fähigkeit, ein Mantra richtig anzuwenden, überträgt normale Kräfte, Siddhi genannt, und diese lassen sich, je nach dem Charakter des Adepten, entweder als weiße Magie zu guten Zwecken oder als schwarze Magie zu bösen Zwecken verwenden; der Pfad zur Rechten und der zur Linken sind nämlich die gleichen bis zu diesem Punkt praktischer Anwendung der Früchte, die sich aus der psychischen Entwicklung ergeben haben. Der eine Pfad führt nach oben zur Befreiung, der andere hinab zur Versklavung.

OM - AUM

Das Wort AUM, gewöhnlich OM ausgesprochen, wird beim Beginn jeden guten Werkes oder Gedankens benutzt, weil es ein Wort der Kraft ist, das göttliche Schöpfung symbolisiert. Unzählige Sanskrit- Bücher wiederholen die Aussage, dass Gehör, Gefühl, Sehen, Geschmack und Geruch mit den entsprechenden Materienarten verbunden sind, nämlich: akasha, vayu (Luft), tejas oder agni (Feuer), apas oder jala (Wasser) und prithivi (Erde), die unsere vertrauten fünf Ebenen menschlicher Manifestation sind, die atmische, buddhische, mentale, astrale und physische. Diese Ebenen wurden in dieser Reihenfolge erschaffen, beginnend mit der atmischen, wo Klang als die schöpferische Kraft angewandt wurde. Natürlich konnte das nicht dasselbe wie unser physischer Klang sein, der eine Schwingung in der Luft oder einer anderen physischen Substanz ist; er war von der Wesensart der Stimme der Stille, des Willens von Atman. Dennoch ist sogar auf unserer physischen Ebene der Klang ein großer Erbauer von Formen. In den Hindu-Schriften ist ziemlich viel Symbolismus mit dieser Idee verbunden, dass die Welt durch Klang geschaffen wurde.

Das Wort AUM soll besonderen Wert als Mantra haben, weil es das vollständigste menschliche Wort ist. Es beginnt mit dem Vokal A im hinteren Teil des Mundes, setzt sich fort mit dem Vokal U, der in der Mitte des Mundes erklingt, und schließt mit dem Konsonanten M, mit dem die Lippen versiegelt werden. So durchläuft es die ganze Skala menschlicher Sprache und stellt so im Menschen das vollständige schöpferische Wort dar. Seine drei Teile werden auch als symbolische für die Manifestation der Trinität genommen, auf vielfältige Weise. So haben wir Parabrahman, Daiviprakriti und Mulaprakriti; Shiva, Vishnu und Brahma; Wille, Weisheit und Aktivität; Ananda, Chit uns Sat oder Glückseligkeit, Bewusstsein und Sein; Atman, Buddhi und Manas; Tamas, Rajas und Sattva und viel andere. AUM ist auf diese Weise eine ständige Erinnerung an diese Dreifaltigkeit, die durch alle Dinge läuft; es ist deshalb ein Schlüssel zur Lösung vieler Mysterien ebenso wie ein Wort der Kraft.

Das Wort AUM oder OM, das dem oberen Dreieinigkeit entspricht, wird, wenn er von einem sehr heiligen und reinen Menschen ausgesprochen, nicht nur die weniger erhabnen Kräfte, die in den planetarischen Räumen und Elementen wohnen hervorziehen und erwecken, sondern sogar sein Höheres Selbst oder den "Vater" in ihm. Von einem gewöhnlichen guten Mensch auf richtige Art ausgesprochen, wird es denselben moralisch zu stärken helfen, besonders wenn er zwischen zwei AUM´s angespannt über das AUM in ihm meditiert, indem er alle seine Aufmerksamkeit auf den unsagbaren Glanz wendet. Aber wehe dem Menschen, der es nach der Verübung einer weittragenden Sünde ausspricht, er wird dadurch nur zu seiner Photospäne unsichtbare Gegenwarten und Kräfte anziehen, die auf eine andere Art die Göttliche Hülle nicht durchbrechen können.

Die Esoterische Wissenschaft lehrt, dass jeder Ton in der sichtbaren Welt seinen entsprechenden Ton in den unsichtbaren Bereichen erweckt, und eine oder die andere Kraft auf der esoterische Seite der Natur zur Tätigkeit anruft. Außerdem entspricht jeder Ton einer Farbe und einer Zahl (einer geistigen, psychischen oder physischen Potenz) und einer Empfindung auf irgendeinem Plane. Alle diese findet ein Echo in jedem der soweit entwickelten Elemente, und selbst auf dem irdischen Plane, in den Leben, die in der irdischen Atmosphäre schweben, indem sie dieselbe so zur Tätigkeit veranlassen.

Die zehn Schutzmantras des Orients, die Reinigung, Heilung und Transformation bringen, sind:

1. OM MANI PADME HUM;

2. OM VAGIS VARI HUM;

3. OM VAJRAPANI HUM;

4. OM VAJRA SATTVA HUM

5. OM NAMO DANDAJ SWAHA

6. OM AMITABHA HRI

7. OM AMI DEVA HRI

8. OM IM HIRIM SRIM DEVY

9. OM AH HUM VAJRA GURU PADMA SIDDHI HUM

10. OM TAT SAT

Om Mani Padme Hum, diese berühmte Anrufung wird von den Orientalisten sehr irrtümlich übersetzt mit der Bedeutung: „O der Juwel im Lotus". Denn obwohl buchstäblich OM eine der Gottheit geweihte Silbe ist, PADME „im Lotus" bedeutet, und MANI irgendein kostbarer Stein ist, so sind doch weder die Worte selbst, noch ihre symbolische Bedeutung auf diese Art richtig wiedergegeben. In dieser heiligsten von allen Formeln hat nicht nur jede Silbe eine geheime Kraft, die eine bestimmte Wirkung hervorbringt, sondern die ganze Anrufung hat sieben verschiedene Bedeutungen und kann sieben bestimmte Wirkungen hervorbringen, von denen jede von den anderen verschieden sein kann. Die sieben Bedeutungen und die sieben Wirkungen hängen von der Intonation ab, die der ganzen Formel und einer jeden von ihren Silben gegeben wird, und selbst der Zahlenwert der Buchstaben wird vermehrt oder vermindert, je nachdem dieser oder jener Rhythmus angewendet wird. Der Kandidat möge sich daran erinnern, dass Zahl der Form zu Grunde liegt und dass Zahl den Ton Begleitet. Zahl liegt an der Wurzel des geoffenbarten Weltalls, Zahlen und harmonische Verhältnisse begleiten die ersten Differentiationen der gleichartigen Substanz in ungleichartige Elemente; und Zahl und Zahlen setzen der formenden Hand der Natur Schranken. So ist der mystische Satz „Om Mani Padme Hum", wenn er richtig verstanden wird, nicht aus den nahe sinnlosen Worten „O der Juwel im Lotus" zusammengesetzt, sondern enthält eine Bezugnahme auf diese unauslöschliche Vereinigung zwischen dem Menschen und dem Weltalle, die auf sieben verschienen Arten wiedergegeben ist, und die Möglichkeit sieben verschiedener Anwendungen auf ebenso vielen Plänen des Gedankens und der Handlung darbietet. Von was immer für ein Aspekt aus wir ihn untersuchen, so bedeutet er: "Ich bin, der ich bin, und ich bin in dir und du bist in mir". In dieser Verbindung und engen Vereinigung wird der gute Mensch zu einem Gott. Einerlei ob bewusst oder unbewusst, wird er unvermeidlichen Resultate zustande bringen oder unschuldigerweise verursachen. Im ersten Falle, wenn ein Adept des Pfades der Rechten Hand ist, kann er einen wohltätigen und schützenden Strom lenken, und so

Individuen und selbst ganzen Nationen wohl tun und sie beschützen. Im zweiten Falle, obwohl ganz unbewusst dessen, was er tut, wird der gute Mensch ein Schild für jeden, der mit ihm ist. Seid ihr bitte alle vorsichtig, wenn ihr das liest und gebraucht diese Worte nicht eitel oder wenn ihr zornig seid, damit ihr selbst nicht das erste Opfer derselben werdet, oder was noch schlimmer ist, jene gefährdet, die ihr liebt. Jeder von uns hat in sich den „Juwel im Lotus", nenne man ihn nun Padmapan.

Die Geschichte erzählt, dass der höchste Buddha oder Amitabha, ließ in der Stunde der Schöpfung des Menschen einen rosigen Lichtstrahl aus seinem rechten Auge hervorgehen. Der Strahl entsandte einen Ton und wurde Padmapani Bodhisattva. Dann ließ die Gottheit aus ihrem linken Auge einen blauen Lichtstrahl ausströme, der sich in den zweiten Jungfrauen Dolma inkarnierte, und so die Kraft erlangte, die Gemüter der lebenden Wesen zu erleuchten. Amitabha nannte dann die Verbindung, die sofort im Menschen Wohnung nahm „O Mani Padme Hum". Ich bin der Juwel im Lotus und in ihm will ich bleiben. Dann gelobte Padmapani, „der eine im Lotus" niemals aufzuhören zu arbeiten, bevor er nicht die Menschheit seine Gegenwart in ihr fühlen gemacht und sie so vom Elende des Kalpa zu vollbringen und fügte hinzu, dass er für den Fall des Misserfolges wünsche, dass sein Haupt in zahllose Bruchstücke zerschmettert werden soll. Der Kalpa ging zu Ende, aber die Menschheit fühlte ihn nicht in ihrem kalten, bösen Herzen. Da zersplitterte Padmapanis Haupt und wurde in tausend Bruchstücke zersprengt. Von Mitleid bewegt, setzte die Gottheit die Stücke in zehn Häupter zusammen. Drei weiß, und sieben von verschieden Farben. Und seit jenem Tage wurde der Mensch zu einer vollkommenen Zahl oder Zehn.

In dieser Allegorie ist die Kraft von Ton, Farbe und Zahl so geschickt eingefügt, dass die wirkliche esoterische Bedeutung verschleiert ist. Für den Außenstehenden liest sie sich wie eines der vielen sinnlosen Märchen von der Schöpfung, aber sie ist überall an geistiger und göttlicher, physikalischer und magischer Bedeutung. Aus Amitabha „Nichtfarbe" oder weißen Pracht, werden die sieben differenzierten Farben des Prismas geboren. Von diesen entsendet eine jede einen entsprechenden Ton, die die sieben Töne der Tonleiter bilden. Sowie die Geometrie unter den mathematischen Wissenschaften insbesondere zu der Baukunst in Beziehung steht, und auch zu Kosmogonie, so muss, da die zehn Jods der Pythagoräischen Vierheit oder Tetraktys den Makrokosmos symbolisieren sollte, auch der Mikrokosmos oder der Mensch, sein Bild in zehn Punkte geteilt werden. In der Allegorie des Padmapani des Juwels im Lotus oder dem Symbole des androgynem Menschen sind die Zahlen 3, 4, 7, 10 als die Einheit, den Menschen zusammensezend hervorragend. Von einer vollständigen Kenntnis und Erfassung der Bedeutung und Kraft dieser Zahlen in ihren verschiedenen Kombinationen, und in ihrer gegenseitigen Entsprechung mit Tönen oder Worten, und Farben oder Bewegungsgeschwindigkeiten, hängt der Fortschritt eines Schülers ab. Daher müssen wir mit dem ersten, dem Anfangsworte OM oder AUM beginnen. OM ist eine Maske. Der Satz „Om Mani Padme Hum" ist nicht eine sechs-, sondern eine siebensilbige Redewendung, da die erste Silbe in ihrer richtigen Aussprache doppelt und in ihrem Wesen nach dreifach ist, A-UM. Sie repräsentiert die für immer verborgene ursprüngliche dreieinige Differentiation, nicht aus sondern in dem EINEN Absoluten, und wird daher durch die 4 oder die Tetraktys in der metaphysischen Welt symbolisiert. Sie ist der Einheitsstrahl oder Atman. Wie Pythagoras zeigte, wurde der Kosmos nicht durch und von der Zahl hervorgebracht, sondern geometrisch, d.h. den Proportionen der Zahlen entsprechend. Die schöpferische Kraft in ihrer unaufhörlichen Verwandlungsarbeit bringt Farbe, Ton und Zahlen in der Gestalt von Schwingungsweisen hervor, die die Atome und Moleküle verbinden und zersetzen. Der Satz „Om Mani Padme Hum" weist auf die unauflösliche Vereinigung zwischen dem Menschen und dem Weltalle hin. Denn der Lotus ist das universale Symbol des Kosmos als der unbedingten Gesamtheit, und der Juwel ist der Geistige Mensch oder Gott.

Unsere Mantra -Gebete und Anflehungen sind eitel, wenn wir nicht zu mächtigen Worten auch wirksame Taten hinzufügen, und die Aura, die ein jedes von uns umgibt, so rein und göttlich machen, dass der Gott in uns nach außen wirken kann, oder mit anderen Worten gewissermaßen eine äußere Macht werden kann. So wurden Heilige und reine Menschen befähigt, anderen ebenso wohl wie sich in der Stunde der Not zu helfen und das hervorzubringen, was törichter Weise Wunder genannt wird, ein jeder mit der Hilfe und unter der

Leitung des Gottes in ihm selbst, den er allein befähigt hat, auf dem äußeren Plane zu wirken. Somit muss ein Gebet, wenn es nicht innerlich ausgesprochen und an den eigenen „Vater" in der Stille und Einsamkeit der eigenen Kammer gerichtet ist, häufiger verderbliche als wohltätige Resultate haben, in Anbetracht dessen, dass die Massen gänzlich in Unwissenheit über die mächtigen Wirkungen sind, die sie auf diese Art hervorbringen. Um gute Wirkungen zu erzielen, muss das Gebet von einem ausgesprochen werden, der weiß wie er sich in der Stille Gehör finden verschafft, wo es dann nicht länger ein Gebet ist, sondern zum Befehl wird.

OM TAT SAT – diese uralte, aus nur die Worten bestehende Formel geht zurück auf den Urbeginn der Zeit, als Gott sich zuerst durch Laut und Klang Manifestierte. Jedes Wort OM, TAT und SAT repräsentieren das höchste Bewusstsein von dem alles stammt. Die Silbe OM (eine Anrufung der Gottheit) ist das, was weise Menschen jedes Mal aussprechen, wenn sie spirituelle Handlungen vollziehe. Dies verleiht ihren Tätigkeiten ein geheiligtes und gesegnetes Niveau und hilft deren Unreinheit aufzulösen.
Das Aussprechen von TAT (wörtlich ES, Gott) bei diesen Handlungen erinnert einen daran, das alles Tun ursächlich Gott zugehört und nicht einem selber. Das entfernt das „Ich „ oder das Ego aus dem Tun.
Das äußern von SAT (das Sein selbst) ruft eine Gesamthaltung der Güte hervor und dient als Erinnerung daran, dass die Handlung, die man gleich

ausführen wird, eine edle, der Gottesverwirklichung dienliche Tat ist. Das Aussprechen von SAT reinigt deine eigenen Handlungen und verbessert zugleich auch die Welt. SAT hat weitere Bedeutungsnauncen und Geltungsbereiche. Jede um des Göttlichen willen vollzogene Tätigkeit ist SAT. Sich unentwegt auf die spirituellen Handlungen einzulassen ist gleichfalls SAT. Das wiederholte Aussprechen von OM TAT SAT erzeugt eine höhere Einstellung gegenüber jeder Tätigkeit. Das hängt sinngemäß damit zusammen, dass SAT („das, was ist") sowohl das Mittel als auch das Ziel ist, sowohl die Gottheit als auch die Methode, wie man zu ihr gelangt. Aber ohne Glaube wird die Handlung wertlos und wird hier oder nach dem Tode daraus nichts ergeben.

22. Kapitel

Gottes Offenbarung

Viele Meister sind überzeugt, dass diese Lehren nun in ein neues Zeitalter eintreten; eine Anzahl von Prophezeiungen und anderer visionärer Meister sagten die Ankunft der Lehren im Westen voraus. Da diese Zeit nun gekommen ist, erhalten die Lehren eine neue Bedeutung, da diese neue Bedeutung Veränderungen nötig macht. Um eine Korrumpierung der Reinheit, Kraft und Zeitlosigkeit der Wahrheit zu verhindern, setzt es voraus, dass man jede Anpassung aus einem tiefen Verständnis heraus entwickeln muss. Veränderungen der Zeit werden immer tiefere Schichten der Lehren freilegen und sie im Umgang mit den Schwierigkeiten des modernen Lebens noch wirkungsvoller werden lassen. Die wohl größte Herausforderung für spirituelle Lehren wie den Hinduismus liegt in der Übergangsphase aus dem überlieferten Rahmen in den Westen in der Frage, ob und wie es den Schülern gelingen kann, in der heutigen und dauerhafte, turbulenten Welt der Hochgeschwindigkeit die ruhige und dauerhafte Stetigkeit der Praxis zu finden, die unbedingt erforderlich ist, wenn man die Wahrheit dieser Lehren erkennen und verwirklichen will. Spirituelle Schulung ist schließlich die höchste und in gewisser Hinsicht auch die anspruchvollste Form der Erziehung und Ausbildung, und man muss sich ihr mit derselben hingebunsvollen und systematischen Entschlossenheit widmen wie jedem anderen ernsthaften Studium. Die Lehren aller mystischen Tradition der Welt bestätigen übereinstimmend, dass in uns ein enormes Reservoir an Kraft der Weisheit und des Mitgefühls gibt. Wenn wir diese Kraft nutzen lernen- und um nichts anders geht es in der Suche nach Erleuchtung- kann sie nicht nur uns selbst verwandeln, sondern auch die Welt um uns herum. Die Natur Gottes zu erkennen, bedeutet nämlich, im Grunde eures Wesens zu einem Verständnis zu gelangen, das eure gesamte Sicht der Welt verändert. Dadurch wird es euch möglich, den natürlichen Wunsch zu erwecken, allen Wesen zu dienen, wie ihr das unter allen Umständen, in denen ihr euch befinden möget unter Einsatz all eurer Begabungen und des Mitgefühls in die Tat umsetzen zu können. Dieses Kapitel vermittelt ein Leitfaden und eine Quelle der Inspiration für diejenigen, die sich der Herausforderung der heutigen Zeit wirklich stellen und die Reise zur Erleuchtung zum Wohle aller fühlenden Wesen antreten wollen. Mögen sie niemals ermüden und nie enttäuscht werden und die Hoffnung verlieren, was auch immer an Schwierigkeiten und Hindernissen sich gegen sie wenden. Mögen alle Wesen des Universums ohne eine einzige Ausnahme den Grund ursprünglicher Vollkommenheit erreichen. Allerdings um dieses hohes Ziel zu erreichen, setzt es voraus die Kenntnis aller Wahrheiten in unserem Universum anzuzeigen. Dazu gehören zehn grundlegende Wahrheiten der göttlichen Ideen wie z. B. 1. Gott, das höchste göttliche Prinzip, 2. Die Liebe, 3. Die Weisheit, 4. Die Allmacht, 5. Die Allwissenheit, 6. Die

Gesetzmäßigkeit, 7. Das ewige Leben, 8. Die Allgegenwärtigkeit, 9. Die Unsterblichkeit, 10. Die Reinheit aller Ideen und Gedanken.

Buddha sagte:

„Wer immer mit einem Gesetze nicht bekannt ist, und in diesem Zustand stirbt, muss zur Erde zurückkehren, bis er ein vollkommener Samano (Asket) wird. Um dieses Ziel zu erreichen, muss er in sich selbst die Dreiheit der Maya vernichten. Er muss seine Leidenschaften ersticken, sich mit dem Gesetz vereinigen und identifizieren, und die Philosophie der Vernichtung erfassen".

In diesem Sinne möchte ich Krishnas (Gottes) Offenbarung euch ans Herz legen, damit ihr der Vollkommenheit ein Stück näher kommt.

Bhagavad Gita - Krishnas Offenbarung 6. „ Und wisse außerdem, Arjuna, dass ich, als die Göttlichkeit in allen Kreaturen und allem zur Natur Gehörigen, ungeboren und unsterblich bin. Und doch manifestiere ich mich von Zeit zu Zeit in weltlicher Gestalt und führe ein dem Anschein nach irdisches Leben. Ich mag menschlich erscheinen, aber das ist nur meine Maya (Sinnestäuschungskraft), denn in Wahrheit bin ich jenseits des Menschengeschlechts; ich geselle mich einfach zur Natur, die mein ist.

7-8. Immer wenn die Rechtschaffenheit und der Dharma (das richtige Handeln) nachlassen und das Böse erstarkt, nehme ich einen Körper an. Ich tue das, um die Menschheit aufzurichten und umzuwandeln, das Übergewicht der Rechtschaffenheit über die Schlechtigkeit wiederherzustellen, den grandiosen Grundplan und Zweck des Lebens darzulegen und als das Vorbild zu dienen, dem andere folgen können. Zu diesem Zweck komme ich in einem Zeitalter nach dem anderen, wenn eine spirituelle und moralische Krise um sich greift.

9. Befremdlich? Ja. Den meisten Menschen fällt es schwer zu begreifen, dass der höchste Herr und Gott tatsächlich in menschlicher Gestalt umherwandert. Aber für jene Wenigen, die das Geheimnis zu erfahren wagen, dass ich, Gott, es bin, der in ihnen als ihr eigenes Selbst wirkt und waltet, ist mein Kommen in menschlicher Gestalt eine seltene Gelegenheit, sich von dem Irrglauben zu befreien, dass sie ihr Körper sind.

10. Demgemäß von dieser Verblendung befreit, suchen diese ganz Besonderen zuflucht bei mir, dem Atman. Alsbald ganz in mich versunken, vergegenwärtigen sie sich ständig und bewusst die ihren selbst innewohnende Göttlichkeit. Durch das Feuer dieses großartigen Wissens von ihrem Egoismus, ihrer Angst und ihrem Zorn befreit, erreichen sie, wie viele vor ihnen, das höchste Ziel. In jeder Hinsicht werden diese ganz Besonderen eins mit mir. Das ist absolut wahr; gib alle Zweifel auf.

11. Vielleicht hältst du mich auf Grund dessen für voreingenommen, aber ich habe keine Lieblinge. Jeder Weg, den ein Mensch zu mir hin einschlägt, ist mein Weg. Auf welche Weise auch immer ein Mensch sich mir nähert - ich vergelte Gleiches mit Gleichem. Wenn die Betreffenden mich als Vater oder Mutter behandeln, behandle ich sie als meine Kinder. Wenn sie mir als einen Gebieter dienen, akzeptiere ich ihre Dienste als ihr Herr. Wenn sie mich als ein Kind verehren, nähere ich mich ihnen als ein Kind. Jene, die sich nach mir sehnen, nach denen sehne ich mich. Jene, die mich als Freund ansehen, bin ich Freund. Auch für jene, die mich als Feind empfinden, nähere ich mich als ein Feind. Alle Wege führen zu mir, der Göttlichkeit.

12. Jene, die ich nach Erfolg in weltlichen Beschäftigungen sehnen, beten zu den Göttern (den minderen Gottheiten), dass ihre Bedürfnisse befriedigt werden mögen. In Wahrheit ist jedes Begehren eine Art Gebet und erbringt häufig einen raschen Erfolg. Doch je höher das Ideal ist, desto ausdauernder muss man es verfolgen und desto länger muss man warten.

13. Am Anafang schuf ich das Evolutionssystem der Natur, mit dessen Hilfe die Wesen sich auf spirituelle Vollkommenheit hin entwickeln. Dann schuf ich vier Menschengrupierungen für das harmonische Funktionieren von Gesellschaften und den Fortschritt der Menschheit. Diese Einteilung entspricht in ihrer Abstufungen den fortschreitend höheren Ebenen des Bewusstseins und der moralischen und spirituellen Entfaltung. Alle Gesellschaften weisen generell ähnliche Gruppierungen auf. Das Gefüge weicht leider manchmal von seinem richtigen Kurs ab, aber wisse, dass die Grundstruktur für die soziale Harmonie und die Klarheit der Zielsetzung in allen Gesellschaften gesetzmäßige Geltung hat.

14. Und wisse, Arjuna, dass die Menschen zwar in ihrem Kern alle eins sind, es aber Unterschiede zwischen ihnen gibt, die auf ihrem jeweiligen Karma und zudem auf ihrer natürlichen Veranlagung beruhen. Und wisse, dass obwohl ich der Urheber dieser Unterschiede bin, ich (der Atman im Inneren) von ihnen unberührt bleibe, weil ich jenseits aller Karmas, aller Folgen meiner Handlungen bin.

Arbeite, wie Gott arbeitet 22-24. Betrachte mich, Arjuna. Es gibt nichts, was ich nicht habe, darum brauche ich in dieser oder den anderen Welten nichts zu erreichen. Und doch bin ich weiterhin tätig. Wenn ich, die Gottheit, aufhörte zu arbeiten, würde die Menschheit diesem Beispiel folgen, und dies würde schwere Zerstörungen auslösen. In der Tat, wenn ich aufhörte zu handeln, würde das ein kosmisches Chaos verursachen und zu heilloser Verwirrung und der Vernichtung der Menschheit führen.

Das Opfergesetz 11. Anbetung beispielsweise (gleichfalls ein falsch ausgelegtes Wort, das eigentlich Achten und Verehren heißt) ist eine bedeutungsvolle Form von Opferung, so wie ich diesen Begriff verwende. Darum, Arjuna, bete die Devas an, die göttlichen Wesenheiten, feinstoffliche Naturkräfte, die bei der Opferung zugegen sind; das heißt erweise ihnen Achtung und Verehrung. Halte sie liebevoll in Ehren, und sie werden dich liebevoll in Ehren halten. Dieser gegenseitige Austausch ist gut für die gesamte Menschheit.

14. Der Lebenskreislauf selbst geht aus den subtilen Wirkungen der Opferung, wie sie hier definiert wird, hervor. Lass mich den Kreislauf erläutern: alle lebenden Geschöpfe werden durch Nahrung ernährt und erhalten; Nahrung wird durch Regen ernährt und erhalten; der Regen, das Wasser des Lebens, stammt aus der Natur, vom Himmel herabgerufen, großzügig gegeben (geopfert), damit er am Ende den Menschen nutze. Folglich, Arjuna ist alles Lebende aus selbstlosem Handeln, aus Opferung geboren und

wird davon ernährt und erhalten. Opferung ist die edelste Form des Handelns. Mit der richtigen Einstellung ausgeführte Arbeit wird Opferung. Dienst ist Opferung. Auf dieser Ebene bringt Opferung wirklich Göttlichkeit in sich; ihre praktische Umsetzung wird zu einer subtilen, aber wirkungsvollen Geisteskraft. Dadurch wird das Leben selbst heilig. Schließlich werden all deine Handlungen, die geistigen und die physischen, eine Opfergabe zur Verbesserung des Universums.
16. Alles Leben dreht sich um diese als das „Yajna - Rad" bezeichnete Opfergesetz. Wer davon abschweift und stattdessen danach trachtet, den Sinnen des persönlichen Vergnügens wegen freien Lauf zu lassen, und damit die Bedürfnisse anderer ignoriert, lebt vergebens und vergeudet sein Leben. Warum setze ich, der Schöpfer, dies in Bewegung? Weil diese Welt ein Lernfeld ist, ein Ort zur Erziehung, Ausbildung und Erhöhung aller Wesen. Wenn wir es ablehnen zu lernen, können wir nicht den Nutzen der Schulung erlangen.

Die Rolle des Handelns 14. Es ist geheimnisvoll, Arjuna. Gott schuf dieses Gesamtgefüge, steuert es aber nicht. Der Herr bestimmt nicht die weltlichen Tätigkeiten des Menschen, noch ist er es, der dem Menschen das Gefühl einflößt, der ursächlich Handelnde zu sein (das Ichbewusstsein) – und er verknüpft nicht einmal die Handlungen mit den aus ihnen erwachsenden Folgen. Die Natur bewerkstelligt all dies. Alle Handlungen, alle Werke, alles Karma, gehören zur Natur, nicht zum Göttlichen. Der Mensch ist es, der sein irdisches Los bestimmt. Die Menschen besiegeln ihr Schicksal selbst.

15. Gott ist für die guten oder schlechten Taten irgendeines Menschen weder verantwortlich, noch nimmt er Notiz davon. Sowohl gutes als auch schlechtes Karma sind das Ergebnis von Handlungen, die von Menschen ausgeführt werden, welche irrtümlicherweise glauben, ihr wahres Selbst (Atman) sei mit dem Weltlichen verbunden – was nicht zutrifft. Dies ist ein schwer fassbarer, aber wichtiger Punkt. **Das Göttliche ist absolute Vollkommenheit, Ausgeglichenheit und Seligkeit.** Anderer Meinung zu sein entspricht eben dem, was ich mit Unwissenheit und Verblendung meine. Ich wiederhole; Gott, das wahre Selbst in jedem Lebewesen, ist keineswegs ein Bestandteil der Vorgänge in der weltlichen Natur.

Die Essenz der Göttlichkeit 4-5. Hör genau zu; ich werde dir nun die Essenz der Göttlichkeit, den Wesenskern des höchsten Herrn, erklären. Wisse zunächst, dass ich zwei Aspekte besitze, einen niederen und einen höheren. Mein niederes Selbst ist das Reich der Natur (Prakriti). Gemäß dem Wissenssystem aus alter Zeit setzt sich diese aus acht Grundbestandteilen zusammen: Erde, Wasser, Feuer, Luft. Äther (Raum), Geist (Manas), Intellekt (Buddhi) und Ichbewusstsein (Ahamkara). Beachte, dass diese Grundkomponenten in aufsteigender Stufenfolge sind, von der groben Materie bis zum Subtileren und Feineren: Geist, Intellekt, und Ichbewusstsein (welches das Grundgefühl ist, als ein physisches Ich zu existieren). Und beachte, dass diese acht Bestandteile allesamt, auch die sehr subtilen, zu Prakriti, dem Kosmos, der Welt der Natur gehören. Jenseits dieser Welt der Natur besitze ich einen zweiten, höheren Aspekt, der sich von der Natur insgesamt unterscheidet und doch mit ihr zusammenwirkt. Dieser ist mein spiritueller Bereich (Purusha). Purusha ist die Lebenskraft, die Bewusstseinquelle in allen Wesen und der Beseeler allen Lebens. Diese geheimnisvolle Macht trägt und erhält das ganze Universum.

6. Da sich Vermischen dieser beiden Bereiche, der Natur (oder Materie) und des Geistes (oder Bewusstseins), ist der Schloss aller Wesen. Das Leben selbst hat seinen Ursprung in dieser Vereinigung von Natur und Geist. Das ganze Universum entfaltet sich aus diesen beiden Aspekten von mir und wird sich schließlich in mich hinein auflösen.

7. Ich bin reines Bewusstsein, Arjuna, der allen Elementen und Geschöpfen zu Grunde liegende Wesenskern. Nichts, was es auch sei, existiert getrennt von meiner Göttlichkeit. Es gibt keine Kraft im Kosmos, die nicht von mir ausgeht und zu mir gehört. Das ganze Universum ist an mir aufgereiht so wie die Juwelen auf einem Halsband. Die Edelsteine mögen sich gewaltig unterscheiden, aber die Kraft, die sie alle zusammenhält, der durchgehende Faden, bin ich, der höchste Herr.

Die Seinsebenen 17-19. Betrachte das kosmische Musterbeispiel von Zeit und Schöpfung. Jedes einzelne Mal, wenn Brahma, der Schöpfer, in der Morgendämmerung eines kosmischen Tages erwacht, werden dieses gesamte Universum und alle Geschöpfe darin augenblicklich manifestiert, um dann freilich beim kosmischen Einbruch der Nacht, wenn Brahma in Schlaf versinkt, wieder ins Unmanifestierte aufgelöst zu werden. Aber jeder einzelne kosmische Tag- und Nacht - Zyklus

Brahmas dauert Tausende Yugas, und jedes Yuga dauert 10000 bis 400000 Jahre; die Zeitspanne ist für Menschen fast unfassbar. In aufeinander folgenden Tag- und Nacht - Zyklen Brahmas gelangt die gleiche Vielzahl von Wesen hilflos immer wieder zu Geburt und Tod, während das physikalische Universum sich in kontinuierlicher Abfolge ausdehnt und zusammenzieht. Dieses ewige kosmische Spiel vollzieht sich im Mikrokosmos der Einzelseele gleicherweise wie im Kosmos. Wenn ein Individuum einschläft, entfernt sich die ganze Welt, die es denkend und fühlend als wirklich erfährt, um dann freilich beim Erwachen wieder aufzuleben.
Unsterblichkeit 20. Aber auch noch jenseits des geheimnisvollen, unmanifestierten Zustands, in den alle Wesen sich beim kosmischen Nachtanbruch auflösen, gibt es eine weitere unmanifestierte Wirklichkeit. Das ist Brahman, (nicht Brahma, der Gottesaspekt, der als Schöpfer agiert) das Göttliche, das jenseits der Zeit liegt, das auch dann nicht zu Grunde geht, wenn das Seins selbst sich auflöst!
21. Ebendieses ewige, absolute Göttliche ist das höchste Ziel. Ich bin es, Arjuna. All jene, die zu dieser höchsten Heimat gelangen, gelangen zu mir, um nie wieder von mir getrennt zu werden, nie mehr wiederzukehren.
Das unverhüllte göttliche Mysterium 4-6. Ich, das Brahman, die höchste Gottheit, durchdringe in meiner unmanifestierten, unsichtbaren Form alles Gegenständliche und jedes Geschöpf im Universum. Ich bin der Ursprung von allem, was ist und was nicht ist. Alle Wesen in all den Welten existieren im Geiste in mir und sind von mir abhängig. Aber ich weile nicht in ihnen, da mich dies einschränken

würde. Das ist mein göttliches Mysterium als unmanifestierte Gottheit. Ich unterliege nie irgendeiner Begrenzung, Bindung oder Veränderung und werde niemals irgendwie eingeschränkt. So wie am Himmel fliegende Vögel keine Spur hinterlassen, bin ich, dem Himmel gleich, immer ich selbst, unbeeinflusst von irgendetwas aus der Erscheinungswelt.

7. Am Ende eines Kalpas, eines kosmischen Brahma-Tages (der aus einem vollen Zyklus irdischer Äonen, Milliarden von Jahren besteht), lösen sich alle Wesen in meine unmanifestierte Substanz auf, die zu diesem Zeitpunkt der Same von deren nächstem Werden ist. Dann, am Anfang des nächsten Zyklus erzeuge ich sie erneut und schicke sie im Augenblick der Erschaffung auf ihre Bahn.

8. Immer wieder rege ich die Natur an, ihre Vielzahl von Formen und Wesen hervorzubringen, wobei ich in deren Materie Geist einbringe und sie alle den Gesetzen ihrer jeweiligen Natur unterwerfe.

9. Keine dieser Handlungen bindet mich in irgendeiner Hinsicht, Arjuna. Ich bleibe ungebunden und unbeteiligt, gleichgültig gegen die Früchte dieser Handlungen. Die Natur- in ihrer Nähe zu Gott – führt die Erschaffenstätigkeiten fort.

10. Unter meinem wachsenden Auge nehmen die Naturgesetze ihren Lauf. Unter meiner Aufsicht über die Maßnahmen manifestieren sich das Belebte und das Unbelebt und wird das Rad der Welt in Drehbewegung versetzt.

11. Menschen, die sich meiner transzendenten Herrlichkeit nicht bewusst sind, haben keine Beziehung zu mir. Sie wissen nicht, dass ich ihre wahre Seele bin. Sie missachten mich, und verhalten

sich mir gegenüber so, als sei ich bloß ein gewöhnlicher Sterblicher.
12. Wegen ihrer Unwissenheit gestaltet sich ihr Leben leidvoll und unheilvoll. Die Selbstsüchtigen, deren Gemüt immer erregt und nie in Ruhe ist, führen ein qualvolles Leben. Die Trägen, die nur ihre körperlichen Bedürfnisse zu befriedigen suchen, führen ein faules Leben in Unwissenheit. Alle Hoffnungen und Handlungen dieser unwissenden Seelen sind vergebens.
13-14. Aber die großen Seelen (Mahatmas) sind anders. Sie lassen sich von ihrer göttlichen Natur leiten und kennen mein wahres Wesen; darum lieben sie mich und bringen mir beständige Andacht dar- und sie hegen große Liebe zu allen anderen. Da das Denken und Empfinden die Färbung vom dem annimmt, was es ständig verherrlicht, werden diese Menschen, die mich unentwegt verehren und immer in mich versunken sind, buchstäblich zu dieser Liebe. Sie werden gottähnlich und gehen schließlich auf in mir.
Krishnas Versprechen 40. Spirituelle Arbeit ist nie nutzlos. Sei unbesorgt, mein Freund. Wer diese gute Arbeit verrichtet, wird kein schlimmes Ende nehmen, weder in dieser Welt noch in irgendeiner jenseitigen Welt. Du musst diese tiefgründige Wahrheit erfahren, Arjuna; Wer nach Verwirklichung strebt, gerät nie ins Unheil!
In der natürlichen Welt zerteilt sich das höchste Bewusstsein (Gott) in vielen Kräften, sowohl materielle als auch geistig-seelische, die sich in endloser Vielfalt miteinander verbinden und neu verbinden. Alles Gekannte oder Erkennbare stammt

aus dem höchsten Bewusstsein (Gott – das ewige Dasein).

Die Schau der kosmischen Gestalt 5-7. Krishna sagt: Du bist es wert Arjuna. Ich werde dich Millionen meiner Gestalten, Formen und Farben schauen lassen, denn nichts existiert außerhalb von mir. Und ich werde dir die vielen Ordnungen von Himmelswesen und weitere bisher nicht enthüllte Wunderdinge in mir zeigen. Und du wirst die gesamte in meinem kosmischen Leib zusammengeballte Schöpfung belebter und unbelebter Wesen schauen und alles mit ansehen, was du dir sonst noch wünschen magst.

Tausende Sonnen, Krishna enthüllt seine wundersame kosmische Gestalt 8. Aber du kannst nichts von alledem mit menschlichen Augen wahrnehmen, die aus natürlichen Komponenten bestehen und folglich nur die physische Natur zu erfassen vermögen. Ich werde dir ganz besondere Augen verleihen, damit du darüber hinausschauen kannst. Betrachte also jetzt mit Hilfe göttlicher Sehkraft meine göttliche kosmische Gestalt.

9-11. Krishna der Herr bietet mit einem Mal einen ganz unglaublichen Anblick dar: Tausende von Gesichtzügen, unzählige Münder und Augen, Kleider, die mit Ornamenten von nie zuvor gesehner Schönheit verziert sind. Er hält viele Waffen hoch, als Symbol seiner unbegrenzten Kräfte, zeigt sich in himmlische Gewänder, in Blumengirlanden gekleidet, ich kann sogar seine himmlischen Düfte riechen. Er scheint in alle Richtungen zu blicken.

13. Arjuna sieht nun, innerhalb von Krishna kosmischem Leib, das ganze Universum mit all seinen zahlosen Formen; Planeten, ferner Sternen,

Lebewesen, mannigfaltigen Ausdruck desselben Bewusstseins, das in dem Göttlichen wohnt. Auch die Himmelswelten kann Arjuna sehen; all die innen und außen befindlichen Regionen sind zugleich innerhalb dieses Anblicks, den der Höchste darbietet, vereinigt. Allesamt sind sie in dem einen Wesen, dem Gott der Götter, enthalten.

16-17. Aber ich kann nicht bis zu den weit entfernten Randbereichen von dir sehen, Krishna. Ich kann an deiner kosmischen Gottgestalt keinerlei Beschränkungen, keinerlei Grenzen oder Abgrenzungen erkennen. Ich sehe zahllose Augen und Arme, Münder und Bäuche, stelle aber an alledem weder ein Ende noch einen Anfang fest. Es ist einfach da, ohne irgendwelche räumlichen, zeitlichen oder vorstellungsmäßigen Einschränkungen. Ich nehme Kronen wahr und all die Werkzeuge und Symbole deiner Herrschaft über die Welten. Die dich umgebende Leuchtkraft ist so hell, dass sie sogar diese göttlichen Augen strapaziert, die du mir zum Schauen gabst.

21-22. Gottheiten wirbeln in Schwärmen um dich her und gehen in Dein Sein ein. Manche sind von Scheu ergriffen und rühmen ehrfürchtig das an dir zu Preisende. Legionen anderer Himmelswesen singen begeisterte Hymnen zum Lobpreis deiner Ehrfurt gebietenden Läuterungskräfte. Selbst diese hohen Wesen starren voller Staunen deine glühenden Augen an, außer Stande, deine allumfassende Gestalt in ihrer Gesamtheit abzuschätzen."

In Indien gibt es eine beliebte Geschichte von Brahma, Vishnu und Shiva. Sie rühmen sich untereinander ihrer gewaltigen Macht. Plötzlich erschien ein kleiner Knabe vor ihnen und fragte Brahma: Was erschaffst du? – Alles, erwiderte Brahma großsprecherisch. Dann fragte der Knabe die anderen beiden Götter, worin ihre Arbeit besteht. – Wir erhalten und zerstören alles-, antworteten diese. Der kleine Besucher hielt einen Strohhalm in seiner Hand, der nicht größer war als ein Zahnstocher. Er legte ihn vor Brahma nieder und fragte: Kannst du ein genau solches Stück Stroh erschaffen? Nach ungeheueren Anstrengungen stellte Brahma zu seinem Erstaunen fest, dass er dazu nicht in der Lage war. Da wandte sich das Kind an Vishnu und bat ihn, den Strohhalm zu bewahren, der sich unter dem steten Blick des Knaben langsam auflöste. Vishnus Bemühungen, ihn zu retten waren fruchtlos. Schließlich erschuf der kleine Fremde wieder einen Strohhalm und bat Shiva, ihn zu zerstören. Doch so sehr Shiva dies auch versuchte, der kleine Halm blieb unversehrt. Der kleine Knabe wandte sich wieder an Brahma: Hast du mich erschaffen? Brahma grübelte und grübelte, er konnte sich jedoch nicht daran erinnern, dieses erstaunliche Kind erschaffen zu haben. Plötzlich war der Knabe verschwunden. Da erwachten die drei Götter aus ihrer Täuschung und erinnerten sich daran, dass hinter ihrer Kraft noch eine größere Kraft liegt.

Nachwort

Das Böse existiert nicht per se, es resultiert einzig aus der Abwesenheit des Guten und existiert nur für denjenigen, der es zu seinem Opfer gemacht hat. Es entspringt zwei Quellen und ist genauso wenig wie das Gute eine in der Natur vorkommende unabhängige Ursache. Die Natur ist bar jeder Güte und Bosheit. Wenn sie Leben und Freude schenkt oder Leid und Tod bereitet und wieder zerstört, was sie geschaffen hat, dann tut sie das ausschließlich als Folge von und in Übereinstimmung mit unwandelbaren Gesetzen. Für jedes Gift kennt sie ein Gegenmittel, und ihre Gesetze belohnen jede Form von Leid. Das wirklich Böse entspringt der menschlichen Intelligenz, sein Ursprung ist ausschließlich der reflektierende Mensch, der sich von der Natur abwendet. Die Wirkliche Quelle des Bösen ist also allein die Menschheit. Das Böse ist die Übertreibung des Guten, das Resultat menschlicher Selbstsucht und Begierde.

Essen, Trinken und Sexualität, all dies sind naturgemäße Bedürfnisse des Lebens, und nur ihr übermäßiger Genuss resultiert in Krankheit, welche auf zukünftige Generationen, die Nachfahren der Übeltäter, übertragen werden. Sowohl materieller als auch geistiger Überfluss sind kennzeichend für „RITA"- das Kosmische Gesetz oder die natürliche Gerechtigkeit. Die Lehren der Hindus sagen, dass die Menschen auf diese Welt kommen, um in jedem neuen Leben mehr über die unendliche Vielfalt des Geistes zu lernen, der sich durch Materie Ausdruck verschafft und sie regiert.

Menschliche Ambitionen, der Ehrgeiz geliebten Menschen Glück und Wohlstand zu bescheren, sind lobenswerte und natürliche Verlangen. Wenn diese Verlangen den Menschen aber zum ehrgeizigen Tyrannen werden lassen, zum geizigen, selbstbesessenen Egoisten, dann bringen sie einen Mitmenschen nichts als Elend, in staatlichen Strukturen ebenso wie für Individuen. All dies, Nahrung Reichtum, Ehrgeiz und tausend andere Dinge, zu zahlreich, um hier erwähnt zu werden, können durch ihren Überfluss oder ihren Mangel zur Quelle und Ursache des Bösen werden!

Ich will nun die verhängnisvollste, die hauptsächliche Ursache für etwa zwei Drittel aller Übel aufzeigen, von denen die Menschheit heimgesucht wird, seit diese Ursache Macht erlangt hat. Es ist die Religion, die in jedem Volk in falscher Form missbraucht wird, um Autorität und Macht über die Volksmassen zu bewahren. In dieser Institution der Illusion, die der Mensch als heilig betrachtet, muss er die Quelle für die Vielfalt von Übel suchen, die der Fluch der Menschheit sind und sie fast ersticken. Es ist nur der Glaube an Gott oder Götter, der zwei Drittel der Menschheit zu Sklaven einer Handvoll von Leuten macht, die sie mit falschen Versprechungen, ihr Seelenheil zu erwirken betrügt. Deren Götter sind nur durch den Betrug ungeeigneten Priester so schrecklich für den Menschen geworden. Ist der Mensch nicht jeder Zeit zu jeder Schlechtigkeit bereit, wenn ihm gesagt wird, sein Gott oder seine Götter verlangen diese oder jene verbrecherische Tat von ihm? Deswegen lässt Karma die Wirkungen von negativen Wesen sowie die Wirkungen von Kräften und vernichtenden Prinzips zu, um dadurch für natürliche Gerechtigkeit zu sorgen. Denkt immer daran, dass die Summe allen menschlichen Leidens sich so lange nicht verringern wird, bis der größte Teil der Menschheit die Altäre der „falschen Götter" im Namen der Wahrheit, der Moral und allumfassender Wohltätigkeit niederreißen wird. Und das wird erst im Zeitalter Wassermann/Löwe im Jahre 2499 eintreten wo alle wahren und friedvollen Religionen zu einer universalen Kirche verschmolzen sind. Evolution bedeutet ständige Veränderung d.h. jede dieser Perioden bewirken sowohl äußerlich in der Welt der Materie als auch innerlich in der Welt des Intellekts und der elektrischen Kräfte einen vollständigen Wandel. Erst hier wird der Mensch in der Lage sein das reinste Bewusstsein oder das, was wir Gott nennen, zu verstehen und zu begreifen. Die Weltanschauungen haben hier in ihrem Entwicklungszyklus ein Stadium erreicht, in dem die Toleranz und Güte vorherrschen werden.

Gut und Böse sind Zwillinge, entstanden durch Raum und Zeit unter der Herrschaft der Maya. Werden sie voneinander getrennt, dann werden sie beide vernichtet, keines der beiden existiert per se, weil das eine aus dem anderem erzeugt und erschaffen werden muss, um zu existieren. Beide müssen erkannt und verstanden werden, ehe sie Objekte unserer Wahrnehmung sein können.

Die Vernunft ist allen Menschen gegeben, aber nicht jeder versteht sie zu gebrauchen, sie ist eine Wissenschaft, die geübt sein will. Die Freiheit ist allen verliehen, aber nicht jeder vermag frei zu sein.

Sie ist ein Recht, das erworben sein will. Und so ist das auch mit der Wahrheit, die erworben und geübt sein will. OM TAT SAT

- Friede allen Wesen -

Literaturhinweise

Babaji spricht: Prophezeiungen und Leben – Reichel. G Verlag

Devi. G: Das Abenteuer einer Transformation – Reichel. G Verlag

DB 3: Die Mahatma Briefe – Adyar Verlag

H. P. Blawatsky: Die Geheimlehre - Adyar Verlag

Annie Besant: Uralte Weisheiten – Hirthammer Verlag

Challoner: Regenten der sieben Sphären – Hirthammer Verlag

Leadbeater. C: Das Höhere Selbst – Aquamarin Verlag

Krishnamurti. J: Einbruch in die Freiheit – Aquamarin Verlag

Dautert. J: Astralreisen – Kersken Verlag

Sudhoff. H: Ewiges Bewusstsein – Universitas Verlag

W. Y. Evans- Wentz: Das Tibetanische Totenbuch – Artemis & Winkler Verlag

Johannes Hertel: Upanischaden - Atmosphären Verlag

Gitta Hasebacher: Mahabharata – Yantra Verlag

Gitta Hasebacher: Ramayana – Yantra Verlag

Eliphas Levi: Transzendentale Magie – Ansata

Manfred Dimde: Nostradamus Total – Magnus

Wilhelm Halbfass: Karma und Wiedergeburt – Diederichs Gelbe Reihe

Dr. Joseph Murphy: Die Macht Ihres Unterbewusstseins – Ariston Verlag

Adept und Nirmanakaya Franz Bardon in Liebe zugeeignet

Franz Bardon: Der Weg zum wahren Adepten – Rüggeberg Verlag

Franz Bardon: Die Praxis der magischen Evokation – Rüggeberg Verlag

Franz Bardon: Der Schlüssel zur wahren Kabbala – Rüggeberg Verlag

Dieter Rüggeberg: Hermetische Psychologie und Charakterkunde – Rüggeberg Verlag

Dieter Rüggeberg: Theosophie und Anthroposophie im Licht der Hermetik – Rüggeberg Verlag

Dieter Rüggeberg: Geheimpolitik – Rüggeberg Verlag

Rüggeberg – Verlag
Postfach 13 08 44
D – 42035 Wuppertal

Swami Sri Paramahansa Yogananda in Liebe zugeeignet

Yogananda: Die Bhagavad Gita 2.Bd – SFR Verlag

Yogananda: Flüster aus der Ewigkeit – SRF Verlag

Yogananda: Wissenschaftliche Heilmeditationen – SRF Verlag

Yogananda: An der Quelle des Lichts – SRF Verlag

Yogananda: Meditation zur Selbst-Verwirklichung – SRF Verlag

Yogananda: Das Gesetz des Erfolges – SRF Verlag

Yogananda: Zwiesprache mit Gott – SRF Verlag

Yogananda: Wege zum inneren Frieden – SRF Verlag

Yogananda: Autobiographie eines Yogi – SRF Verlag

Yogananda: Religion als Wissenschaft – SRF Verlag

Self-Realization Fellowship
3880 San Rafael Avenue
Los Angeles, CA 90065 - USA